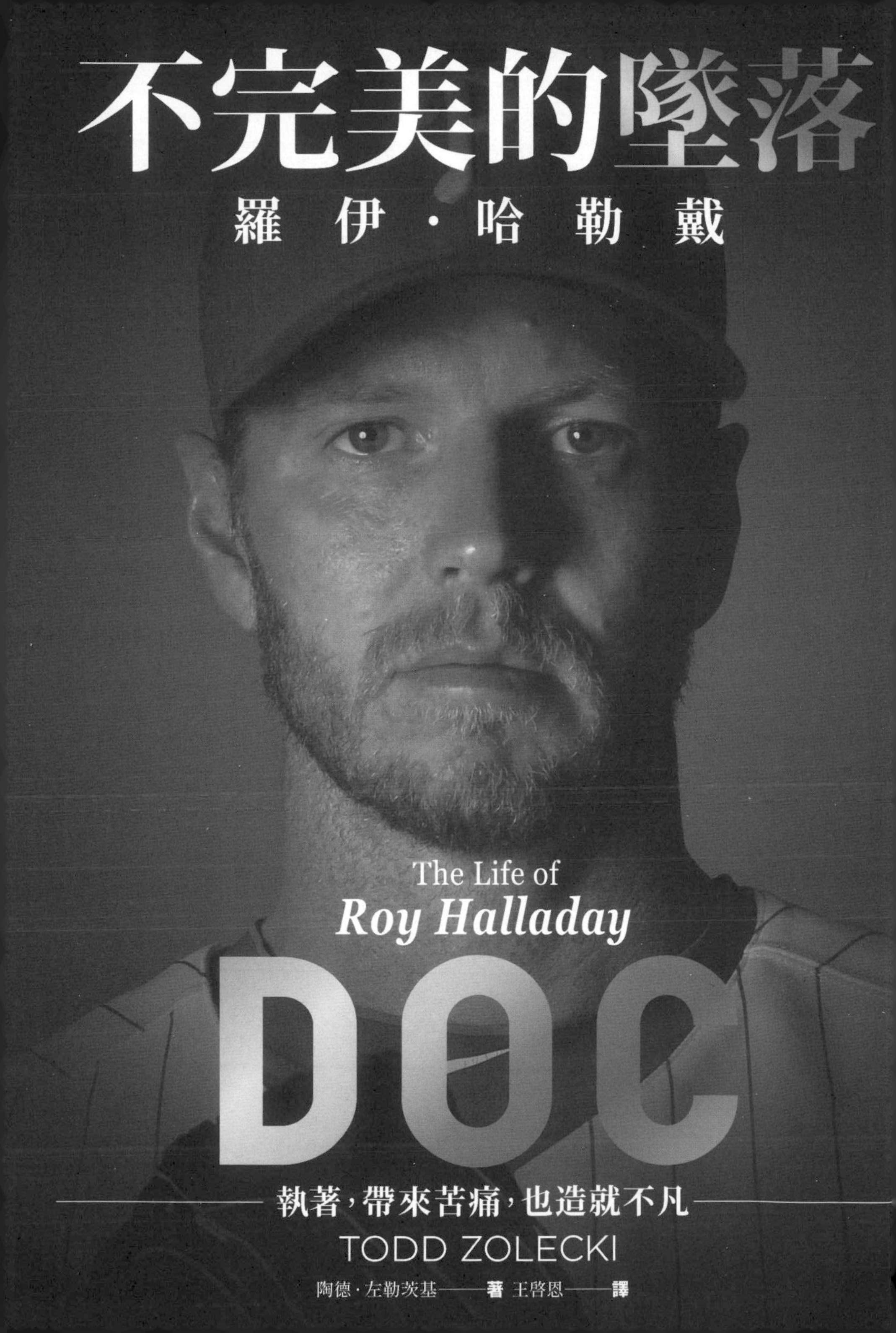

不完美的墜落

羅伊·哈勒戴

The Life of
Roy Halladay

DOC

執著，帶來苦痛，也造就不凡

TODD ZOLECKI

陶德·左勒茨基——著 王啓恩——譯

目錄

推薦序

最完整的哈勒戴人生故事

／緯來體育台主播、Podcast《Hito大聯盟》共同主持人　李秉昇

哈勒戴是大聯盟二十一世紀最傑出的投手之一，根據勝場貢獻值（WAR）這個進階數據來看，二〇〇一年至今，哈勒戴的數值——六十五點一，足以排在第五名，僅次於韋蘭德、柯蕭、葛蘭基、薛澤等未來有極高機率入選名人堂的球星。如果你是王建民巔峰時期開始看美國職棒的球迷，一定對這位跟台灣之光同分區的對手印象深刻。哈勒戴在球場上的成就和投球特色，相信是這群球迷所熟悉的。

然而，對哈勒戴的認識如果只侷限在球場上的投球內容和數據事蹟，那還是太平面了。哈勒戴在四年多前悲劇的逝世，以及其死因所帶來的一連串後續，都在在顯示，如果要更「立體」地了解這名已經入選棒球名人堂的世代級球星，就必須要探究他的生命故事和人格特質。

哈勒戴絕不單純只是那個曾經投出完全比賽、曾經拿過大聯盟勝投王、曾經拿過兩座賽揚獎

的頂尖大聯盟投手而已。球場之外，他是丈夫、人父，也是凡人，有人生的各種苦惱和困境。以立體的方式來理解哈勒戴這個「人」，我們才能更深刻地欣賞他的卓越不凡，並更有效地梳理其死亡悲劇背後的真實脈絡。從閱讀他的人生，我們能看見卓越運動員生命中各種鮮為人知的面向。

本書的中文譯者Adam王啟恩，不僅是我的好友，也是我人生的榜樣。我們因為熱愛大聯盟而結識、成為朋友，並且創立、主持全球第一個以美國職棒MLB為主題的Podcast節目《Hito大聯盟》。在那之前，我原以為自己對大聯盟的熱情已經非常濃厚，但在認識Adam後，便只能甘拜下風，因為Adam不只是熱愛美國職棒，他更實際付出行動，曾在二〇一三年代表臺灣參與大聯盟舉辦的球迷活動、於二〇一四年和友人合力撰寫《看MLB、NBA學英語》一書，並在二〇一六年完成「一趟旅行走訪完三十座大聯盟球場」的驚人壯舉。

Adam跟我一起主持Podcast之後，職業從原本的前端工程師，變成追著旅美球員跑的駐美記者，然後當上大聯盟球評、播報大聯盟電視節目，現在他除了擔任運動Podcast的製作人，也完成了他人生第一本出版的大聯盟相關書籍譯作，真的非常恭喜他。

Adam開始成為大聯盟球迷的時期，基本上與哈勒戴的巔峰期重疊，加上他後來累積的大聯盟知識、對美國職棒的熱情實踐、精通英語的能力，我認為在台灣沒有比他更適合翻譯此書，也因此誠心向各位推薦由Adam所用心呈現的譯文。

推薦序

因為接近完美，所以才對自己的不完美如此苛求

棒球作家　文生大叔

我不知道現在還有多少人記得哈勒戴這位投手，以及他當年在大聯盟全盛時期的強大壓制力，但他曾經是美國職棒大聯盟最讓人畏懼的王牌投手之一，大家以「大夫」作為他的外號，因為他投球就跟最專精的外科醫生動手術一樣精準，他就是完美的代名詞；他投球是一種藝術，幾乎像是在看表演一樣，他是那種你願意放下手邊所有事，專心看他投每一球的投手，從多倫多到費城，在他生涯顛峰的那幾年，好像每一場他先發的比賽都有可能成為無安打比賽。

哈勒戴絕對是大聯盟歷史上最優秀的投手之一，他所留下的成績以及敬業態度直到現在都讓後輩選手崇敬，本書作者陶德．左勒茨基深入訪問了哈勒戴的家人、隊友、教練，並詳細整理了大量的賽事紀錄及分析報導，藉此帶領我們走進哈勒戴不為人知的一面；也因為這本書，我們才知道在一個首輪選秀大物、明星賽常客、賽揚獎得主這麼優秀的選手背後，有多少痛苦的掙扎，

而這些痛苦一路糾纏著他，直到他生命結束。

哈勒戴從小就被父親當作棒球選手來培養，而他的天賦才能和球場表現也讓他自中學之後就備受期待，順利在大聯盟選秀的第一輪就被選中；他從小聯盟快速升上大聯盟後也交出優異的表現，但是幾乎就像他上升一樣快速，他一下子就遭遇了嚴重的挫敗，情況糟到球隊必須把他送到小聯盟底層的一A，逼得他不得不把過去的所有一切全部作廢，重新來過。

當時沒有人知道他能不能熬過這樣的改造，不管是因為受傷、表現不佳、或是喪失自信心，大聯盟歷史上有太多太多這樣的流星一閃而過，如果哈勒戴就此消失在職棒球界也不會有人覺得驚訝，但是他只花了幾個月的時間就把自己徹底進化，成為一個充滿自信、對對手充滿攻擊性與壓制力的強力先發投手，最後還以優異的生涯成就進入棒球名人堂，在大聯盟的歷史上留下了不可磨滅的一頁。

我們總認為電視螢幕前、比賽球場上的運動選手們都享受著精采的人生，特別是哈勒戴這樣的明星選手，他們在大眾面前充滿自信的展現自己卓越的能力，還能以優異的表現換取高額的薪資，是我們永遠遙不可及的夢想；但是這本書讓我們看到他們平凡的一面，也發現即使是像哈勒戴這樣神人等級的名人堂投手，也有被困擾糾纏而苦惱的一面，也許就是因為他近乎完美的球技表現和工作精神，才讓他對自己的不完美如此苛求，他也和我們一般人一樣會深陷迷惘，甚至找不到自己人生的方向。

這本書很好讀，很容易上手，但或許是因為我們已經知道哈勒戴悲劇的結局，所以可能會發現作者輕鬆的筆調之餘隱約也帶著一絲沉重；隨著章節的推展，我們經歷了哈勒戴職業生涯的高低起伏、世界大賽功虧一簣的遺憾、以及最後因為積累的傷勢而不得不退出球壇，這股沉重的感覺也漸漸加深，而就在我們以為他即將轉換角色成為年輕選手們的心靈導師時，他的生命卻又因為突如其來的意外而結束，留下無限的遺憾。

很少有一本運動選手的傳記會讓人在掩卷之後覺得沉重，但本書的翻譯者王啟恩忠實呈現出了原作者在字裡行間所隱含的遺憾之意，這些細節是翻譯傳記書籍時最難做到的地方，也最容易被一般翻譯者忽略的地方；王啟恩對美國職棒有強烈的熱情和行動力，不但著有《看MLB學英語》、《看NBA學英語》等書，也固定主持第一個以美國職棒為主題的中文Podcast節目《Hito大聯盟》，他甚至曾經身體力行親自造訪了大聯盟的所有三十座球場，也曾在美國職棒春訓期間前往採訪報導，是臺灣極少數對美國職棒有高度熱忱的專業人士，這本書由他翻譯再適合不過。

這是一本可以讓人一讀再讀的好書，書中對於比賽的詳細記錄和心情描述會讓你彷彿身歷其境，也會讓你對哈勒戴的迷惘和痛苦感同身受，你會質疑如果他能更早找到更有效的專業治療，這本的結局會不會不一樣？這本書不光只是一本運動選手的傳記，對於人生，對於我們所遭遇到的各種困難，哈勒戴的人生際遇也可以帶來一些更深刻的啟發，我很喜歡這本書，也希望你和我一樣喜歡。

第一章　Doctober

二〇一〇年十月六日，國聯冠軍賽首戰開打前一小時。羅伊·哈勒戴（Roy Halladay）的眼睛緊盯著電視螢幕。

哈勒戴在與辛辛那提紅人隊對戰賽前，費城費城人隊的主場市民銀行球場（Citizens Bank Park）休息室裡，他遵循著每次先發賽前的慣例，獨自踩著飛輪，至少騎上一小時。不管是球季中遇到聯盟最差的球隊，或是他職業生涯第一次季後賽先發，哈勒戴從未改變這樣的熱身習慣。

費城人隊中外野手謝恩·維克托里諾（Shane Victorino）在去找球隊脊骨神經醫師的路上，經過哈勒戴身旁，看了哈勒戴一眼，但這位王牌投手的雙眼依然緊盯著螢幕。

「有人從身旁經過，那麼近的情況下，只要是人，通常都會使個眼神回應。但他好像把我當作根本不在休息室一樣。」維克托里諾說。

在哈勒戴先發出賽的那些日子，他更像是一台機器，而非人類。隊友們都知道，沒有人在賽前準備時和他打招呼，也沒人敢靠近他；他就像成蛹的蝴蝶蓄勢待發，沒人會去戳破那個隱形的繭。

維克托里諾注意到螢幕上是德州遊騎兵隊的王牌投手克里夫．李伊（Cliff Lee）在投球，李伊完全佔據了哈勒戴的注意力。螢幕上的比賽是美國聯盟分區系列第一戰，李伊在純品康納球場（Tropicana Field）的投手丘上痛宰了對手坦帕灣光芒隊的打者。李伊在二〇〇九年七月時加入費城人隊，在五場季後賽先發中，繳出四勝零敗和防禦率一點五六的成績，包括當年令人難忘的世界大賽第一戰，他在洋基球場（Yankee Stadium）對戰紐約洋基隊投出完投勝，李伊立刻成為費城這座城市的英雄。費城人球迷非常喜愛李伊，但球隊在幾個月後把他交易到西雅圖水手隊。幾乎同時，費城人隊宣布他們和多倫多藍鳥隊達成一筆交易，換來了羅伊．哈勒戴。

哈勒戴等了一輩子，終於等到在季後賽先發的機會。從孩提時期開始，他就以投手為目標來訓練。在一九九五年選秀會上，哈勒戴在首輪被多倫多藍鳥隊選中；一九九八年，在他生涯第二場大聯盟先發時，他只差一名打者就可以完成無安打比賽；二〇〇一年他陷入嚴重低潮，職業生涯岌岌可危，於是他把自己的投球機制砍掉重練，也改變自己的想法，透過一次從頭到腳，生理和心理的徹底改造，建立起無與倫比的敬業精神和堪稱傳奇的堅強心智，哈勒戴因此成為他這個世代中數一數二的投手。

而他因為與傳奇西部神槍手「大夫」哈勒戴（Doc Holliday）姓氏相近，而獲得「大夫」（Doc）的響亮綽號。然而，聲名遠播的哈勒戴效力多倫多藍鳥隊超過十載，總是與季後賽絕緣，於是他精心策劃了一場交易，好讓他可以落腳費城。

時間拉回到比賽開始前一個多小時，在全場爆滿觀眾等待哈勒戴投出第一球之前，此時的他看著螢幕上二〇〇九年的費城英雄李伊，主投七局三振十位打者，只失掉一分，擊敗坦帕灣光芒隊。

「我猜想羅伊正在仔細地看著克里夫的表現，心想：『真的假的啊？』」維克托里諾說。

維克托里諾突然靈光一閃：「『大夫』今天要上場來點不一樣的。」這時大概四點鐘，哈勒戴依照他五點零八分準時投出第一球的節奏，在開賽一個小時前，去找肌力體能教練連展東（Dong Lien）伸展他的雙腿。連展東跟哈勒戴很要好，但是他在先發日也不敢跟哈勒戴說話。他非常尊重哈勒戴的準備節奏，就算有空檔聊天他也不會開口。

先發上場前，哈勒戴會戴著耳機，有時候聽哈維．多佛曼（Harvey Dorfman）的《投手的心靈密碼》有聲書，那本書拯救了他的職業生涯，他請人把紙本書在錄音室朗讀，然後錄下來，存在他的 iPhone 上，好讓他可以用聽的。但大多數時候哈勒戴選擇聽音樂。他喜歡恩雅（Enya），固定會播放恩雅的《只有時間》（Only Time），輕柔空靈歌聲陪伴他平靜地伸展。或許讓人覺得有點不搭。因為這位一百九十八公分的大個子光瞪一眼，就能讓對手、裁判、教練甚至是隊友害怕，但他上場投球並不是靠滿腔鬥志，而是完全掌握思緒和感覺所帶來的平靜。

很久以前，哈勒戴就知道負面情緒會導致負面結果，所以他鍛鍊自己的思緒往不同的方向。他不去想太遠的事情，不去想如果這球沒投好會如何，不去擔心如果失敗之後人們怎麼評價他。

多佛曼教導他專注在手上的任務，也就是投好下一顆球。在球季尾聲，哈勒戴在六場比賽中繳出防禦率四點三二的成績，投得有些掙扎。而多佛曼的話幫助了哈勒戴找到了方向，用完封勝為費城人拿下國聯東區冠軍四連霸，前進季後賽。

「有好多個夜晚，我坐在床上想東想西，想著自己會如何面對這一切。」哈勒戴說。「我回歸到基本面，那些基本功成就了我是誰，只要上場一球一球投，不去想未來結果會如何，已經發生的就讓它過去。如果沒有哈維，我也做不到這些。我可能會一直想：『該死，季後賽快到了，我還剩一場先發，如果我投不好的話，他們會對我沒有信心，我也會對自己沒有信心。』雖然我並沒有這樣做，但沒有哈維的話，我也做不到。」

「有許多人說著自己等待著大聯盟的機會等了多久，而當他們得到之後，就開始墮落了。」多佛曼說。

哈勒戴有九天的時間可以準備國聯分區系列賽第一戰，他認為這對於對手紅人隊來說是個壞消息，因為他有足夠的休息，對手是累不死他的。

「他們絕對沒機會的。上場前，我就把每位打者都摸透了，我跟往常一樣自信滿滿。即便我情緒有些激動，但當我踏上投手丘，這些雜念都會煙消雲散。」他說。

四點三十分，哈勒戴和捕手卡洛斯・魯伊斯（Carlos Ruiz）與投手教練李奇・杜比（Rich Dubee）在休息區集合。不管是一點、五點、七點或是是八點的比賽，哈勒戴總是在開賽前半小時和他們碰面，一起走到外野準備賽前熱身。哈勒戴先走到牛棚，把手套和外套放下，再到外野草皮慢跑熱身。結束後回到牛棚上廁所，他每次都是在跑完之後上廁所。

「每次都尿。」杜比說。「我不知道他總共為費城人先發幾場比賽，但每次他補充水分完，都會去尿尿，尿到一滴不剩。」

哈勒戴拿了手套再回到外野草皮，他倚靠著全壘打牆伸展手臂和肩膀，再和捕手魯伊斯做一百到一百一十英呎的長傳球熱身。

哈勒戴、魯伊斯和投手教練杜比再回到牛棚進行最後熱身。哈勒戴用壘上無人的投球姿勢投二十球，再用壘上有人的方式投二十球，他把伸卡球投在本壘版的兩側，再來是卡特球、變速球和曲球，都投在本壘板兩側。從第一顆球，他用壘上無人的方式把伸卡球投在右打者內角邊，再用外角球收尾，這套流程從未改變過，如果他外角的卡特球沒丟好，他照樣繼續投下一球。他清楚知道熱身的狀況並不能預測今天上場的表現。

「我認為哈維幫助他很多。」杜比說。「哈維是位很棒的老師，哈勒戴徹底而且自律地保持著一套規律，而且專心執行，心無旁鶩。讓他在投出每一個球之前，生理和心理都是準備好的。」

對手紅人隊打線中，最讓哈勒戴擔心的是布蘭登・菲利浦斯（Brandon Phillips）、喬伊・沃托（Joey Votto）、傑・布魯斯（Jay Bruce）和史考特・羅倫（Scott Rolen）這四位打者。哈勒戴徹底地研究了每位打者，他認為知道這些打者在想什麼。可是他永遠都無法猜透菲利浦斯，菲利浦斯對他就是有一套；沃托是聯盟中最聰明的打者之一，他能了解投手在想什麼；布魯斯每次上場都會改變策略，很難被解決；哈勒戴對羅倫很熟，因為他們以前在多倫多是隊友，羅倫也很聰明，像沃托一樣，能左右投手的思緒。

「當我們上場的時候別嚇到了啊。」羅倫在賽前傳簡訊給哈勒戴。

「我準備好伺候你們了。」哈勒戴回傳訊息給羅倫。

「我想這算是一種方式跟他說：『你不會在對決中佔上風，主導權不在你手上。我不會讓你得逞的。』」哈勒戴說。

哈勒戴在第一局投了十球。菲利浦斯瞄準第一球伸卡球就揮棒，打向費城人游擊手吉米・羅林斯（Jimmy Rollins），羅林斯傳向一壘刺殺，菲利浦斯出局。接下來奧蘭多・卡布雷拉（Orlando Cabrera）把卡特球打成高飛球被維克托里諾接殺。沃托則是把卡特球打成一個彈跳的滾地球，二壘手切斯・阿特利（Chase Utley）傳一壘，三人出局，一局上結束。哈勒戴投球的尾勁比平時還更好。

費城人左外野手勞爾・伊巴涅斯（Raúl Ibañez）站在外野看到紅人打者亂揮一氣，就像五月二十九日在邁阿密對上佛羅里達馬林魚隊一樣。哈勒戴在那一天成為史上第二十位投出完全比賽的投手。

「今天他要再重演一次了。」伊巴涅斯心裡想著。

羅林斯回到費城人的休息區，他看到阿特利的眼神，跟他一樣。

這場比賽穩了。

「我看到他的球威和對方揮擊的樣子，」羅林斯說。「對方沒有任何機會。如果我們在一局下得個兩分，他們就輸定了，可以打卡下班了。你懂我的意思吧？」

一局下，維克托里諾藉著切斯．阿特利的高飛犧牲打回到本壘得分，費城人取得一比零領先。哈勒戴用變速球三振羅倫開啟第二局，那球投得精彩，羅倫揮得很彆扭（有時候隊友和對手甚至以為他的球路是指叉球）。這顆變速球是他在今年春訓才學會的。接下來哈勒戴再讓強尼．哥梅斯（Jonny Gomes）和布魯斯擊成滾地球出局，二局上結束。

「每一球都投在好球帶內。不管是伸卡球和卡特球，每一種球路都很到位。」捕手魯伊斯說。

費城人在二局下再得三分，形成四比零領先。兩出局後，哈勒戴先擊出一支安打，把二壘上的魯伊斯打回本壘，維克托里諾安打再送回威爾森．瓦爾狄茲（Wilson Valdez）和哈勒戴，再得兩分。哈勒戴三局上半投九球就收工，在兩出局時，紅人中繼投手崔維斯．伍德（Travis Wood）上場打擊，把球打向右外野，球打得很強勁還有往下竄的尾勁，是比賽到現在紅人打者擊出最強勁的一球，不過右外野手傑森．沃斯（Jayson Werth）用漂亮的滑接收下第三個出局數。哈勒戴在賽前有對伍德做功課，他想伍德可能會擔任長中繼的角色。他這記伸卡球投到好球帶偏紅中，伍德才有機會咬中球。不過當對方投手能夠打得好，而身後隊友還是能處理掉。哈勒戴有種預感，這或許是今晚投手佔上風的一個預兆。

哈勒戴在四局上投了十二球：首名打者菲利浦斯沒有揮棒，看著伸卡球進到好球帶，三振出局；卡布雷拉面對變速球揮空，三振出局；沃托把一記變速球打到游擊區，游擊手羅林斯快傳一壘刺殺打者，三人出局。

「我記得當時我在想，哇，他的伸卡球真強。」沃托說。「我看著他的卡特球，哇，他的卡特球也很強。接著他又丟了一顆指叉球，哇，他連指叉球也很強。他又丟了一顆曲球，哇，這是我看過最強的曲球了。他就這樣一顆一顆丟過來。」

紅人是二〇一〇年國家聯盟最會得分的球隊，但是今天他們完全無計可施，接近絕望。五局上，羅倫上場打擊時想轉個運，於是跟主審約翰・赫爾施貝克（John Hirschbeck）說了幾句話。

「約翰，如果你好球帶再寬一點，他就要投出無安打比賽了。」羅倫說。「你得修正一下。」

結果羅倫眼睜睜地看著哈勒戴的伸卡球進壘，三振出局。接著哥梅斯再被曲球三振。布魯斯上場打擊，前十二次對決哈勒戴，他擊出過二壘安打和全壘打。這次布魯斯面對第一球是顆變速球，揮棒落空，兩好一壞時，一記曲球讓他再揮空。下一球哈勒戴的伸卡球太內角，滿球數。

「當時我完全不想給他們機會，讓他們有任何發動攻勢的可能。」哈勒戴說。「如果我丟給他打，而他擊出安打或是全壘打，他們就打出信心了，心想：『我們有機會得分了』，但我沒有打算讓他們好過，我還是努力地把球控好，不會丟到紅中給他打。有時候你只能投保送，有時候你不想讓後段打者上壘，好讓前段打者有機會，但對我來說，這個打席我必須格外謹慎。」

哈勒戴投出的卡特球偏低，形成四壞球保送。雖然他順利解決下一位打者，結束五局上半，但哈勒戴完全比賽的希望沒了。紐約洋基投手唐．拉森（Don Larsen）在一九五六年世界大賽第五戰面對布魯克林道奇隊，投出季後賽史上唯一的完全比賽，但哈勒戴仍有機會投出史上第二次無安打比賽。接下來，拉蒙．赫南德茲（Ramon Hernandez）擊出右外野高飛球，被沃斯接殺。代打的胡安．法蘭西斯科（Juan Francisco）把球打向哈勒戴，從哈勒戴手套下方穿過，落在投手丘上，彈往二壘方向，游擊手羅林斯在二壘後方接到球，移動的動能幫助他順勢傳向一壘，二出局。菲利浦斯擊出右外野飛球，沃斯接殺。第六局結束，這局哈勒戴只用了八球。

「我想到明天早上，紅人隊打者都擠不出一支安打。」投手教練杜比說。

七局上，一出局，輪到沃托上場打擊。他必須在這個打席嘗試新的策略，於是他在一壞球沒有好球時叫了暫停，迫使哈勒戴中斷他的投球動作。他拍了拍右腳上的紅土，看向三壘，主場球迷用噓聲伺候他。沃托回到打擊區，哈勒戴搶下一顆好球。哈勒戴準備投出下一球，沃托又叫了暫停，球迷再用力地噓他，沃托最後擊出滾地球出局，兩出局。

「有時候，你要觀察投手有沒有情緒反應。」沃托說。「不管是直接用觸身球砸我，或是你因為被破壞節奏而失投。我想這就是打棒球的其中一種方式吧。這可是季後賽，我們都想贏得世界大賽。只不過他沒有被我影響到。」

哈勒戴在隔年的明星賽和沃托開玩笑地提到，當時他想走下投手丘，到本壘把沃托掐死，但他其實對於那兩次暫停感到很開心，因為這顯示出紅人隊已經走投無路了。

「當時我覺得他輸定了。」哈勒戴說。

羅倫面對曲球揮棒落空，三人出局。面對紅人最後一次中心打線上場，哈勒戴安全下庄。他還需要六個出局數。八局上，首棒打者哥梅斯揮棒落空，三球三振。布魯斯擊出二壘方向滾地球出局，祖魯．史塔布斯（Drew Stubbs）站著不動被三振出局，結束八局上半。

「我最後一個打席就是站在那邊用力亂揮而已。」哥梅斯說。「你看計分板上，他那天投了七局才二十一、二十二顆壞球，那為何不用力揮，反正最後也沒用就是了。」

九局上，哈勒戴走上投手丘，全場爆滿的觀眾揮舞著白色的加油毛巾。

「大夫加油！大夫加油！大夫加油！」

哈勒戴的太太布蘭蒂和他們的大兒子布藍登（Braden）在觀眾席目睹這一切，布藍登把他的上衣脫了在手上揮舞。

「這太誇張了吧！」布蘭蒂大笑著說。

赫南德茲擊出二壘方向小飛球，阿特利接殺，他生氣地把球棒丟開，一出局。代打米格爾．

凱羅（Miguel Cairo）上場準備打擊，哈勒戴對凱羅很瞭解，他們在委內瑞拉一起打冬季聯盟，在佛羅里達州他們是鄰居，他們一起訓練，連小孩都是好朋友。凱羅也打成小飛球，在界外區被瓦爾狄茲接殺，兩出局。哈勒戴還需要一個出局數來創造歷史。

感覺球場好像發生地震一樣。

「那場比賽我還記得站在投手丘上，看到全場的加油毛巾，我感覺到好像球場在震動。在那樣的情況下，我還能保持鎮定，想起來太不真實了。」哈勒戴說。「我覺得投手丘就是我的舒適圈。如果要我去跟其他人說話，我可能嚇個半死，我可不是個善於社交的人。但我感覺到全場的活力，還有地面的震動，我覺得很自在，很放鬆，有自信地做好我該做的事情。我想要記住這一刻，我想要用生命感受這一刻，很高興我真的這樣做。」

不過哈勒戴還是得回到他的「大夫狀態」。

「好了，這樣夠了。」他對自己說。「上吧！」打擊區的打者菲利浦斯用釘鞋在紅土上挖出一個洞，第一球外角伸卡球他沒揮，一好球。整場比賽下來，哈勒戴和捕手魯伊斯合作無間，綽號「笨蛋」（Chooch）的魯伊斯這時比出快速直球的暗號，內角高，但哈勒戴不喜歡，搖搖頭。這場比賽他第一次搖頭。

「有時候我會丟好球帶偏高的球，但當時我覺得不太適合。」他說。「我想我應該投外角速球，我們整場比賽沒有太多內角高，我覺得不太適合，我很確定當時我很猶豫，直覺就是不要丟內角高。我確定我投那個位置不太有安全感，我只是覺得在配這位置之前，應該要先丟其他球路。」

捕手魯伊斯比出外角卡特球的暗號，哈勒戴沒有投進好球帶，但菲利浦斯追打揮棒落空，兩好球。全場情緒沸騰，哈勒戴只差一個好球了。魯伊斯比出曲球的暗號，哈勒戴準備投出這場比賽的第一百零四顆球，球接近本壘板時開始下墜，菲利浦斯揮棒，擊中球，球慢慢地沿著一壘界外邊線滾動，魯伊斯脫掉捕手面罩，菲利浦斯放下球棒開始奔跑，球像是有磁性一樣，往著球棒的方向滾動而去。

喔不！

「是界外還是出局？」羅林斯說。

魯伊斯知道菲利浦斯有速度，所以他很快地準備去接，他差點跑過頭，他跪下來，回頭用右手把球撿起來。

「我當時有點慌了。」他說。「如果這球我沒有處理好，無安打就沒了。」

魯伊斯來不及站好才傳球，所以他跪著傳，這也是唯一抓到打者的方法，費城人一壘手萊恩．霍華德（Ryan Howard）示意魯伊斯只能從一個不好的角度完成高難度傳球，而且得小心球的路徑，可能打中菲利浦斯的左肩，但傳球的弧度正好繞過了，霍華德伸出手套，穩穩地接住球。他壓了一下手套，三出局。

這是歷史性的一刻。

哈勒戴露出微笑。他展開雙臂衝向魯伊斯，魯伊斯也衝向他，兩人緊緊擁抱。哈勒戴拍著魯伊斯的背，魯伊斯抓著哈勒戴的頭，大聲地朝他的耳朵狂吼。

「這是真的嗎？」哈勒戴大吼。

隊友衝上來團團圍住他們兩人。「到底發生什麼事了？」他對沃斯大吼。

「我哪知道啊？！」沃斯回應。

他們欣喜若狂地尖叫。

比賽結束後，哈勒戴的隊友們在休息室圍著他，要他說點什麼，或許說些經典名言之類的。

「我沒有什麼好說的。再贏兩勝吧！」他說。

大家鼓譟表示同意。

哈勒戴不管在人前人後，對於他的成就都很低調。他專注在魯伊斯的引導，他稱讚隊友精彩的防守，他要大家把焦點放在贏得季後賽首輪系列賽。哈勒戴說的每個字都是真心誠意，他為這一刻準備已久。在他的心中，他把該做的都做到了；在比賽過程中，他也回答了自己內心的疑問。

「在重要時刻，我真的能拿出真本事嗎？」他說。「我看到朋友們，像是克里斯．卡本特（Chris Carpenter），他們在季後賽表現得很成功，我坐在那邊想：『如果他們能做到，我也可以嗎？我需要付出什麼代價？』我總是在想我跟他們的差距，我會如何應對，在關鍵時刻我能挺身而出嗎？我總是感覺準備永遠不夠應付挑戰，但我想測試看看，沒有比在費城打季後賽更合適的了，費城人球迷是地球上最棒的球迷之一，我在對的時間、對的地點，有所發揮，就好像被雷打到一樣幸運。」

這場比賽的收穫可不只如此。

「我真的很享受比賽過程。」他說。「真的很享受，我以為得到冠軍戒才是最重要的，但其實不是，而是你把握機會，並且帶來價值，帶來令人開心的結果，而不是冠軍遊行或是冠軍戒，這些東西無法滿足我，我想這是一趟旅程，過程才是最重要的。」

賽後，哈勒戴收到一封來自多佛曼的電子郵件，信上只有一個詞。

「傑作（masterpiece）。」

第二章 地下室

住在科羅拉多州奧羅拉市（Aurora）的哈利・李羅伊・哈勒戴二世（Harry Leroy Halladay）想要他的兒子成為職業棒球選手。當時他的兒子還沒唸五年級，全家正好要搬到同州阿瓦達市（Arvada）近郊，於是他四處尋找有一間有足夠大的地下室的房子，好讓他可以在那把兒子訓練成為棒球選手。

那個地下室至少得六十呎六吋寬，這樣他的兒子才能整年都有地方可以投球。最後他找到了一間有六十五呎寬的。他用木頭夾板和人工草皮蓋了一座投手丘，在房間盡頭掛了一個輪胎，當作他不在時的「備胎捕手」，讓兒子有一個目標物可以投球。他還把床墊掛在牆上，避免棒球直接打中煤渣磚牆。為了讓他可以餵球給兒子練習打擊，他準備了一個可以裝四十顆棒球的桶子和一個撿球器，買了一台發球機，在橫樑上架了一條鐵鍊和網子來做為打擊練習籠。

「從他一歲的時候我們就開始在練習傳球了。」哈勒戴二世說。「這個習慣從來沒有中斷過。」

哈利．李羅伊．哈勒戴三世在一九七七年五月十四日出生。二世原本打算把他以二戰飛機引擎「梅林發動機」（Rolls-Royce Merlin）的「梅林」（Merlin）命名，但是他的爸爸和妻子琳達（Linda）說服他延續家族傳統，讓兒子沿用自己的名字。

「他們嚴正抗議，我只好照做了。」二世說。

其實根本沒人稱呼他們二世或是三世，因為他們都討厭這個名字，大家都叫他們「大羅伊」和「小羅伊」。他們大部分時間其實都在聊棒球、開飛機和釣魚，偶爾會拿自己的名字開玩笑。大羅伊是之前開民航機的，也有飛行講師執照。在小羅伊兩歲時，大羅伊就帶他一起飛行了。四歲的時候他們兩個飛得更遠，開著「空中之王」*螺旋槳飛機飛到愛達荷州博伊西市（Boise）。小羅伊很喜歡飛行，所以他超愛大羅伊的工作。大羅伊還給了他一本飛行日誌，讓他記錄自己的飛行時數，心想或許有一天小羅伊也會成為飛行員，大羅伊相信他的兒子很會開飛機，但從來沒有讓兒子獨自飛上天空，大羅伊看過太多年輕的飛行員分心，然後發生無法挽回的錯誤。小羅伊四歲的時候，大羅伊就讓他在地面上操控模型飛機。

「那架飛機幾乎跟他一樣大，但他操作起來得心應手。」大羅伊說。

大羅伊和小羅伊還一起修車、修飛機、划船和釣魚。小羅伊在小時候很怕湖泊，因為他以為湖裡有鯊魚。大羅伊想要兒子玩滑水，但是小羅伊拒絕，所以大羅伊直接把他丟進湖裡。「自從那次之後，我就愛上湖泊了。」小羅伊在小學一、二年級時愛上釣魚，那時他爸爸從湖裡釣到一條鯰魚。當爸爸沒有划船出去的時候，小羅伊會去阿瓦達水庫或是任何他可以去的地方釣魚。

「他其實沒釣到什麼東西啦。」小羅伊的媽媽說。「有次釣到樹枝，有次則是一支靴子，還有一次釣到他的妹妹海瑟（Heather）。」

不過，就像他熱愛飛行一樣，小羅伊越釣越上手，釣魚和飛行這兩個嗜好後來成為他解悶的良藥。在水面上，他感受到心靈平靜。「就只剩下你和朋友，還有你心中的聲音。」穿梭雲層飛行時，他享受孤獨一人的滋味。「我可以暫時遠離塵囂。」

小羅伊也和妹妹海瑟一起騎電動車、一起在車道打高爾夫。當他們一起打保齡球時，小羅伊會先跑去練習，因為他很想贏。他總是在動手搞些什麼東西。在他九歲還是十歲的時候，他做了一個腳踏車的斜坡，請他妹妹海瑟去測試。海瑟在飛出斜坡時，沒有拉起龍頭，就把它弄壞了。小羅伊還做了一艘獨木舟，從十三還是十四歲時開始做，到他十六歲時完工。小羅伊和海瑟在附近的小溪首航測試，結果獨木舟有點漏水，他們只好用水桶把水舀出去，還好沒有沉下去。後來小羅伊找到漏水的地方，把船修好了。

「他的腦袋總是轉個不停。」海瑟說。「他想要讓人記住他，讓人知道他的能耐。」

---

*「空中之王」（King Air）是比奇飛機公司（Beechcraft）所生產的螺旋槳飛機。

可是棒球才是小羅伊的最愛，其他的事情根本比不上。大羅伊從小就打棒球，是個有臂力的外野手，他想說可以把兒子也訓練成為一名外野手。他們花很多時間在室外和地下室傳接球和打擊練習。小羅伊參加了奧羅拉市和阿瓦達市當地的少棒聯盟球隊，而老爸就是他的教練。小羅伊學得很快，隊上沒有人比他投得更好，所以他當投手的時間越來越多。也讓這位「外野手潛力股」成為了未來的王牌投手。

「我成為大聯盟投手最重要的關鍵時期，可能就是在地下室那段日子。」小羅伊說。「一開始只是我們父子倆的休閒活動。因為我爸是飛行員，常常不在家，他一回家我們就聊飛機或是打棒球。」

比起同齡的小朋友，小羅伊當時被逼著更認真訓練，但他爸爸可不是這樣想的，他認為花更多時間訓練能把兒子的潛力開發到極致，這是他們相處互動的方式。但是大羅伊的期待可能對於小羅伊太過嚴苛了，連妹妹海瑟都認為他的哥哥因為棒球，失去了部分童年時光。小羅伊一直想要漫畫《特種部隊》（G.I. Joe）的公仔，但他從未如願。

「少來，我們打棒球的時候，他每分每秒都很享受。」大羅伊反駁說。「我們一起練習，他也很有參與感，他才沒有錯過什麼童年時光咧。他真的很愛棒球。」

不過，在童年早期記憶裡，小羅伊也不是沒有在球場被他爸爸吼過。海瑟還記得當他的哥哥沒有達到爸爸預期的表現時，從球場開車回家的路上的時光真是糟透了。有次哥哥拿魚鉤的時候勾到投球用的手，怕爸爸罵他，嚇得半死。後來他縫了幾針，毫無怨言地依舊上場投球。

海瑟和大姐梅琳達（Merinda）都叫小羅伊「王子」，因為他總是佔據了爸爸最多的關愛。

「我想，我爸希望哥哥能夠瞭解，任何事情只要想要，都是有可能達成的。」海瑟說。「但我不認為他真的懂自己到底失去了什麼。因為我是跟他玩在一起的妹妹，我想我比爸媽還懂得他更多一點。」

「假如我爸看到哥哥就知道『他做不來』，我不認為他還會繼續逼哥哥練習。他知道哥哥做得到，只是這到底值得不值得而已，而這只有哥哥才知道。」

來自德州的名人堂強力右投手諾蘭·萊恩（Nolan Ryan），球速超快，而且感覺好像永遠不會變老。他所撰寫的《諾蘭·萊恩的投手聖經》（Nolan Ryan's Pitcher's Bible）在一九九一年出版，大羅伊買了一本。萊恩在第一章就寫到他在一九七二年面臨到生涯的十字路口，當時他效力於紐約大都會，表現很掙扎，球隊把他交易到加州天使隊。萊恩當時認為自己會表現不好是因為他體力不夠，他開始實行重量訓練和長跑，越來越強壯，耐力變好，投球表現也隨之提升。

《投手聖經》一書有許多萊恩示範重量訓練、核心肌群強化與例行伸展的照片和插圖。大羅伊依照這本書為兒子設計一套投手養成計劃，他買了臥推器材和槓片放在地下室，根據書上萊恩所示範的動作來教他的兒子，小羅伊也跟著照做。小羅伊獨自一人在房間就會看書，都把《投手聖經》給翻爛了。他能夠鉅細彌遺地記住萊恩的例行訓練，而且運用自如。有時候，小羅伊偷懶沒去訓練會被爸爸發現。海瑟和小羅伊後來才發現，原來爸爸用粉筆在槓片上劃線。這樣一來，就會知道兒子有沒有乖乖去練習。

「當我們知道粉筆線之後，我們就移動一下槓片，假裝有練習。」海瑟說。

「有時候我們會鬥智，我會故意設下陷阱。」大羅伊說。「他會試著破解，但最後他還是要完成訓練課表，我們覺得那還滿好玩的。」

但為了討好爸爸，小羅伊感覺到壓力如山大。

「他從小就想討好每一個人。」小羅伊的媽媽琳達說。「作為一位母親，我對於他被逼著去做訓練感到很擔憂。天下的媽媽都是一樣的。沒有壓力不會成功，我想這是小羅伊表現很好的原因，因為他總是在壓力下投球，如果球隊輸球，他不會讓自己好過的。」

小羅伊養成習慣，在訓練完之後會問「我們下次什麼時候再來一次？」他記得爸爸用來激勵他的話，常常用來提醒自己，大概有五十句那麼多吧。

不斷練習，直到它成為習慣；
努力面對、認真面對、微笑面對；
那些努力、汗水和微笑，
最終會換來人生的勝利。

他們也會聊聊心理學的話題。小羅伊在高三的時候加入越野賽跑（cross-country）校隊，用來提昇在比賽中投球的耐力。大羅伊曾經讓小羅伊和他的朋友一起跑，他的朋友看到小羅伊很累的樣子，問小羅伊還能不能跑。

「你猜怎麼著？」大羅伊說。

結果小羅伊跑完了，而他的朋友最後停了下來。

「他看過太多例子了。像是如果有人被認為表現不好，很可能就會放棄不做了。」大羅伊說。「這樣的事情不勝枚舉。總之，專注在當下發生的事情才是最重要的。」

投球、打擊、跑步、重量訓練和伸展。全年無休。

「我們得小心謹慎，我不想操壞他的手臂，但我們每天還是得做些功課。」大羅伊說。「每天一小時或兩小時的訓練是一定要的。記得某年冬天，我們討論要不要專注在棒球訓練上，籃球就當作純粹休閒運動，好玩就好。他答應了，他每天回到家就開始伸展，照著諾蘭・萊恩的《投手聖經》所說的做練習。」

「做任何事，我們盡可能在能力所及做到最好。像是我跟他隔天輪流割前院的草皮，會比較誰割得好又直。試著從小事情中培養觀察力，他把這樣的人生哲學應用到棒球上，凡事都要專注地做到最好，一定要做到。我有時候會刺激他，像是『一百球了喔，你還可以嗎？』『當然，我們再多幾球吧！』你可以看出他累了，但他不會認輸喊累，他很享受比賽。」

小羅伊深愛棒球，他喜歡競爭的感覺，他也愛他的隊友，他一心一意想打棒球。在學校時，八年級的老師要大家寫作文，寫長大想做什麼，什麼都可以寫，除了「總統」和「職業運動員」。可是小羅伊想成為職業棒球選手，他回家跟他爸爸說，他不知道該怎麼辦才好。於是大羅伊打電話給老師。

「你怎麼可以因為看起來遙不可及，而剝奪這些小朋友的夢想呢？」大羅伊說。

小羅伊的夢想最後真的實現了，大羅伊的也是。

「在小羅伊長大的過程中，他的朋友、老師和其他人，以及我的朋友都會問『你知道成為職業棒球員有多難嗎？』」大羅伊說。「人們總說：『很少人達成，你知道到底多難嗎？』但回頭看這一切，其實沒那麼難。」

第三章　巴士教練

大羅伊知道自己的極限所在，所以他尋找高人幫忙。一九八五年秋天，他帶著兒子去當地的高中聽大聯盟投手丹尼．傑克森（Danny Jackson）和布萊恩．費雪（Brian Fisher）的講座，那時傑克森才剛剛幫助堪薩斯皇家隊贏得世界大賽冠軍*，而且他也是奧羅拉高中的校友。費雪當年還是紐約洋基隊的菜鳥後援投手，出賽五十五場，寫下四勝四敗，防禦率二點三八的成績，在年度新人王獎項投票輸給奧茲．基恩（Ozzie Guillen）和其他人，得到第六名。費雪同樣來自奧羅拉當地的另一所學校辛克利高中（Hinkley High School）。講座開始時，有個綽號「巴士」（Bus）的人先開場，「巴士」的本名是羅伯特．坎貝爾（Robert Campbell）。大羅伊對他印象深刻，心想這傢伙可以幫助他的兒子提升到更高的層次。會後他向坎貝爾自我介紹，提到他的兒子想成為

---

* 一九八五年世界大賽，皇家隊在七戰四勝的系列賽中取得四勝三敗，打敗聖路易紅雀隊。傑克森先發兩場，繳出一勝一敗，防禦率一點六九的成績。

大聯盟球員。

「你願意當我兒子的教練嗎？」

坎貝爾婉拒了，但他告訴小羅伊要繼續努力訓練。

「多丟一點速球。」他說。

在科羅拉多州，如果你想要成為一個成功的投手，你要不已經認識「巴士」坎貝爾了，不然就是想要認識他。坎貝爾和名人堂後援投手古斯・高薩吉（Goose Gossage）曾經一起訓練，當時高薩吉的職業生涯已經邁向尾聲，需要坎貝爾幫助他做些調整；九〇年代初期，坎貝爾也幫助了職業生涯岌岌可危的左投傑米・莫伊爾（Jamie Moyer）。不只這些，他還幫助了伯特・胡頓（Burt Hooton）、史蒂夫・巴斯比（Steve Busby）、鮑伯・威爾許（Bob Welch）、傑・哈威爾（Jay Howell）、馬克・藍斯頓（Mark Langston）、馬克・納森（Mark Knudson）、卡爾・艾爾德雷德（Cal Eldred）、布萊德・李吉（Brad Lidge）、尚恩・查孔（Shawn Chacón）、史考特・艾拉頓（Scott Elarton）、傑克森和費雪等等，超過上百位球員。坎貝爾對於科羅拉多州棒球界有舉足輕重的影響力，他的學生最終登上大聯盟舞台的超過一百人，這樣的成就足以讓他在一九八七年入選科羅拉多州體育名人堂，當年同梯入選的還有NBA丹佛金塊隊的傳奇丹・伊塞爾（Dan

Issel）與職業美式足球聯盟丹佛野馬隊的壯漢藍迪・格拉迪沙（Randy Gradishar）。

不過他從來沒有因此致富，一生兩袖清風。

「用不著去騙年輕人啦。我盡量來者不拒，而且我從來沒有向任何一位年輕人收過學費。」坎貝爾說。

這位科羅拉多州的投球大師從丹佛南方高中（Denver South High School）開啟職業生涯，再到利特爾頓高中（Littleton High School）成為體育老師和校隊教練，後來成為科羅拉多大學（University of Colorado）、北科羅拉多大學（University of Northern Colorado）和愛荷華大學（University of Iowa）的校隊投手教練，即使他退休了，還是一直留在棒球界。不管是在當地高中的牛棚投手丘還是室內的棒球訓練機構，坎貝爾都親自在一旁指導。「巴士」也擔任過聖路易紅雀隊、辛辛那提紅人隊、堪薩斯皇家隊和多倫多藍鳥隊的球探。

「他真的很聰明，」高薩吉說。「他馬上就能夠看出你的投球機制中的小瑕疵。『巴士』是那種老派、注重基本功的教練。他或許比任何人更深入了解小指頭的奧秘。他非常非常聰明，但也非常單純。這就是『巴士』吸引人的地方。」

來自費城郊區的莫伊爾在大聯盟投了五個球季，繳出三十四勝五十四敗，防禦率四點五六的成績，在遊走芝加哥小熊隊、德州遊騎兵隊和聖路易紅雀隊之後，他的職業生涯岌岌可危。莫伊爾從他的岳父那邊聽說坎貝爾這號人物，他在一九九一年十二月飛到丹佛找坎貝爾，花了一個週末和他聊聊，一起訓練。莫伊爾在一九九三年重返大聯盟，在之後的十九個球季中，他寫下二百三十五勝一百一十五敗，防禦率四點一九的紀錄。二〇〇三年，他入選明星賽美國聯盟代表隊；在一九九九年、二〇〇一年和二〇〇三年球季的賽揚獎投票中，他都至少名列前六名；二〇〇八年還幫助費城費城人隊拿下世界大賽冠軍；二〇一二年，他效力科羅拉多洛磯隊時，以四十九歲又一百五十天的年紀成為大聯盟史上最高齡的勝利投手。

「當時我正處在需要不同人給我意見的時候，他對我非常有幫助。」莫伊爾說。「當時他的指導真的很有用。」

在指導大聯盟球員時，坎貝爾也幫助數不清的年輕球員訓練。他因材施教，讓學生發揮長處，榨出身上所有潛在的天份。他也和櫻桃溪高中（Cherry Creek High School）的教練馬克・強森合作，馬克・強森所帶領的的球隊是支常勝軍，贏得八座州冠軍。強森記得一段往事，有位年輕的投手教練，還在努力建立自己在棒球界的名聲，當時這位教練指導一位投手，他用了很多專業詞彙，像是「水平推動」（horizontal thrust）、「減少垂直位移」（vertical reduction）和「骨盆蓄力」（pelvic loading），而坎貝爾則是走向投手，跟他說：「孩子，把你的屁股口袋朝向捕手就可以了。」

「我覺得坎貝爾是尤達（Yoda）大師等級的人物。」李吉說。「在牛棚投球時，他站在旁邊觀察你，他才不管球的進壘點，對他來說不重要。他只看球出手的瞬間還有身體動作，然後根據這些給你建議。你或許投歪了一兩球，他也不在乎，他就是告訴你哪裡要修正，然後你就會找回投好球的手感。」

這樣試試看。

手套這樣擺。

把中指放在這裡試試看？

「如果我要描繪一個完美的爺爺，那會是『巴士』。」右投手艾拉頓說。

坎貝爾後來還是和大小羅伊搭上線了。強森教練不只帶櫻桃溪高中，他也指導當地的巡迴代表隊。強森的兒子泰勒（Tyler）和小羅伊打同一個聯盟不同隊，強森曾經告訴坎貝爾可以觀察一下小羅伊。

「我第一次看到他，是在他十歲的時候。他的好勝心和上進心讓我印象深刻。」強森說。

當小羅伊十三歲的時候，坎貝爾問大羅伊還想不想要他去指導小羅伊。大羅伊說好。一開始他們在坎貝爾家附近距離一個街區的球場訓練。後來他們搬到「巴士」的兒子藍迪（Randy）所執教的利特爾頓傳統高中（Heritage High School）進行牛棚訓練。大羅伊在家裡的地下室接了兒子好幾年的球，不過在接了幾顆坎貝爾試投球後，坎貝爾告訴大羅伊還是別接了，他怕小羅伊投出的球會傷了自己的老爸。

後來換小羅伊的高中校隊隊友捕手查德・席格（Chad Sigg）來接。「不是羅伊在使喚我，就是他爸在嘮叨。像是『你過來這邊！』」席格說。「如果我那天放假，他爸就會知道，然後打電話給我說：『羅伊今晚要丟牛棚，我需要你來接球。』羅伊或是他爸會來接我，然後開車到利特爾頓去練習投球。在冬天，每週一到兩次，當他的捕手，為他做牛做馬的感覺，好像全世界沒有其他人可以做這個苦差事一樣。」

坎貝爾教練和哈勒戴的感情越來越好。坎貝爾不只從他身上看到明日之星的潛力，而且是真心在乎他。哈勒戴也有同樣的感覺，他把坎貝爾當作親人。

「羅伊把他當作教父。」哈勒戴的太太布蘭蒂說。「在我開始和羅伊約會的時期，他會去找『巴士』教練投牛棚練習，教練會用攝影機把過程錄下來，然後我就在一旁拿著攝影機，或是我們一起把它架好再開始錄影。巴士真的會盯著他三秒鐘，有一半的時間巴士會說：『你在搞什麼？先停下來』，羅伊就會說：『我根本還沒開始動作啊。』但巴士就是知道問題在哪，他真的很聰明、專注而且一針見血。」

坎貝爾的訓練幫助哈勒戴成為了最頂尖的球員，不只是當地的傑出投手而已，是連大學第一級校隊和職業球隊都會聽說的一號人物，球探們隨時隨地都在觀察他的投球表現。

坎貝爾從來沒有因為幫忙哈勒戴而賺過一毛錢，不過哈勒戴有買東西回報他的「教父」。在他被多倫多藍鳥隊在一九九五年選秀會上被選走之後，他送了坎貝爾一個時鐘。坎貝爾在家裡裝了一個衛星小耳朵，方便透過電視看到哈勒戴在大聯盟的比賽。二〇一〇年，效力費城人隊的哈勒戴在五月投出完全比賽，他寄給坎貝爾家人一只紀念錶，即便『巴士』坎貝爾其實在二〇〇八年二月就已經與世長辭了。

「他們就像我們的親人一樣。」布蘭蒂說。坎貝爾對於哈勒戴一家意義重大，也影響了很多人。很難相信坎貝爾從來沒有在職業球隊執教過。

「相信我，我以一個大聯盟教練的身份說這句話，很多時候工作真的是靠機運。」紐約洋基隊板凳教練的喬許・巴爾德（**Josh Bard**）說。巴爾德曾經擔任櫻桃溪高中校隊捕手，而且打過十年大聯盟。「棒球界有很多人，圈外也有很多人，很多教練從來沒有機會成為大聯盟教練。一個從科羅拉多長大的孩子當時無法理解『巴士』究竟有多特別，只會認為他是一個普通的教練或是球探。『哇，他真的很不一樣。』但當你看到他如何幫助羅伊和其他球員時，你就會知道他與眾不同。『巴士』是我最喜歡的教練之一。」

坎貝爾大概會覺得巴爾德的稱讚聽聽就好。他一向如此。

「我不覺得我做的事有什麼特別的。」他說。「我只是做我想做的事情，名啊，利啊，榮耀什麼的，我一點都不在乎。」

第四章　艾瓦達西部高中

吉姆・卡布拉（Jim Capra）還把那塊石膏放在家中的地下室。那塊石膏是他在一九九五年某個春天的晚上帶回來的，他的孩子不讓他丟掉，因為他們要用來膜拜羅伊・哈勒戴。

青少年時期的哈勒戴又高又瘦，個性還有點怪怪的。他在艾瓦達西部高中（Arvada West High School）校隊打了四個球季。在他還是小高一時，首次先發登板就對波摩馬高中（Pomona High School）投出無安打比賽，從此之後沒有對手擋得住他。一九九四年，在他高中三年級的時候，他幫助球隊拿下州冠軍。隔年，艾瓦達西部高中靠著哈勒戴，差一點就能拿下州冠軍，挑戰連霸失利。教練卡布拉希望他的王牌投手能夠保持健康，警告球員們如果因為打籃球或是打架等等而受傷的話，就會直接退隊。正因為教練一直不厭其煩地告誡，球員們突發奇想，也不知道是誰起頭的，總之他們決定在春假去亞歷桑納州打比賽時，要用惡作劇來嚇嚇教練。球員們在練習前把哈勒戴的黃金右手用石膏包起來，然後一起去球場準備練習。

「呃，教練，羅伊有話要跟你說。」一位球員說。哈勒戴走向卡布拉教練，然後給教練看他的右手，說到：「我灌籃後在落地時失去平衡，右手著地就斷了。」卡布拉勃然大怒，氣炸了。

「我警告過你的！」他說。

大家開始在旁邊憋笑，慢慢忍不住開始笑出聲，最後變成捧腹大笑。隊友把哈勒戴的繃帶剪斷，哈勒戴也笑了。卡布拉教練和大家都很愛說這個故事，每次提到哈勒戴都要提一下。不過卡布拉對於哈勒戴的回憶可不只如此。

「他對我的小孩很好。」卡布拉回憶起。「有幾次我們去釣魚，他很愛釣魚。他也愛飛機，所以他會買一些模型飛機給我的兒子們。而且那是哈勒戴還是高中生的時候，他的行為很超齡。」

紐約州的古柏鎮（Cooperstown）棒球名人堂裡，掛著派特・吉利克（Pat Gillick）的匾額。吉利克帶領一九七七年擴編成軍的多倫多藍鳥隊，在一九九二年和一九九三年贏得世界大賽冠軍，完成二連霸；吉利克在棒球界擔任球隊總經理資歷長達二十七年，帶過藍鳥隊、巴爾的摩金鶯隊、西雅圖水手隊和費城費城人隊，總共拿下三座世界大賽冠軍獎盃、打進十一次季後賽還有二十個球季超過五成勝率，這些豐功偉業，讓他得以進入名人堂。不只如此，吉利克更有識才的能力，根本是人生勝利組。

在一九九四年因為罷工而縮短的賽季之後，吉利克從藍鳥隊退休，他說他想要聞聞玫瑰花香、想要去旅行，和花更多時間陪伴家人。但是吉利克有個球探魂，無法真正遠離棒球工作。他在一九九五年時還是半退休地在亞歷桑納州繼續做球探，幫助大聯盟球隊尋找職業球員和學生球員人才。有天下午他接到一通電話，對方說科羅拉多州艾瓦達西部高中要去亞歷桑納州的梅薩（Mesa）打比賽，藍鳥隊當年擁有首輪第十七順位的選秀權，而且很喜歡艾瓦達西部高中的羅伊．哈勒戴這名球員，能不能幫忙去現場看一下？

於是吉利克驅車前往梅薩。他對哈勒戴一見鐘情。

「身材條件非常非常好。」他說。「當時哈勒戴是高壓的出手方式，球速很快。我在報告上寫他是值得關注的頂級新秀。」

吉利克其實只看過哈勒戴一次而已，他覺得沒必要看第二次。

「我是很重第一印象的人。」他說。「如果我看到的是一個不怎樣的球員，我會直接回家睡覺。我希望我去現場看球是能夠看到我喜歡的球員。如果要我喜歡一位球員，那麼我對他的第一印象就非常重要。如果我不喜歡某位目標球員，我可能回去在報告上寫他就是今天表現不好而已。但我看到哈勒戴那天表現很棒，他在投手丘上威風八面。」

哈勒戴已經答應了要去唸亞歷桑納大學（University of Arizona），但是大家都知道他目標是進入職業球隊。他之所以在地下室拼命對著床墊丟球，可不是為了放棄首輪被選到的機會，然後跑去念大學。

「當時看起來像是全美國每個人都寫信給他。」「巴士」坎貝爾說。「他之所以和學校簽約，只是為了讓那些人不要來煩他。」

業餘棒球權威雜誌《棒球美國》（Baseball America）在那一屆業餘選秀會之前，把哈勒戴排在新秀第二十七名。不過卡布拉聽說哈勒戴可能在選秀會上前十名就被選走。

「我得告訴你，」大羅伊說。「當他還在唸國中的時候，就有報紙寫說他有成為首輪選秀大物的潛力。那時候我真的很懷疑，這是認真的嗎？我不知道那算是大物的潛力，我認為可能只是得到大學的注意，或許可以申請獎學金的程度，已經算滿不錯的。不過他後來越來越好，情況就不一樣了。」

那時藍鳥隊鎖定了哈勒戴，球探部門總監鮑伯・恩格爾（Bob Engle）在大學唸的是科羅拉多州大章克申市（Grand Junction）梅薩二年制大學（Mesa Junior College）。他之所以認識坎貝爾，是因為當時曾經遊說坎貝爾放棄去亞歷桑納州唸大學，來科羅拉多州加入他的行列。後來他們成為朋友，當藍鳥隊有球探職缺的時候，他找來坎貝爾擔任球探。

「當我們找來『巴士』的時候，其實不知道羅伊・哈勒戴也會一起過來。」恩格爾說。「巴士幫了很多忙，把羅伊推薦給我們。他對於年輕球員很有想法，能提供更深入的評估報告，不只球場上的表現，還有場外的人格特質。我並不想講這麼白，但這些資訊的確給了我們球隊一些優勢，讓我們擁有大量的情報和背景資料。」

藍鳥隊的球探部門主管穆斯・強森（Moose Johnson）也來自艾瓦達，他看過幾次哈勒戴的比賽。他的同事提姆・威爾肯（Tim Wilken）和負責該區域的球探克里斯・包喬斯（Chris

Bourjos）也看過一兩次*。威爾肯只有在一九九五年四月看過一次，那場比賽哈勒戴在四十位左右的球探面前投出完封勝，最快球速來到時速九十五英里（一百五十二點九公里）。

不過也不是所有些球探都很看好他。「有些人還是對他有點微詞。」威爾肯說。「說他手臂伸太直。」

哈勒戴在出手時，手肘幾乎沒有彎曲。有些人認為手臂伸太直會有控球上的問題。

「我認為出手時手肘的彎曲度沒問題。」威爾肯說。「我一直說：『嘿，並沒有伸太直的問題啦！他的投球動作非常協調，或許有一點挺直，沒那麼漂亮而已。』」

威爾肯在交出去的球探報告上，「總結與簽約可能性」區塊裡他寫道：「速球派投手，投球動作有很好的平衡，兩種以上高於平均值的球路，而且能夠控制在好球帶邊緣，投球動作穩定度高。未來會變得更強壯，有好勝心而且喜愛棒球。建議選秀輪次：第一輪。」

藍鳥隊在前幾年第一輪選秀選高中投手的結果不錯，一九九〇年選了史蒂夫．卡爾塞（Steve Karsay），一九九三年挑了克里斯．卡本特。球團高層還在思考要不要再一次在首輪挑高中投手。

「對我們來說，選他並不是一面倒的決定。」藍鳥隊總經理高德．艾許（Gord Ash）說。「這之中有很多討論，我想最支持選他的大概是提姆．威爾肯。」

---

* 克里斯．包喬斯是大聯盟球員彼得．包喬斯（Peter Bourjos）的父親。

威爾肯把哈勒戴排在預選名單第二位，第一名是後來被奧克蘭運動家隊在首輪第五順位選走的艾瑞爾．普列托（Ariel Prieto）。藍鳥隊還考慮在他們的第十七順位選進高中游擊手麥可．巴瑞特（Michael Barrett）或是杰．伍爾夫（Jay Woolf），不過威爾肯還是力推哈勒戴作為首輪選擇。

「我那時有點不爽。」威爾肯說。「我一直努力地推薦他，我有強力預感他能有所成就，可是當時我被批評得很慘，還因為這樣失去了一個朋友。你知道在討論選秀策略時，有些話可是說得很難聽的。」

回到一九九五年的科羅拉多州，當時每個人都知道艾瓦達西部高中的羅伊．哈勒戴要在州冠軍賽對上櫻桃溪高中。

櫻桃溪高中當時好手雲集，有未來的大聯盟球員布萊德．李吉、喬許．巴爾德和達內爾．麥當勞（Darnell McDonald），其他球員也是未來大學第一級校隊的人選。哈勒戴並沒有在冠軍賽先發，因為他已經在四強賽投過了。卡布拉教練照著一九九四年艾瓦達西部高中奪冠的劇本走。

「教練一直很擔心我們沒辦法打進冠軍賽，所以我們總是在四強賽派哈勒戴先發，因為我們知道這樣一定會打進冠軍賽。」艾瓦達西部高中的游擊手布萊德．梅登（Brad Madden）說。

櫻桃溪高中開賽領先兩分，艾瓦達西部高中在六局把戰局扳平，三比三。櫻桃溪高中跑者分佔一三壘，無人出局，卡布拉教練換上哈勒戴接替投球。首名打者把球打進場內，形成野手選擇，三壘跑者沒有回本壘得分，一人出局。下一棒是櫻桃溪高中總教練馬克．強森（Marc

Johnson）的兒子泰勒・強森（Tyler Johnson），他擊出深遠的左外野高飛球，在全壘打牆前的警戒區被接殺，形成高飛犧牲打，讓櫻桃溪高中取得四比三領先。

「他昨天才投過球。」泰勒・強森說。「這是重點，他剛投過，球還壓得算低，所以我採用不同的策略。我大概在進壘的位置咬中球，有點外角偏高，但揮棒軌跡剛好在那。即便他昨天才出賽，但球速還是非常快，比我們面對的任何投手都還要快上許多，和他對決超刺激的。我小時候就對上過羅伊，他一直是當地的傳奇人物。他在八歲時就超強了，就跟他在費城人隊時期一樣痛宰對手。他根本是一頭猛獸。」高中畢業後，泰勒・強森後來去讀亞歷桑納州大（Arizona State University）。

櫻桃溪高中再從哈勒戴手中攻下兩分，最後以六比三贏球。

「我們真的不敢置信！」艾瓦達西部高中的二壘手艾瑞克・麥可梅斯特（Eric McMaster）說。「比賽後段，我們知道羅伊要上場了，就覺得『嘿，我們有機會州冠軍二連霸了！』」

哈勒戴在高中四年級的成績是十勝一敗，防禦率零點五五，他在六十三局的投球中，三振一百零五名打者，只被擊出二十四支安打。

「老實說，在賽前我不認為有任何一個人會想到，我們有機會擊倒羅伊・哈勒戴，包括我在內。」馬克・強森教練說。「他就是這麼強，羅伊・哈勒戴是科羅拉多州最強的投手，我們也有很厲害的，像是布萊德・李吉，但羅伊在我心中還是最強的。」

來到一九九五年選秀會，前五順位被選走的球員有戴林・厄斯泰（Darin Erstad）、班・戴維斯（Ben Davis）、小荷西・克魯茲（Jose Cruz Jr.）、凱瑞・伍德（Kerry Wood）和普列托。再來第六順位到第九順位分別是傑米・瓊斯（Jamie Jones）、強納生・強森（Jonathan Johnson）、陶德・赫爾頓（Todd Helton）和傑夫・詹金斯（Geoff Jenkins）。

匹茲堡海盜隊擁有第十順位，他們拒絕透露偏好哪位球員，但大家都猜他們會挑高中外野手雷吉・泰勒（Reggie Taylor）。然而，海盜隊後來出乎意料地選了高中游擊手查德・赫曼森（Chad Hermansen）。這對於其他球隊來說是很關鍵的選擇。好比第十四順位的費城人隊，原本在泰勒和哈勒戴兩人中二選一，如果海盜隊選了泰勒，他們就會選哈勒戴，但泰勒還沒被選，所以就理所當然挑了泰勒。在第十七順位之前，有五位投手被球隊挑走，分別是麥克・德姆萊特（Mike Drumright）、麥特・莫里斯（Matt Morris）、馬克・雷德曼（Mark Redman）、安迪・揚特（Andy Yount）和喬・方特諾特（Joe Fontenot）。

哈勒戴成了藍鳥隊的囊中物。

早上十一點二十四分，哈勒戴家裡的電話響了。

「謝謝！謝謝！我太期待了！」他對著電話另外一頭說。

他掛斷電話。

「是多倫多藍鳥隊打來的！」他說。

「回想起來，都是靠羅伊。」高中隊友席格說。「他常說：『謝謝你們讓我看起來很強。』但其實是他才讓我們看起來是支強隊啊！」

「他當時就是風雲人物了。」布萊德・梅登說。「我都知道他很棒，但現在回頭看，就會感覺到能跟他一起打球是多麼特別的事情。我現在都在高中擔任棒球教練了，還在沾他的光。我每年都會跟球員說，我在高中時曾經跟羅伊・哈勒戴同隊過。你們如果要變強，就要更努力訓練。羅伊一直是我的榜樣。」

而在多倫多藍鳥隊的選秀戰情室，所有人都知道他們拿到未來的王牌投手了，大家都覺得非常幸運。

「選秀會的發展滿有趣的。」威爾肯說。「你看看我們後面有幾個順位的選擇，這梯次其實有點弱。」

根據Baseball Reference網站統計，哈勒戴大聯盟生涯的WAR值[*]是六十四點三，在他之後的首輪球員包括兩位三明治選秀順位[†]，合計生涯WAR值是零點四，有八位後來沒有登上大

---

* 是Baseball Reference網站發明的一種球員綜合貢獻指數，全名為Win Above Replacment（與替補球員相比的勝場貢獻值）。

† 如果某球隊在前一年自由球員市場失去在特定薪資以上的自由球員，將可以獲得補償性質的三明治選秀順位。額度根據每次勞資協議談判會有所不同。

聯盟。在堪薩斯皇家隊第二輪第四十九順位挑走高中外野手卡洛斯·貝爾川（Carlos Beltran）之前，第二輪選秀的前十八個球員，有十四位生涯的WAR值小於等於零，或是從來沒有升上大聯盟。

八月時，哈勒戴以八十九點五萬美金的簽約金加盟多倫多藍鳥隊。「那年夏天他簽了約，他開著糖衣蘋果紅烤漆的雪佛蘭科爾維特跑車（Corvette），來學校看我們練習。」卡布拉教練說。「他還開到球場旁邊的人行道，超囂張的。」

哈勒戴還準備了驚喜給卡布拉教練。他跟教練說要把外野的鐵網換成十呎高的木製全壘打牆。

「他說『先下訂吧！我會付錢。』」卡布拉說。「你其實不會期望有人這麼大方，你知道這些年輕人都有點太注重自我，有點自私，但他不會，這是我身為教練印象最深刻的。他不會在乎三振數，一定要投這場比賽或是那場比賽，他從來都沒這樣說過。他就是這樣的人。」

哈勒戴接著去佛羅里達州的但尼丁市（Dunedin）灣岸聯盟報到。「終於簽約了，我拿到機票，而且還有接駁禮車到機場載我。」哈勒戴說。「不過，我以為接我的是加長型接駁車，而不是廂型接駁車，所以我錯過了，他們還要回頭來載我。那時候我才了解到，接下來還有得學呢！」

第五章 大夫和木匠

時間來到一九九七年春訓前幾週，在佛羅里達州的但尼丁市的藍鳥隊春訓基地，左投老將丹・普利賽克（Dan Plesac）剛結束牛棚練投，這已經是他第十二次參加春訓了，不過卻是他在藍鳥隊的第一次。對於他來說，牛棚練投其實沒什麼特別的意義，投手上去投手丘，然後投球，慢慢地累積手臂的強度，來應付接下來的春訓比賽與例行賽。在他職業生涯中，普利賽克投過無數次牛棚練習，但是這次接下來要發生的事情，將讓他永生難忘。

「嘿，左撇子，你要不要留下來看下一組投球？你一定會喜歡的。」藍鳥隊的投手教練梅爾・奎恩（Mel Queen）說。

「當然好啊。」普利賽克說。

羅伊・哈勒戴、克里斯・卡本特和凱爾文・艾斯科巴（Kelvim Escobar）三人分別站上各自的投手丘開始練投。哈勒戴今年十九歲，一九九五年他簽約後，到新人聯盟的灣岸聯盟藍鳥隊和去年在一A但尼丁都投得不錯，因而得到第一次被邀請參加大聯盟春訓的機會，而且藍鳥隊球團打算讓他在今年從二A開季，或許離登上大聯盟的那天也不遠了。二十一歲的卡本特在一九九三年首輪第十五順位被藍鳥隊選走，他來自新罕布夏州的曼徹斯特（Manchester），從三一高中（Trinity High School）畢業。去年他在二A的諾克斯維爾（Knoxville）先發出賽二十八場，藍鳥隊球團看好他會在今年升上大聯盟。二十歲的艾斯科巴是藍鳥隊在一九九二年從委內瑞拉簽來的國際業餘球員，去年他在一A但尼丁和二A諾克斯維爾各別出賽十八場和十場，球團也看好他在今年有機會一嚐大聯盟滋味。

《棒球美國》雜誌公布的二〇一七年年度新秀排行，哈勒戴被排在第二十三名，卡本特是第二十八名，而艾斯科巴則是第六十七名。藍鳥隊球團相信這三位投手能夠長期穩定先發投手輪值戰力，並且帶領球隊重返季後賽。卡本特和哈勒戴就像同一個模子刻出來的，兩個人身高都是六呎六吋（約一百九十一點一公分），身材相仿，也都是右投手。

「哇！」普利賽克在一旁看著他們投球，發出讚嘆聲。

普利賽克下午和幾個來自芝加哥的朋友在棕梠港（Palm Harbor）附近的伊尼布克銅蛇高爾夫球場（Copperhead Course at Innisbrook）一起打高爾夫球。

「嘿，我今天看了隊上三位年輕投手，有兩位你們一定要特別記起來，羅伊・哈勒戴和克里斯・卡本特。」普利賽克和朋友們聊到。「這兩位都會成為明星球員，他們和其他人相比，是不同等級的球員。」

那年春訓，哈勒戴和卡本特不只讓普利賽克一人留下深刻印象。曾拿下一九八七年美國聯盟最有價值球員的前藍鳥隊重砲手喬治・貝爾（George Bell）當時也在春訓營擔任指導教練，看到哈勒戴在練投速球，興奮地吹起口哨：「火球簡直快到要冒煙囉！」。同年三月，在春訓聯盟葡萄柚聯盟的比賽中，哈勒戴面對堪薩斯皇家隊主投三局失一分，連續解決掉最後八名打者。最快球速來到時速九十五英里（一百五十二點九公里）。

「他一看就是那種不會花太多時間蹲在小聯盟裡磨練的球員。」藍鳥隊總教練奇托・加斯頓（Cito Gaston）說。「他在場上的自信沈著真令人驚艷。哈勒戴和卡本特讓我們在雪城（Syracuse）三A層級球隊的調度有安全感，他們毫無懼色，好像已經在那邊待了很久一樣。」

那年春訓是哈勒戴和卡本特第一次見面，他們在球季開始之後感情越來越好。卡本特那年在三A開季，五月升上大聯盟，哈勒戴因此從二A升到三A，接替卡本特在三A的位置，成為當時三A國際聯盟最年輕的投手。卡本特在大聯盟藍鳥隊出賽三場之後，回到了位在雪城的三A球隊。

「我們從那個時候開始一起訓練，常常討論棒球。」卡本特說。

他們兩人有很多共同之處：都在小鎮長大，也都喜歡釣魚，連情感面都很相似。但更重要的是，他們是棒球界矚目的兩位大物新秀，多倫多整座城市都在期待他們成為下一個「火箭人」羅傑・克萊門斯（Roger Clemens）和派特・亨特根（Pat Hentgen），這樣的期待可不常見。

「我們兩個都算是不錯而且有天份的高中投手，但我們沒有很多社會經驗。」卡本特說。「情感上，我們有很多共通點，像是我們或許期望自己更堅強、更有自信，不是說我們對自己的實力沒有信心，我們很想贏，但還是會感到害怕，像是小時候的那種恐懼感，有點像是雙面人，我們在這方面很像。你從外表上看不出來我們很焦慮，或是看到我們內心真正所擔憂的。藍鳥隊希望我們能扛起先發輪值的重責大任，不過我們其實只求在大聯盟活下來，上場去解決對方打者而已。」

卡本特在七月重返大聯盟，那年球季他最終先發十一場，繳出三勝五敗，防禦率三點八六的成績單。哈勒戴在三A雪城則是先發二十二場，寫下七勝十敗，防禦率四點五八的數據。他們被看好能在明年一九九八年春訓扛下大聯盟先發位置，成為下一對克萊門斯和亨特根王牌組合。球季結束後，《棒球美國》雜誌的新秀排行榜，把哈勒戴排在第三十八名。

而卡本特和哈勒戴對自己未來的期望就保守多了，他們只想要真皮腰帶和洗衣籃。在當時，小聯盟球員配給是的鬆緊腰帶，洗衣服的時候也是大家把球衣球褲丟到洗衣袋裡，洗衣袋整包整包地丟進洗衣機，洗好後都是濕濕地亂成一團。大聯盟球員配給的是真皮腰帶，而且有洗衣籃，下一場比賽前都會洗好，並且整齊地放在個別的球員置物櫃裡。

「當時覺得這服務真的超棒的。」卡本特說。「就是大聯盟的待遇。」

哈勒戴和卡本特一起度過了好幾個春天，他們還買了一艘船，晚上有時候會去湖邊，戴著頭燈捕魚，邊捕魚邊聊天，一直到凌晨一點，對他們來說很紓壓。

「我想這是讓我們感情那麼好的原因。」卡本特說。「沒人知道我們的心裡真正的想法，因為我們外表裝成充滿自信的首輪大物，目標明確，未來一片光明。但其實不然，我們只想在大聯盟活下去，試著摸索出生存之道。」

「大家期望我們加入先發輪值，而且帶領這支球隊，在一開始就拿出好表現，但我覺得這對於我們兩個人來說都很難，因為我們真的也不知道該怎麼做。」哈勒戴說。

不過還好，他們還是可以向前輩學習，而且是活生生的王牌：克萊門斯和亨特根。生涯戰功彪炳的克萊門斯在一九九七年離開波士頓紅襪隊加入藍鳥隊，他在一九八六年、一九八七年和一九九一年都拿下美國聯盟賽揚獎*殊榮，但是紅襪隊認為「火箭人」克萊門斯已經過了生涯高峰，所以沒有留下他。克萊門斯後來用行動證明紅襪隊錯了，他在一九九七年再拿下一座賽揚獎，而且交出二十一勝七敗，防禦率二點零五的成績。亨特根在一九九三年幫助藍鳥隊贏得世界大賽冠軍，一九九六年為自己拿下賽揚獎。這兩位王牌投手的認真努力眾所皆知，身為後輩的哈勒戴和卡本特有樣學樣。他們幾乎時時刻刻黏著亨特根。

---

* 年度最佳投手獎項，以大聯盟生涯累積最多勝的投手賽揚（Cy Young）為命名。賽揚生涯成績是五百一十一勝三百一十五敗。

「他大概是影響我球員生涯最多的人。」哈勒戴說。「他尊重比賽，尊重其他球員。他和我們在休息區的板凳聊天時，他教會了我很多事情。你很少看到老將在警告年輕球員不要亂彈葵花籽，職業球員該要有職業球員的樣子。我們有這樣的一位前輩在身邊可以學習，實在是一件很幸運的事情。」

「亨特根總是會問：『你在看什麼？』」卡本特說。「我們會盯著他看，這就是一種學習的方式，至少我是這樣學的啦。你專心觀察，從中學習。爸媽不是都這樣教的嗎？」

亨特根也樂於當他們的導師，教他們怎麼訓練和怎麼面對打者。他引用名投手傑克．莫里斯（Jack Morris）的箴言來提點兩位小伙子，在狀況不好的時候，該如何投球的秘訣：「把你的蛋蛋放進護襠裡，給我帶種一點，用盡全力催落去，直到教練把你換掉為止。」

哈勒戴和卡本特永遠都不會忘記。換做是任何人也不會忘記的。

一九九八年，哈勒戴從三A開季，他投了二十一場先發，九勝五敗，防禦率三點七九，在一百一十六又三分之一局中三振七十一位打者，投出五十三次四壞球保送。

哈勒戴的三A球季到九月中就結束了，但他選擇在三A所在地雪城多留幾天，因為他覺得藍鳥隊可能在九月擴編名單時把他叫上去支援。不過他一直沒等到那通叫他上去的電話，他覺得很沮喪。哈勒戴和他的未婚妻布蘭蒂．蓋斯（Brandy Gates）把家當整理好，準備開二十五小時的車回到科羅拉多州，行李裝滿了雪佛蘭太浩（Chevy Tahoe）休旅車，還有他們養的貓和狗，以及自助搬家公司（U-Haul）的貨櫃掛在後頭。當他們抵達中繼站辛辛那提，準備休息一晚時，布蘭蒂打電話給她的媽媽報平安。

「我很高興你終於打來了！」電話另一頭說。「因為藍鳥隊一直打來要找你們！」

「我們做了什麼事嗎？」布蘭蒂說。「我們不應該離開雪城嗎？我們有做錯什麼事情嗎？」

布蘭蒂的媽媽給了她一個名字和一個電話號碼，哈勒戴接過電話然後撥了號碼。

「好⋯好⋯好⋯好的。」他邊聽電話一頭邊回應著。

「這應該可以算是給新球隊最糟糕的第一印象吧？」布蘭蒂說。「我們靠路邊停好車，還驚魂未定。」

哈勒戴手邊沒有西裝，他需要一套應急。可是要找到一套給六呎六吋的高個兒穿，好看的現成西裝並不容易。

「我們找到最大件的，袖子只到他手臂的一半。」布蘭蒂說。褲子更可怕，但還算堪用。哈勒戴沒有在克里夫蘭出賽，他隨隊到底特律打二連戰。布蘭蒂的媽媽從科羅拉多州飛過來，和布蘭蒂會合，開休旅車把拖車和貓狗載回家，布蘭蒂以為她會錯過哈勒戴的大聯盟初登板，她差點崩潰。

「和我媽開車回家的旅途中，我一路上歇斯底里，因為我怕我可能錯過了重要時刻。」她說。

羅伊和布蘭蒂第一次相遇是在童年時，在家鄉艾瓦達，當時布蘭蒂十二歲，羅伊則是九歲。

他們兩家在教會認識，布蘭蒂和羅伊的姊姊梅琳達成為好朋友。布蘭蒂一家人後來搬到芝加哥，布蘭蒂在那邊唸完高中之後，在幾個地方住過，後來搬回到家鄉艾瓦達。

「我辭掉了工作，那時生活不好過。」她說。

某天下午，朋友找她去城裡的健身中心打壁球，在借球拍的時候，剛好遇到哈勒戴在那邊健身。

「當時我有個奇妙的感覺，好像我應該認識這個傢伙。」她說。健身中心裡，布蘭蒂和她的朋友是在場唯三年齡低於七十歲的人。她注意到哈勒戴一直經過身邊，在空檔時她偷看走道角落那頭，看哈勒戴是不是還在。結果他真的還在。布蘭蒂的朋友看到他，認出他來。

「嘿，你認識他啊！你記得哈勒戴一家人嗎？」她朋友說。

「我記得，我本來要去打招呼的。」布蘭蒂說。

布蘭蒂走上樓梯的時候，剛好哈勒戴走下來。

「我不知道你還記得不記得我，但我之前跟你姊姊是朋友。」她說。

哈勒戴當時以為布蘭蒂要問關於梅琳達的事情，後來才搞懂是怎麼回事。

「我知道我是個魯蛇，週二的下午沒工作，在這裡運動。那你週二在這裡幹嘛？」她問。

「喔，我是打球的。」哈勒戴回答。

布蘭蒂以為哈勒戴是打假日慢壘聯盟之類的。

「好喔。我來打壁球的。你平常做什麼的？」她繼續問。

「我說真的啦！」哈勒戴笑著說。「我真的是打棒球的，我在選秀會上被藍鳥隊選走。」

他們又聊了一會，布蘭蒂把電話號碼給了哈勒戴，說好晚點約出來碰面。她心中有一種預感。當布蘭蒂回到家之後，穿過後門到對街的朋友家，興奮地跟朋友說她遇到了真命天子。她的朋友們有點傻眼。眼前這位女生不是昨天才在老家的地下室，憂鬱地吃著玉米片嗎？現在她打算要結婚了？「是真的喔！」她說。哈勒戴和布蘭蒂那天晚上去打撞球，而且布蘭蒂贏了，是她人生中唯一一次。

隔天他們又出去約會，走在哈勒戴一家住的那條路上，布蘭蒂想著她未來的老公，沿著這條路開著車到她家接她。

「差不多就是這樣。」布蘭蒂說。「天雷勾動地火，迅雷不及掩耳。」

十個月後他們就訂婚了。一九九八年十一月二十七日，他們在丹佛共結連理，然後在牙買加度過十天的蜜月假期。「我的人生步調走得比其他人快很多。」哈勒戴在二十一歲就結婚了。「我並不羨慕別人有大學生活，跑趴和出去玩什麼的，我不是那一掛的。我想早點定下來，其他事情老實說我不是很在乎。」

「他是比較急的那一方。」布蘭蒂說。「他想快點結婚。因為我一直說『再等等，我們再等等，先確認雙方都覺得自在再說。』他就覺得『我才不要，我想趕快結婚。』後來我們結婚之後，他就要快點生孩子。我說：『先等你滿二十一歲法定年齡可以喝酒再說吧。』他就是這樣，他想要有個家，想要有小孩，渴望穩定的生活，有個美滿的家庭。為了能夠有一個房子可以住，我們非常非常認真工作。」

最終哈勒戴還是沒在底特律的客場比賽中上場投球。藍鳥隊再飛到坦帕灣，在純品康納球場打三連戰。當時藍鳥隊在爭奪美聯外卡資格，但是球隊這段時間表現並不好，面對坦帕灣就先輸掉了前兩場比賽。藍鳥隊總教練提姆．強森（Tim Johnson）原本想讓克萊門斯在休息天數比較短的情況下上場投球，後來他打消這個念頭，決定選擇讓哈勒戴在九月二十日先發，做為哈勒戴大聯盟生涯的初登板。

如此一來，布蘭蒂這樣就不會錯過她未婚夫的處女秀了。哈勒戴的爸爸跟老闆借了一台飛機，好讓他能夠載布蘭蒂、艾瓦達西部高中的教練吉姆．卡布拉和其他朋友到坦帕灣。

哈勒戴初登板面對第一名打者是藍迪．溫恩（Randy Winn），哈勒戴在兩好兩壞時，讓溫恩揮棒落空，三振出局，為他的大聯盟生涯揭開序幕。最終他投了五局，被打了八支安打，失掉三分，其中兩分是自責分，送出兩次保送，被敲了一支全壘打，三振五位打者，球隊以七比五獲勝。

「我去過幾次小聯盟比賽，小聯盟比賽有時候看起來就像高中比賽。相較起來，大聯盟比賽才是真槍實彈的刺激。」大羅伊說。「我記得他生涯第一個三振的打者是藍迪．溫恩，真的超酷的。想起以前我們一起在電視上看大聯盟比賽，突然現在變成他真的在場上對戰大聯盟打者了，真的太爽了！在他差不多十二歲的時候，我常常在他睡前問他：『如果你現在是大聯盟投手，在洋基球場（Yankee Stadium）投手丘面對洋基隊，你會怎麼辦？』他會在心中幻想那個場景，然後他該怎麼做。後來成真的那一天，我打電話給他，問他到底是什麼感覺，他說：『比我心中想像的好一千倍。』」

藍鳥隊飛回主場多倫多打球季最後兩個系列賽，卡本特原本預計要在最後一場比賽面對老虎隊，但是球隊告訴他，要讓哈勒戴再投一場評估看看。卡本特明白原因，因為他今年已經投了一百七十五局，獲得十二勝七敗，防禦率四點三七的成績，已經穩穩地佔有明年一九九九年先發輪值的一席之地。讓哈勒戴多一個先發機會表現，明年春訓的時候才會更有籌碼。

布蘭蒂的家人也從科羅拉多州飛來多倫多看哈勒戴先發出賽。哈勒戴連續解決前十二名打者，投了四局完全比賽。第五局一開始，藍鳥隊二壘手菲利佩・克雷斯波（Felipe Crespo）發生失誤，完全比賽泡湯了。哈勒戴順利解決接下來的三位打者，還有機會達成無安打比賽。第六局，他也讓對手三上三下，接著度過第七局和第八局。他投了八局無安打比賽。

「我其實不知道發生什麼事了。」哈勒戴說。「我就是一直用全力投，狀況很好，能投到捕手要的位置。對我來說曲球很重要，那天我曲球投得很順手。當時我投的曲球跟我後來職業生涯投的不一樣。總之當時投得很順。」

普利賽克在牛棚看到哈勒戴痛宰底特律老虎隊的打者，轉頭跟隊友保羅・匡崔爾（Paul Quantrill）說他覺得哈勒戴會投出無安打比賽。

「老兄，等會比賽結束的時候，衝進場內慶祝前，你記得要脫下夾克。這樣你的孫子才會知道你在羅伊・哈勒戴投出無安打比賽之後，你們在投手丘上把他團團圍住。」普利賽克說。

多數的藍鳥隊老將們在休息室裡看著比賽。因為球隊有點矯情地安排這些球員在退場時，能夠接受主場球迷歡呼。像是第一局第一個人次出局的時候，湯姆・艾凡斯（Tom Evans）接替湯尼・費南德茲（Tony Fernandez）上場守三壘；在二局上一出局時，換下卡洛斯・迪爾加多（Carlos Delgado），凱文・維特（Kevin Witt）上場守一壘；在同一局兩人出局後，捕手凱文・布朗（Kevin Brown）上場接替達倫・佛萊徹（Darrin Fletcher）的蹲捕工作。藍鳥隊整場比賽都在走馬換將。

「這些老將被換下場之後，回到休息室喝個啤酒，好整以暇地打扮，準備球季結束後回家。」佛萊徹說。「我們都打扮好要離開了，大家都在催：『大夫，節奏快一點，我們要趕飛機回家了。』」

哈勒戴投八局用了八十五球，六十六顆是好球。只有一個打席他投成三壞球。

「比賽一開始，你知道裁判的好球帶比較寬，所以你會想揮第一球。」老虎隊的指定打擊路易斯・岡薩雷斯（Luis Gonzalez）說。「整場比賽我只看到三顆球，我三顆都揮。」

哈勒戴讓老虎隊右外野手蓋比・凱普勒（Gabe Kapler）擊出左外野平飛球，被左外野手山納・史都華（Shannon Stewart）接殺，形成九局上第一個出局數。老虎隊捕手保羅・巴寇（Paul Bako）擊出二壘方向滾地球，二壘手克雷斯波接球後傳一壘，兩出局。哈勒戴只需要再一個出局數就可以成為一九七〇年奧克蘭運動家隊威達・布魯（Vida Blue）以來，史上最年輕完成無安打比賽的球員，當時布魯是二十一歲又兩個月，哈勒戴是二十一歲又四個月。

這時普利賽克把他的外套脫下來。

「結束了。」他跟匡崔爾說。

老虎隊代理總教練賴瑞・派瑞許（Larry Parrish）換上老將巴比・希金森（Bobby Higginson）代打。希金森在一九九八年繳出打擊率二成八四的成績，外帶二十五發全壘打、八十五分打點，整體攻擊指數則是零點八三五。派瑞許教練前一天跟他說星期日的最後一場比賽不會上場，所以他要好好利用難得的休假機會。

「多倫多是一座很棒的城市，你來這就要出去逛逛。」希金森說。

他心裡想的還是該如何破壞哈勒戴的無安打表現。藍鳥隊在賽前就制定策略，要對希金森投外角偏低的速球，因為希金森這位左打外野手喜歡拉打，他幾乎從來沒有把球擊成反方向的飛球過。

希金森沒有在打擊籠裡練習就直接走上打擊區了。有差嗎？也不會比他的隊友打得更爛了。

走進打擊區時，主審吉姆．麥基恩（Jim McKean）跟希金森說，最好差不多就要揮了，因為他會判好球。

「主審他大概很想要無安打比賽吧。因為我想他當時從來沒有判過無安打比賽。」希金森說。「我記得他真的有這樣說，他要把好球帶放寬。」

第二局接替佛萊徹上來的捕手布朗，向哈勒戴比出第一球的暗號，外角偏低的速球，哈勒戴投出，希金森逮中而且猛力一揮，把小白球送向空中，飛過左外野大牆，是一支全壘打。這是希金森當年第二支反方向全壘打，他的生涯一百八十七支全壘打之中，也不過只有七支是反方向全壘打。戴夫．史帝伯（Dave Stieb）在牛棚練習區接到這顆球，史帝伯是藍鳥隊史上唯一投過無安打比賽的投手*，在那場比賽之前，他曾經有三次在第九局兩人出局時功虧一簣。

「那傢伙也沒什麼嘛！」希金森回到休息區的時候跟隊友說。「你們是怎麼搞的？」

哈勒戴後來告訴自己，他不會因為對方擊出安打而感到失落，但是真的就只差一點。「我受不了那傢伙。」捕手布朗談到希金森說。「我現在還會做惡夢。當有人問『你有接過無安打比賽嗎？』拜託不要問，根本不要跟我談這個話題。當然，那時我有兩個晚上都失眠，彷彿那球還停留在眼前。」哈勒戴最後讓打者法蘭克．卡塔拉諾托（Frank Catalanotto）出局，只用了一小時又四十五分鐘就結束比賽。麥基恩在球場通道跟希金森說，都是因為他搞砸了判無安打的機會。希金森本來就不喜歡裁判，他才不在乎。在休息室的老將們什麼也沒說，但他們總算鬆了一口氣。

「現在我們不用穿著正式地瘋狂慶祝了。」佛萊徹說。「我們本來要把衣服脫掉，穿上短褲衝出去把哈勒戴撲倒的。」

準無安打比賽結束後，哈勒戴在置物櫃前面接受訪問。他知道這一切所代表的意義。

「我想明年壓力會更大，大家對我的期待會更多。」他說。「我現在能做的就是回家，打冬季聯盟的比賽，持續努力訓練，明年回來繼續投球。我知道他們希望看到我有所表現，我當然不會想要讓他們失望。」

＊　一九九〇年九月二日，戴夫・史帝伯面對克里夫蘭印地安人隊投出無安打比賽。截至二〇二一年賽季開打前，史帝伯仍是藍鳥隊隊史唯一一位投出無安打的投手。

第六章 十點六四

當羅伊・哈勒戴抵達一九九九年春訓營時，知名雜誌《運動畫刊》（Sports Illustrated）和《ESPN雜誌》（ESPN The Magazine）的記者都主動上前要採訪他。

羅伊，你會怎麼複製上一季的表現呢？

哈勒戴可不是菜鳥了，現在他可是一位生涯第二次大聯盟先發就差點投出無安打的投手。當他結束大聯盟菜鳥球季後，哈勒戴在亞歷桑納秋季聯盟繳出四勝零敗，防禦率一點八五的表現。春訓之前，《棒球美國》把他排在新秀排行榜第十二名。

「這些預測排行會被拿出來討論好幾年。」他說。「我不想讓排名成為我的負擔。」

其實那年春訓，哈勒戴被關注度可能更高，不過藍鳥隊球團吸引更多媒體注意力到其他地方。首先，他們在二月的時候，把羅傑・克萊門斯交易到洋基隊。因為當初藍鳥隊與克萊門斯有協議，如果球團沒有打算增強兵馬，提升薪資總額來跟美國聯盟東區列強（洋基、紅襪、金鶯）競爭的話，球團會主動交易掉克萊門斯。在這筆與洋基的交易中，藍鳥隊拿到大衛・威爾斯（David Wells）、荷馬・布希（Homer Bush）和葛萊梅・洛伊德（Graeme Lloyd）三位球員；再來，他們在三月時把總教練提姆・強森給炒魷魚了。強森時常用他在越戰的經歷來激勵球員，但後來他被踢爆，他所說的經歷都是謊話。一九九八年某天下午，球隊作客波士頓芬威球場，他用自身越戰經歷去鼓舞派特・亨特根，告訴他越戰時如何承受壓力，強森說他曾經曾經在戰場上誤射了一位不小心進到戰場的十二歲的女孩。不過後來真相大白，強森根本沒去過越南，這讓那位女孩的故事顯得更令人反感。被踢爆真相後，強森在公開場合和私下都道歉過好幾次，藍鳥隊總經理高德・艾許想盡辦法低調處理，好延長強森的總教練生命，但這個醜聞一直跟著藍鳥隊，揮之不去。

「那時懸而未決的情況令人分心，後來演變為一個頭痛的問題。」艾許說。「我們的冷處理顯然沒效。」

藍鳥隊球團找來吉姆・佛格希（Jim Fregosi）來取代強森總教練的位置。

「他們要找能帶領球隊的人。」佛格希說。「我們距離開幕戰還有十八場比賽，我們會準備好的。」

佛格希在大聯盟打滾了十八年，而且是天使隊隊史上第一位生涯六次入選明星賽的球員。他在一九七八年到一九八一年擔任加州天使隊總教練，在一九七九年拿下美國聯盟西區冠軍；一九八六年到一九八八年，他執掌芝加哥白襪隊兵符。後來在一九九一年，他接任費城費城人隊總教練，取代尼克．雷瓦（Nick Leyva）的位置擔，當時球季才打了十三場。那個球季，佛格希帶領一群愛喝啤酒、留著長髮的鯔魚頭（也有人稱作狼尾頭），看起來管不太住的費城人隊球員，贏得一九九三年國家聯盟冠軍，還打進世界大賽。那年世界大賽在第六戰藍鳥隊外野手喬．卡特（Joe Carter）逮中費城人隊投手米區．威廉斯（Mitch Williams）的快速直球，擊出再見全壘打後劃下句點。佛格希一直到他二〇一四年過世前，都在為自己當時第六戰使用威廉斯的方式辯護。

即便如此，當年聯盟冠軍班底愛死他了，佛格希說話大聲、刻薄而且直接了當，很多人也欣賞他的作風。

藍鳥隊在開季前公布了他們的開幕先發輪值：威爾斯、亨特根、克里斯．卡本特、凱爾文．艾斯科巴和喬伊．漢米爾頓（Joey Hamilton）。哈勒戴則是被安排在牛棚擔任長中繼*。這不是哈勒戴想要的安排，但至少他拿到了真皮腰帶和妥善的洗衣服務。球季第一次登板，他投了三局無失分，拿下生涯第一次也是唯一一次救援成功。他擔任牛棚投手的時間並沒有很長，漢米爾頓在四月十七日因為肩膀受傷，而進入十五天傷兵名單，隔天哈勒戴就銜命先發，面對金鶯隊投七

* 負責長局數投球的中繼投手。

局無失分。二十一歲的哈勒戴在生涯第二年球季以二十局投球，兩勝零敗一救援成功，防禦率零的成績開季。他只被打出十四支安打，三振七名打者，但有十一次保送。他的控球問題在四月二十九日面對安那罕天使隊時浮現，在二又三分之一局的投球中，哈勒戴被打九支安打，其中兩支是全壘打，送出三次保送，狂失十一分。

接下來的兩場比賽他也被打得很慘。捕手布朗曾經在去年差點和哈勒戴完成無安打比賽，他也在這兩場比賽中的其中一場擔任蹲捕工作。

「以大聯盟的水準來說，他的確有一些投球機制上的問題，但我認為還是心理問題比較大。」布朗說。「你會問自己：『我真的屬於這裡嗎？』、『我夠格當一名大聯盟投手嗎？』然後開始做一些調整，你開始改變你投球的動作，想要讓球變化的幅度更大。每一球你都想要把它控制在邊邊角角，但其實你只要能控制在本壘板左右三分之一的部分就夠了。」

哈勒戴在球季中不斷地在先發中繼兩邊跑，整個球季下來，他出賽三十六場比賽，其中十八場是先發，繳出八勝七敗，防禦率三點九二的成績，在一百四十九又三分之一局的投球中，他三振八十二名打者，但也送出了七十九次保送。哈勒戴因為肩膀緊繃結束球季之前，他的最後六次先發，防禦率是二點七零，有表現越來越好的跡象。但是因為他上壓的投球方式，讓他的速球在出手前就被看清，而且他的彈指曲球也無法搶到好球數，導致他在球季中很難繳出穩定的表現。隊友卡本特則是在二十四次先發出賽中，投出九勝八敗，防禦率四點三八的成績，但球季的最後九場只有六點六一的防禦率，後來因為進行清除手肘骨刺的手術而結束球季。

即便如此，藍鳥隊在觀察過哈勒戴和卡本特一整季的表現後，有足夠信心在十一月的時候把亨特根交易走。藍鳥隊球團把亨特根和保羅・史波爾加瑞奇（Paul Spoljaric）送到聖路易紅雀隊，換來捕手阿爾貝托・卡斯帝歐（Alberto Castillo）和投手藍斯・佩因特（Lance Painter）與麥特・德威特（Matt DeWitt）。由於亨特根是藍鳥隊的傳奇人物，這筆交易引發不小輿論爭議。有此一說是總教練佛格希不滿哈勒戴和卡本特公開地表示，亨特根是他們球員生涯最有正面影響力的人，佛格希認為自己沒有對這兩位年輕投手樹立威信，所以才說服球團把亨特根交易走。

藍鳥隊也把外野手尚恩・格林（Shawn Green）交易到洛杉磯道奇隊。佛格希對他也頗有微詞：「他希望跟女朋友在一起。」另外，也有傳言卡洛斯・迪爾加多因為佛格希的關係，不想留在藍鳥隊。佛格希還把教練團給換掉，因為他認為有些教練是前任總教練強森的人馬，在背後說他壞話，告訴球員一些機密的討論內容。佛格希開除了投手教練梅爾・奎恩，換上瑞克・蘭福德（Rick Langford），找來前總教練奇托・加斯頓擔任打擊教練，還找來另外三人加入教練團。藍鳥隊球迷普遍認為佛格希推動人事異動，希望能塑造當年一九九三年費城人隊那種鄉村俱樂部的球隊氛圍。

「外界有太多揣測和胡說八道。」佛格希說。「去年我把我認為是球隊中最好的投手之一，大部分時間用來做長中繼，只因為要給在輪值那些老將一些尊敬。事實上，我認為哈勒戴先生值得擔任先發工作。」

藍鳥隊對於哈勒戴在二〇〇〇年的表現有很高的期待，他們在三月的時候和哈勒戴簽下三年三百七十萬美金的延長合約，期望威爾斯、卡本特、哈勒戴和艾斯科巴成為扛起輪值的頭四號先發投手。如果每個人都能夠保持健康，他們有機會和洋基隊與紅襪隊一搏。

「這些人年輕歸年輕，」藍鳥隊捕手達倫·佛萊徹說。「但哈勒戴他已經累積了一些經驗，克里斯對我來說根本就是老將了。我想他們已經差不多了，就要起飛了。至少我們是這樣期盼的。」

二〇〇〇年四月四日，哈勒戴在球季的第一場先發，對上堪薩斯皇家隊，主投七局掉三分，拿下勝投。但是接下來的六場先發他都被打爆，二十七又三分之二局中，被打五十二支安打，失掉四十一分，防禦率十三點五零外加三振十七名打者，送出二十一次保送。在五月五日對上克里夫蘭印第安人隊比賽，哈勒戴投三又三分之二局，狂失八分。總教練佛格希在賽後把哈勒戴調往牛棚。

哈勒戴感覺鬆了一口氣。「我想調往牛棚可以幫助我想通一些事情，也減輕壓力。」他說。「是個很好的機會去思考，不用像先發工作一樣，去擔心太多事情。之前每次上場，我都太求好心切，想要一掃陰霾。」

五月十五日，他面對紅襪隊，上場中繼一局失掉三分，賽後藍鳥隊把他降到三A，好修正一下他的投球機制。總教練佛格希和投手教練蘭福德要求哈勒戴在投球前把雙手舉過頭，做出繞臂的動作，他們也要求卡本特這樣做。這樣的做法在五〇到六〇年代名將鮑伯．吉布森（Bob Gibson）和華倫．史潘（Warren Spahn）身上管用，他想或許對哈勒戴和卡本特也有幫助。哈勒戴在六月下旬重返大聯盟，到七月底之間的八次出賽（其中有五次先發），他繳出兩勝三敗，防禦率八點八九的成績，二十七又三分之一局的投球中，三振二十名打者，保送十八次。他完全失去信心了。

「有時候我會質疑自己，但其實我不應該這麼做。」他說。「不管是我的速球還是變化球被打安打，都不重要，我只要投出我想要的品質就好，我要相信自己，要對自己的投球有信心。」

負面想法佔據了他心思。佛格希不但沒有幫他一把，反倒是狂操哈勒戴和卡本特。有次當佛格希準備打電話給牛棚叫中繼投手時，哈勒戴忍不住罵了一聲髒話。還有一次當哈勒戴走出球員休息室，經過總教練辦公室時，聽到佛格希在大肆批評他。哈勒戴問佛格希如果有需要的話，要不要聊聊，佛格希拒絕。哈勒戴並不知道他哪裡得罪了總教練，從小他在場上就渴望得到父親的認可，他希望他能從佛格希身上得到同樣的認可，但是事與願違，這讓哈勒戴非常沮喪。哈勒戴在每次先發之間，試圖改變他的訓練方式，希望能找到神奇的解方。像是這一次先發前做伸展，下一次他就不做，或是跳過牛棚日，減少長傳練習，再增加長傳練習，甚至改變飲食習慣，一下在賽前吃很多，但是如果成效不好，下一次他就吃少一點。不過這些改變都沒有收到什麼效果。

捕手卡斯帝歐在二〇〇〇年曾經和哈勒戴搭配七場比賽，他說：「當事情很糟的時候，心理醫師講什麼都沒用。做什麼事都不對的時候，你得想盡辦法去拯救自己的人生。」

「他得學習如何面對失敗。」布蘭蒂說。「他一直以來都像是小池塘裡的大魚，然後再成為大一點的池塘裡的一條更大的魚，而現在他只是一條普通的魚，不再像以前那麼大尾了。現在他只不過是一個要搞清楚自己在幹嘛的球員。他從來沒有被教導過如何面對失敗，也沒有人教過他如何面對他人的敵意，當他遇到了困境，他很驚恐，非常害怕失敗；他手足無措，不知道如何從失敗中再站起來；他也不懂怎麼往前看，為了滿足其他人的期待和扛起養家的經濟責任，他給自己巨大的壓力，掙扎地生活，就像世界末日一樣。他無法正常生活和思考，胃痛到不行，身體健康亮起紅燈。」

藍鳥隊也想盡辦法要解決問題。藍鳥隊的副總經理戴夫・史都華（Dave Stewart）曾經是四度單季拿下二十勝的大聯盟投手，他還在奧克蘭運動家隊拿過世界大賽冠軍。七月下旬的某天下午，他離開辦公室的時候遇到哈勒戴，他告訴哈勒戴指叉球該怎麼握。幾天後，藍鳥隊開除了投手教練蘭福德，任命史都華為新任投手教練。

「當時我被交付的任務是損害控管。」史都華說。而佛格希沒有被通知到，他非常生氣。「他們問我的意見，但其實早就已經任命人事了。我不認為這是正確的決定，而且過渡期並不順利。」他說。

「我們兩個人在二〇〇〇年都投得很掙扎。」卡本特說。「拿我自己來說好了，絕大部分是因為信心問題，他也有和我談到這樣的問題。在了解成為大聯盟投手所必須付出的代價和努力時，還能對於自己能保有信心，學習接受改變，你必須要有所調整。我並不想用『磨練』這個詞，但客場旅行、金錢和家庭……等等令人分心的人事物，還是不斷在你生活中出現。我們只想投球，不要被打爆。但是這樣的想法對我們造成傷害，而且他不像我還可以處理得不錯，並不是說我比他更會處理這些事情，只是他那時無法即時有效地作出調整。例如我的伸卡球和曲球可以搶好球數，但他的變化球就做不到，然後只能用速球投進好球帶。他的投球動作讓打者看得很清楚球路，他需要學習變速球或是其他不同的球路，投球動作還要有隱蔽性，不然就是要投得超級準。那年是一場非常漫長而且艱難的戰役。」

八月四日，藍鳥隊把哈勒戴下放到三A。十天後，布蘭蒂在多倫多生下了兒子布藍登。哈勒戴在九月再度回到大聯盟。整季他投了六十七又三分之二局，繳出四勝七敗，防禦率十點六四的成績，保送四十二次，三振四十四名打者，被打一百零七支安打，其中十四支是全壘打，總共失掉八十七分。球季結束後，藍鳥隊球團因為佛格希調教投手無方，而且和球員發生爭執，於是請他捲舖蓋走人。

球季結束後，哈勒戴和卡本特兩家一起相約去吃晚餐。他們找了一家餐廳，但餐廳沒有位置了，於是安排他們坐在後門的逃生門旁邊用餐。哈勒戴和卡本特自嘲說是因為他們投得太差勁，所以連餐廳都不想安排他們室內桌。

「我們坐在那邊笑到不行。」布蘭蒂說。

哈勒戴那年單季十點六四的防禦率，是史上至少投滿五十局的投手中最差的。攤開哈勒戴生涯數據來看，這真的令人難以置信，比起哈勒戴生涯二百零三勝、六十七次完投、二十次完封，還有二千七百四十九又三分之二局的投球量都還誇張。那些偉大的投手從來沒有過哈勒戴在二〇〇〇年的這種成績，當然那些名人堂投手就更不可能了。通常有這種單季防禦率成績的投手，生涯都不怎麼樣，投個幾年就消失在棒球界，沒人會記得。

單季超過五十局投球，防禦率最高的前十名*

羅伊．哈勒戴：十點六四（二〇〇〇年多倫多藍鳥隊）

威廉．史戴徹（William Stecher）：十點三二（一八九〇年費城運動家隊）

米蓋亞．鮑伊（Micah Bowie）：十點二四（一九九九年亞特蘭大勇士／芝加哥小熊隊）

史蒂夫．布拉斯（Steve Blass）：九點八五（一九七三年匹茲堡海盜隊）

尚恩．伯格曼（Sean Bergman）：九點六六（二〇〇〇年明尼蘇達雙城隊）

安迪．拉金（Andy Larkin）：九點六四（一九九八年佛羅里達馬林魚隊）

法蘭克．蓋伯勒（Frank Gabler）：九點四三（一九三八年波士頓勇士隊／芝加哥白襪隊）

阿弗瑞多・賽門（Alfredo Simon）：九點三六（二〇一六年辛辛那提紅人隊）

艾德・歐尼爾（Ed O'Neil）：九點二六（一八九〇年托萊多毛梅斯人隊†／費城運動家隊）

瑞吉・格雷鮑斯基（Reggie Grabowski）：九點二三（一九三四年費城費城人隊）

這個排行榜除了哈勒戴之外，在大聯盟投了十個球季的布拉斯是這名單中名氣最響亮的。一九七一年世界大賽他先發兩場，拿下兩勝零敗，防禦率一點零零，一九七二年他入選國家聯盟明星隊，當年賽揚獎投票只輸給二十七勝十敗，防禦率一點九七的史提夫・卡爾頓（Steve Carlton），落居第二。隔年一九七三年，他出現心理問題，罹患投球失憶症，投不進好球帶，當時有很多種稱呼這種現象的名稱，甚至還有人稱做「史蒂夫・布拉斯症」。布拉斯在一九七四年只出賽一場後就再也沒有投球，生涯的WAR值是六十四點三。把上面名單的後面二十六名投手加起來，總計WAR值等於六十五點三，其中有七位投手在該生涯最糟的球季之後就沒有在大聯盟投球的紀錄。其中有兩位史戴徹和歐尼爾生涯就只有投一個球季，而且很奇怪的是，剛好

---

* 巴爾的摩金鶯隊的投手布萊恩・梅道斯（Brian Matusz）後來在二〇一一年單季投了四十九又三分之二局，防禦率十點六九的成績，差一點打破這個紀錄。

† Toledo Maumees，一八九〇年隸屬於美國協會（American Association）的一支球隊。毛梅斯為俄亥俄州的一個城市，就在托萊多附近。

都是一八九〇年球季。

在這名單上，除了哈勒戴以外的另一個名人堂球員是雷夫提・葛洛夫（Lefty Grove），他在一九三四年效力於波士頓紅襪隊時，單季防禦率六點五零，比哈勒戴的防禦率還少了超過四分。

「當你回頭細看哈勒戴在二〇〇〇年和二〇〇一年的球季，比較他最後的生涯成就，實在令人難以置信。」卡本特說。「真的是太神了！這樣的成績通常球隊會直接叫你滾蛋。我想主要是因為他的決心和無所畏懼，你看看當時的我們多麼掙扎和恐懼，而且缺乏自信。成就反映了他的個性，很多人忽略了這一點，都只看到他的生涯數字多麼偉大，但我想大家不了解的是，當他低潮時，他在生理和心理上得付出多少努力，才能找回他應有的水準。」

更誇張的是，二〇〇〇年還不是哈勒戴的最低點，最糟的還沒來呢！

第七章 梅爾

二〇〇〇年十二月，哈勒戴在休賽季期間參加藍鳥隊在佛羅里達州但尼丁市的迷你訓練營（mini camp）。在訓練營期間，他向新任投手教練馬克．康納（Mark Connor）吐露心事。前三個球季，康納在亞歷桑納響尾蛇隊工作，負責指導藍迪．強森（Randy Johnson）和柯特．席林（Curt Schilling）兩位明星投手。他了解哈勒戴的實力和低潮，想要和哈勒戴聊一聊。如果可以的話，說不定能幫上忙。他們在小聯盟基地的某個球場右外野邊線坐下來，哈勒戴一開口就止不住情緒。

我能做到嗎？

我能讓大聯盟打者出局嗎？

「他有點崩潰，我可以感同身受。」康納說。「我試著幫助他建立信心，找回以往的自信。告訴他這只是一個過程，難免有些不完美。」

經過休賽季的訓練與加強體能，哈勒戴在春訓報到時認為自己已經準備好，準備重振雄風。不過春訓葡萄柚聯盟開打後，哈勒戴還是被打得很慘。三月八日在夏洛特港（Port Charlotte），哈勒戴對上德州遊騎兵隊的春訓初登板中，他被打兩支安打，送出兩次保送，還有兩次暴投，總共失兩分。三月十七日，在萊克蘭市（Lakeland）對上底特律老虎隊的比賽則是在三局投球中，被打六支安打，失掉六分。藍鳥隊總經理高德・艾許手下球探回報的內容，哈勒戴被批評得體無完膚。哈勒戴在三月二十三日對上明尼蘇達雙城隊的比賽，五局投球又失掉六分，被敲七支安打。

「他被狠狠地痛宰了。」藍鳥隊新任的總教練巴克・馬丁尼茲（Buck Martinez）說。

「好像捕手告訴打者什麼球要來了一樣。」牛棚教練吉爾・派特森（Gil Patterson）說。

春訓開始時，哈勒戴本來有望爭取藍鳥隊先發輪值的一席之地。突然之間，情勢急轉直下，他只能和三十歲的浪人左投克里斯・米卡拉克（Chris Michalak）競爭第五號先發的位置。

「他的表現很普通，實在很難贏得教練團信任。」康納說。

藍鳥隊球團內部時常討論哈勒戴的狀況。有些人認為該放棄了，把他交易出去才是最好的選擇；有些人認為應該直接釋出他。但總經理艾許不同意，他看得到哈勒戴的天份，而且相信如果藍鳥隊要在美國聯盟東區保有競爭力，就要想出辦法幫助這些投手進步。況且，以哈勒戴現在的表現，能透過交易換到什麼東西嗎？

「他的價值大不如前了。」艾許說。「你是換不到什麼好貨的。」

總教練馬丁尼茲也這樣認為，他和投手教練康納相信自己能夠幫助哈勒戴突破。但是該怎麼做呢？

「我們該如何幫他？」在某次哈勒戴先發賽前，馬丁尼茲問康納。「我們要搶救他的職業生涯。」

「我們相信他的實力還在。」艾許說。「我們要做的是再次讓它發揮出來。」

藍鳥隊決定不把哈勒戴放在開季名單內，而且也沒有把他下放到三A，因為覺得大概沒什麼效果。對於哈勒戴來說，他在三A投球，距離大聯盟只有一步之遙，上場還是會給自己太多壓力，而無法專心面對他職業生涯長期有幫助的事情上。藍鳥隊要讓哈勒戴遠離大聯盟，所以決定把哈勒戴下放到一A聯盟，重回到但尼丁市。上次哈勒戴在但尼丁市投球已經是一九九六年的事情，當年他才十九歲。

「讓我們回到原點吧。」艾許說。

「我們覺得最好的方法就是讓他遠離那些數據，到一個數據表現不是那麼重要的地方，幫助他調整新的投球機制，幫助他的投球表現。」馬丁尼茲說。

球團在三月二十八日下放哈勒戴。藍鳥隊知道這個舉動會引人關注，所以請員工協助計畫總監提姆·休斯（Tim Hewes）先跟哈勒戴說一聲。哈勒戴當時正在外野撿球，休斯找到他，請他到一間沒人在用的辦公室，當休斯宣判他的命運時，哈勒戴身體前傾靠在辦公桌上。對話不到兩分鐘，大部分都是休斯在說話，哈勒戴幾乎沒說什麼。

「他看起來嚇傻了。『天啊，我該怎麼辦？』一副完全不知所措的樣子。」休斯回憶當時的狀況。總經理艾許、總教練馬丁尼茲和投手教練康納還有其他員工後來跟哈勒戴解釋藍鳥隊的的計劃，希望他能夠留在但尼丁市，不只是他本來就住在附近，而且那邊還有經驗豐富的投手教練史考特・布里登（Scott Breeden）能夠幫忙。藍鳥隊希望哈勒戴專注在他的控球上，不要因為求表現而造成壓力。還要他建立自信，強化心理素質。球團承諾他，只要他達到進步的標準，就會盡快把他升上大聯盟。

「他不喜歡這樣的決定。」馬丁尼茲說。「他不太高興，他對我一直都不太滿意。」

哈勒戴感覺被羞辱了。他到廁所把門反鎖，在裡面坐了好幾個小時，等到大家都離開之後才出來。這樣他就不用跟任何人談起這件事了。

「我當時…覺得很丟臉。」哈勒戴說。「想到要打電話回家，告訴他們『耶！我要回到一A了！』之類的，當周遭的人都對你有很高的期待，希望你成為下一個羅傑・克萊門斯的時候，你還得跟他們解釋現在發生的情況，真的太尷尬了。不過，這些事情後來成為我職業生涯的動力。」

他離開球場，回到他在附近的公寓住處，坐在床沿，一邊和布蘭蒂討論未來，一邊啜泣。

我們存夠錢了嗎？
我還能回去念大學。
我不希望你回去工作。我們可以靠現在的積蓄過活嗎？
我會盡力，我會找到工作。

哈勒戴望向二樓的窗戶。

「如果我跳下去，但很幸運地只有腿斷掉，我明天還是可以去球場。」他說。布蘭蒂聽得不耐煩了。她拿了車鑰匙準備出門。

「這一點也不像他。」她說。「他掙扎過，也擔憂過，但是他從不放棄。這是我最不了解的地方，他完全放棄自己了。看到他那樣子實在令人難受，令人心痛。所以我說：『我要一個人靜一靜。』然後就離開了。」

她離開後，開車到附近的書店，在書架之間閒晃，找找看有沒有書或許可以幫助他的老公。她在「自我成長區」找了幾本書。布蘭蒂從小在摩門教家庭中長大，她深信寫日記的價值，於是她買了兩本日記本。

「他是個封閉、安靜而且注重隱私的人。」布蘭蒂說。「他不太分享心事。對他來說，敞開心胸去分享真正的情感是很困難的事情。所以我想或許寫日記能夠幫助他抒發情感，表達出自己心裡所想的，就能面對它，處理它。」

走到結帳櫃檯前，她經過「棒球區」，心想或許能找幾本關於貝比・魯斯（Babe Ruth）、德瑞克・基特（Derek Jeter）和泰・柯布（Ty Cobb）的書籍。就這麼剛好，有本書的書名吸引了她：H・A・多佛曼寫的《投手的心靈密碼》。

布蘭蒂看到書名忍不住笑了。世界上有多少人會需要這種書啊？她拿了一本，何不買來翻看看呢？買完書就開車回家，把剛剛說到一半的事情說完。哈勒戴承諾他會繼續打球，就算是要出盡洋相也沒關係。他拿起《投手的心靈密碼》翻了翻。

「我讀了一下，我發現這傢伙肯定有在監視我。我發誓，書裡寫的根本都是我啊。」他說。「這本書根本記錄了我的人生。這本書開始改變了我思考的方式。」

哈勒戴從但尼丁市開始他的「重返大聯盟之路」。事實上，他壓根兒不知道回不回得去。一開始沒什麼進展，沒什有麼值得他開心的事情。他第一次中繼出賽，面對沙拉索達紅襪（Sarasota）投兩局被打兩支安打。兩天後，他在麥爾斯堡（Fort Myers）又投兩局，被打三支安打，失掉兩分。在但尼丁市，他中繼出賽十三場，獲得零勝一敗的成績，防禦率三點九七。以一個在選秀會第二十五輪被選上的大學中繼投手來說，帳面成績看起來還可以，但對於一個有大聯盟經驗的首輪大物，而且是面對一A佛羅里達州聯盟的打者來說，可就不一樣。

「當他的速球有時速九十四、九十五英里，而打者卻還能打成界外球，我知道他不太妙了。」

但尼丁的總教練馬帝・佩維（Marty Pevey）說。「他投球的動作讓打者可以把球路看得很清楚。」

哈勒戴很沮喪，他打給「巴士」坎貝爾：「為什麼我無法讓打者出局啊？」

「你的問題不在於動作，而在心理層面。」巴士說。「你得尋求協助。」

哈勒戴開始尋找解方，不停地閱讀多佛曼的書，並且尋求運動心理學醫師的協助。

「對於棒球的心理層面，我一點概念都沒有。」哈勒戴說。「不管場上場下，我常常有負面的想法，讓心魔佔據了我，我知道這些都是我在投球時最不該去想的，但我一直會以為我投球的方式有問題，或是擔心投不好。」

「我知道球隊管理階層可能認為我有更嚴重的問題，可能以為我的私生活出了問題，還是童年遭遇到什麼事情之類的。但其實就只是我沒有辦法建立自信而已。從八歲到二十二歲，我從來都沒有懷疑過自己。現在是我人生第一次不知道該怎麼解決打者，也不知道該如何面對困境，走出低潮。我在投球常常想到負面的事情：萬一我這球投出去挖地瓜怎麼辦？萬一我保送了他怎麼辦？或是萬一我投進去好球帶的話，打者會把球轟得老遠就完蛋了。」

其實不只心理層面的問題而已。哈勒戴的速球軌跡太直，沒有尾勁，對打者來說太好打；他的彈指曲球雖然有曲球的軌跡，但是沒有辦法搶到好球數，威力還不足以做為他的第二球種。藍鳥隊除了把他降到一A層級之外，也想到或許可以嘗試另一種極端的做法。他們找來了梅爾・奎恩。

「他是我們的救星。」派特・吉利克說。

因為奎恩幾乎什麼都經歷過，不管是投球、打擊還是其他有的沒有的東西，他無所不能、無所不知。奎恩在一九六〇年代是辛辛那提紅人隊的外野手，後來棄打從投，因為他知道隊上有法蘭克・羅賓森（Frank Robinson）、瓦達・賓森（Vada Pinson）和湯米・哈波（Tommy Harper），他肯定沒有上場機會。在他以外野手身份登上大聯盟的三年之後，奎恩在一九六七年出賽三十一場，其中是二十四場先發，投出十四勝八敗，防禦率二點七六的成績。後來他轉往教練和球員發展領域，奎恩在一九九六年到一九九九年擔任藍鳥隊的投手教練，後來在二〇〇一年轉任巡迴的投手教練和特約球探。奎恩在藍鳥隊佔有一席之地，他說的話有一定份量。

「他很有創意，而且充滿好奇心。」艾許說。

藍鳥隊把哈勒戴升上二A，好讓他可以跟著奎恩一起訓練。當時哈勒戴正希望搬到佛羅里達州去住，不只比賽比較方便，而且因為最近的低潮實在太丟臉，他也不想回到家鄉。哈勒戴在搬完家之後，立刻飛到二A所在地諾克斯維爾和球隊會合。

「搬到佛羅里達州讓我減輕不少壓力。」哈勒戴說。「對我來說是個新的起點。在那邊，大家不知道我是棒球員，我可以自在地做自己，不用討好任何人，不用擔心如果我沒有成功的話，會讓支持我的人們失望。」

哈勒戴飛抵田納西州的諾克斯維爾市之後，就到球場的總教練辦公室和奎恩碰面。他們早就認識了，奎恩在一九九八年時是哈勒戴的投手教練。

「嘿，最近好嗎？」哈勒戴說。

「大夫，你在浪費你的天賦。」奎恩一開口就嗆他。

哈勒戴永遠都不會忘記奎恩這樣歡迎他，而且這還是剛開始的小菜而已。奎恩在哈勒戴抵達諾克斯維爾之前，他向一位運動心理醫師討教，那位運動心理醫師建議他，要讓哈勒戴在心理和情緒上徹底崩潰才有用。於是奎恩劈頭就罵哈勒戴實在有夠笨，接著一口氣把所有能用來形容哈勒戴不好的詞都用完了。哈勒戴只能默默地挨罵，概括承受。

奎恩說：「要是我那樣嚴重羞辱一位年輕小伙子，如果他當下直接起身揍我，我也不會怪他。還好他就在那邊乖乖坐著聽訓，也是因為這樣，讓我覺得他其實準備好了。其實我那樣霸凌他，他大可直接掉頭就走，不過他就是默默聽訓。」

為什麼要接受啊？

「羅伊大概是因為覺得他說的都是對的吧。」布蘭蒂說。「我想，他相信教練罵他是有道理的。但他並不想被罵，所以他認真地訓練，好讓梅爾看到他更好的一面，他再也不想那麼糟了。我想這就是原因吧！因為連他都覺得自己爛透了。當下的狀況大概就是『對啊，我知道我就是這麼爛，但我又能怎樣呢？』這不是說他很消極，就只是他真的這麼想而已。老婆、小孩和家庭是他的動力來源，他希望讓周遭的人為他感到驕傲。於是他當時回答：『要我做什麼都可以，我不想要再這樣子下去了。拜託不要把我丟在這裡自生自滅。』我想當時他真的跌到谷底了，從來沒有這麼虛心受教過。」

奎恩告訴哈勒戴，除非他願意接受大改造，那種可能會一年都沒辦法投球的大改造，才有可能看出效果。哈勒戴說最近感覺越投越好了，但奎恩反駁他，或許有丟球丟得比較好，但並沒有越投越好，他無法讓打者揮空，「難道你沒有注意到嗎？」他說。

哈勒戴說他為了改變現狀，什麼都願意嘗試。

「以前你覺得生命中圍繞著棒球，而突然之間你就變成魯蛇了，什麼都不是。」哈勒戴說。「你感覺到人生非常失敗，總是缺少了什麼東西。聽到他這樣罵我，我的心很受傷。但最重要的是，當時我準備好被罵了，這樣才能解決問題。」

藍鳥隊捏造哈勒戴的小腿出狀況，把他放在傷兵名單，好讓他和奎恩可以遠離球隊，不受打擾地一對一訓練。奎恩跟艾許說他要試盡各種方法把哈勒戴「胡搞瞎搞」一番。

奎恩的第一招是「殺死鋼鐵麥克（Iron Mike）」。

鋼鐵麥克其實是一台老舊發球機的名字。這台發球機的機械手臂會慢慢地往上，然後把球射向打者，和哈勒戴的手臂很像，投球前把手伸直經過頭頂。奎恩心想，應該要把哈勒戴的手臂角度壓低一些，增加投球的隱蔽性。這樣的調整可能不太容易，但他們必須試試看。因為像發球機一樣丟球是絕對無法在一Ａ生存的，更別說大聯盟了。哈勒戴的運動心理醫師建議他做些改變，他說好。

「打者可以很清楚地看到球。」奎恩解釋說。「他完全沒有任何隱蔽，雖然球速很快，但非常直。除非他投得很準，不然打者就很好打，我想他後來慢慢了解到這點。他如果想要投在邊邊角角，就會是一壞球、兩壞球，然後球數落後，屈居下風，接下來得丟好球給打者打，然後就被擊出安打了。我這個老投手重新示範一次他的動作給他看，讓他了解問題在哪，好讓他徹底改頭換面。」

奎恩用一招出奇簡單的方式來改造哈勒戴：「大夫，就用側投吧！」

側投，就是這麼簡單的答案。哈勒戴試著把他的出手調低幾英吋，用四分之三的方式投球，但那不是側投，根本就不是，不過哈勒戴覺得這樣滿不錯的。

「我好像從腰帶這邊開始揮臂，比起之前低了六到八英吋吧。」他說。

他投出去的球開始會跑了。奎恩告訴哈勒戴伸卡球和卡特球該怎麼握，結果球更會跑，哈勒戴超開心的。怎麼一點小改變就差這麼多？

在二〇一七年三月《紐約時報》泰勒．凱普納（Tyler Kepner）的報導中，哈勒戴向記者說：「我一直都有在丟伸卡球，或也可以說二縫線速球。我也丟一點卡特球，但投得很普通，二縫線速球是真的沒什麼效果。直到我把出手角度放低一點，二縫線速球就開始跑了，投進好球帶裡很完美，當時讓我減輕很多壓力。之前我都認為如果沒有丟到邊邊角角的話，我就完蛋了，但當我有這顆伸卡球之後，我可以往好球帶紅中丟，然後藉由它的尾勁自己去產生位移。對於當時的我，一個無法把球控得很精準的投手來說，這顆伸卡球能夠往右打者內角跑，卡特球則是可以往外角移動的球路，面對左打者則是相反的情況，伸卡球往外角竄，卡特球往內角鑽。」

「我投出去的球都有左右跑的尾勁了。因為我知道球路有尾勁讓我可以更積極攻擊好球帶來挑戰打者。如果我可以調整，水平移動個三、四英吋，我就可以讓打者打不好了，這是我所追求的目標。我希望打者每球都揮，把球打進場內，但不要紮實地咬中球。那時候開始，我能夠把球自在地投到左右兩側。」

哈勒戴也能夠投曲球，但他有天下午不小心告訴奎恩他忘記該怎麼投了。奎恩把他罵翻了，要他從十呎的地方開始練習，練習找回投曲球的感覺，慢慢地找。奎恩向他解釋新的出手角度可以讓球產生更多水平位移，出手的時候更能夠吸引打者出棒。如果哈勒戴把球往好球帶紅中投去，球會掉到好球帶邊角，讓打者就算打到的話也無法紮實的擊球。

奎恩也協助哈勒戴改新投球姿勢，把哈勒戴的右肩遠離打者，延長藏球的時間，好提升投球動作的隱蔽性。他們很認真地調整新姿勢，哈勒戴在十天內就進行了八次牛棚投球練習。二A的總教練羅基特・惠勒（Rocket Wheeler）從旁觀觀察，他們練習時邊聊天邊訓練，第一天哈勒戴投了二十分鐘，第二天三十分鐘，第三天四十分鐘，中間隔一天休息日。有些球員教練回憶起來，當時哈勒戴每次的牛棚練習都要投上七十到一百顆球。

「差不多第五天、第六天的時候，我就知道我們在做一件特別的事情，他之後會變得非常不一樣。」奎恩說。

喬許．菲爾浦斯（Josh Phelps）是哈勒戴在二A諾克斯維爾搭配的御用捕手，只要哈勒戴進行傳接球熱身或是牛棚練投，他都會負責蹲捕。除了奎恩問他哈勒戴的球怎麼跑之外，他跟奎恩沒什麼互動。

「我對他來說就像桿弟吧。我不會跟他說什麼悄悄話或是好建議之類的。我就是蹲在那邊接球，然後回報我看到的東西。現在回頭看，我都跟他一起搭巴士到客場，你不可能在二〇〇一年當時就跟我說，羅伊之後會入選名人堂。改變就在一瞬間，一旦他摸索出怎麼讓球更有尾勁之後，他就是完全不一樣的投手了。超讚的！」

哈勒戴能投卡特球、伸卡球和曲球，現在投球動作也提升了隱蔽性，他開始有理由對自己更有自信了。當然，他還沒有用新的投球動作面對打者的實戰經驗。五月二十六日，他在二A賽場上初登板，面對卡羅萊納泥貓隊（Carolina Mudcats），五局投球中，他被打四支安打，失掉兩分，還讓幾位打者的球棒給打斷了，有幾支安打是幸運的內野安打。他開心地笑了。接著他五月三十一日，在奧蘭多客場投雙重戰的第二場比賽。比賽進行了幾局，奎恩對哈勒戴大吼，叫哈勒戴不要再瞄準好球帶邊角，把球投進紅中。之後，奎恩把頭靠在休息區的牆上，看著哈勒戴投球，那天哈勒戴只被擊出兩支安打，失掉一分，而且三振九名打者。

「那時我就像小孩子有了新玩具一樣。」哈勒戴說。「你上場投球，不用特別做什麼，就是把球往中間塞，然後球就會突然往右打者的內角方向跑。」

他在傑克森威爾（Jacksonville）投最後一場二A的比賽。他投完七局，離他的用球數設定還差十二球，惠勒跟哈勒戴說牛棚投手會接手投第八局。

「我還沒投夠咧！」哈勒戴說。

「聽我說，你只有十二球的額度，用完了我就會上場把你換下去，因為是上面告訴我這樣做的。」惠勒說。

哈勒戴最後用了十五球結束第八局。

「我現在可以下了。」他說。

「他就是這麼堅定。『我修好問題了，準備要大展身手啦。』」惠勒說。「你可以看到他的改變，看他的表情，你可以感受到他不一樣了。」

哈勒戴在二A投五場先發，繳出兩勝一敗，防禦率二點一二的成績，藍鳥隊把他升上三A。康納拿到奎恩所寫的報告，奎恩把哈勒戴和洛杉磯道奇隊的王牌投手凱文・布朗（Kevin Brown）相提並論。事實上，奎恩認為哈勒戴比布朗更強。

這可是非常高的評價。布朗在大聯盟十九年的生涯，累積二百一十一勝一百四十四敗的成績，防禦率三點二八，一九九二年在德州遊騎兵隊時，曾經單季拿下二十一勝；一九九七年和佛羅里達馬林魚隊奪得世界大賽冠軍。入選過六次明星賽，在二〇〇〇年效力於道奇隊時期，以防禦率二點五八的成績拿下國家聯盟防禦率王。布朗生涯累積的WAR值是六十八點二。

「在當時，布朗的球路可是非常刁鑽的。」康納說。「說真的，我很尊敬梅爾．奎恩，但他告訴我哈勒戴比布朗還強的時候，我心裡想的是『拜託，我得眼見為憑才算數啊。』不過梅爾是對的。的確得歸功梅爾於對哈勒戴投球機制的改造。你要知道，哈勒戴之前可是全國高中生投手大物，他從小就這樣投球，他上場就是這樣投，而且對於投球很有信心。最重要的是，奎恩讓他願意接受改變，他得全然信任奎恩所說的：『你這樣做比較好，原本的方式要丟到垃圾桶。』奎恩成功了，這是他的功勞。」

哈勒戴在藍鳥隊三A的雪城隊投了兩場先發，一勝零敗，防禦率三點二一。藍鳥隊在七月一日把他升上大聯盟。

哈勒戴在三個月內重新改造了自己。

「世界上沒有多少投手能夠像他這樣做到。」奎恩說。「大夫能做到，因為他是一個特別的人。」

第八章 脫胎換骨

藍鳥隊總教練巴克・馬丁尼茲在哈勒戴回到大聯盟藍鳥隊的時候，拿了一咖捕手手套，蹲在本壘板後面，要來接哈勒戴所投出的球。他相信眼見為憑，自己看到的才準。

馬丁尼茲效力過堪薩斯皇家隊、密爾瓦基釀酒人隊和藍鳥隊，有十七年的大聯盟捕手資歷。他搭配過的投手包括了戴夫・史蒂伯、吉米・凱伊（Jimmy Key）、丹尼斯・雷納德（Dennis Leonard）和史蒂夫・巴斯比，他知道怎樣才是高品質的球路。他看到梅爾・奎恩從小聯盟傳回來的捷報，以及哈勒戴在二A和三A的成績，他想要自己用自己最擅長的方式親身感受。他希望看到哈勒戴投球出手瞬間，還有進到本壘的軌跡。馬丁尼茲想要看到其他打者像是德瑞克・基特和曼尼・拉米瑞茲（Manny Ramirez）所看到的角度。

「他有往內角跑的球路，也有往外角走的。」馬丁尼茲邊說邊比手畫腳地指來指去。「他有本壘板兩邊移動的球路，卡特球往左，伸卡球往右，都可以投進好球帶。他把投球動作也改了，從原本直挺挺高壓式方式，變成轉動身軀，有效地隱藏出手前的握球，提升了投球的隱蔽性。」

藍鳥隊原本計劃要讓哈勒戴慢慢適應，先從牛棚開始，再轉往先發輪值。但是七月二日在主場天空巨蛋的比賽時，先發投手艾斯特班．洛艾薩（Esteban Loaiza）面對紅襪隊只投了三分之一局就被換下場，藍鳥隊需要長中繼投手上場接替投球，所以總教練馬丁尼茲和投手教練馬克康納換上哈勒戴。哈勒戴上場之後投了二又三分之一局，被打出六支安打，投出四次保送，失掉六分，只有一次三振。用球數高達七十顆球，只有三十六顆是好球。

「馬克和我坐在休息區，他說：『讓他投完這個人次，他在小聯盟投得不錯。』」馬丁尼茲說。「他沒有逃避，他自己也知道需要其他人幫忙。隔天他還是用新練的投球動作在場邊練習，練習就跟上場一樣專注。」

接下來，哈勒戴在七月七日出賽，於主場天空巨蛋（SkyDome）先發對上蒙特婁博覽會隊，這是他改動作和練習新球路以來第一次先發。他在六局的投球工作中失掉三分，送出生涯新高的十次三振。下一場在七月十六日的比賽，作客謝亞球場（Shea Stadium）對上紐約大都會隊，投六局失掉兩分。當哈勒戴從小聯盟回來以後，隊友克里斯．卡本特幾乎認不出他，他已經是一位完全不同的投手了。

「他第一次先發出賽，就讓人覺得，『嗯！師弟終於歸位了！』」卡本特說。

哈勒戴在七月二十一日對上紐約洋基隊的比賽中，在客場投了四又三分之二局，雖然是三場先發中最差的表現，但還是讓人感到印象深刻。洋基隊捕手陶德．格林（Todd Greene）在二〇〇〇年時效力於藍鳥隊，不過因為肩膀受傷，沒有接過當時隊友哈勒戴的球，隔年，他在春訓時接過哈勒戴的球，春訓結束之後三月二十九日就被藍鳥隊釋出，跟哈勒戴被下放到一A但尼丁是同一天。

「你可以從他臉部表情看得出來不太對勁，他自己也知道。」格林說。「他看起來很迷失的樣子。」

格林不敢相信哈勒戴從三月到現在的轉變。比賽隔天他走到對面的休息區問藍鳥隊總教練馬丁尼茲到底發生什麼事情。

「你們到底對大夫做了什麼？」他問。「這跟我幾個月前看到的病貓不一樣。」

「他轉變成不同類型的投手。」格林說。「他的心態上有所調整，所以當他回歸大聯盟的時候，他投比較多伸卡球和卡特球，必要的時候還會使用曲球。改變心態是最重要的關鍵，你看著他，就會感覺到他的氣場不同了，他找回之前失去的那種正面對決的態度。其實言語很難形容啦，身為球員就感受得到，用看的就知道投手是不是個咖。不只是球威而已，而是在場上的氣勢和各種細節。更何況他本來就很大隻了，很嚇人的身材。能夠看到他找回昔日的那頭猛虎，令我感到很驚喜。」

七月二十六日，藍鳥隊作客波士頓紅襪隊的芬威球場（Fenway Park），哈勒戴主投六局失掉一分，三振八名打者，雖然球隊輸球，但他無關勝敗。不過，對於投手教練康納，或許也包括了哈勒戴，這場比賽有一個關鍵時刻是五局下，一比一平手局面，紅襪隊跑者分別攻佔一二壘，輪到拉米瑞茲上場打擊。當時是拉米瑞茲在波士頓的第一年，當年他以打擊率三成零六、四十一支全壘打、一百二十五分打點與整體攻擊指數（OPS）一點零一四的成績作收。

康納走上投手丘跟哈勒戴聊聊。

「大夫，面對他的方式，要像從一開始你已經取得兩好球沒有壞球的方式去投。」他說。

哈勒戴盯著康納看，看起來有點傻眼。

「沒錯，用兩好球的方式去和他對決。」康納說。「你要讓他揮棒，他想要打出安打，他不想要選保送，所以你要發揮你的優勢。」

哈勒戴依照指示用好球攻擊拉米瑞茲。拉米瑞茲最終在兩好一壞的球數下，揮棒落空遭到三振出局，比賽維持平手局面。哈勒戴走回客隊休息區，臉上微微露出笑容。

「我想對他來說那個打席是個分水嶺。」康納對於哈勒戴的轉變感到非常驚喜。

「那顆往內角跑的伸卡球，如果用現代的分析數據來看，縱向的變化幅度應該大到破表了。」康納說。「當打者在抓伸卡球打的時候，他就丟相同球速的卡特球，然後球就往另外一個方向跑。然後，他還可以在任何球數下投那顆刁鑽的曲球，足以讓他成為具有宰制力的投手。對於大多數左打者來說，他的伸卡球很難打，加上又有卡特球搭配，他的球種武器庫幾近完美。打者很難在好球帶打中球，如果他真的投進去的話，打者就要換一根新球棒了。」

在藍鳥隊分別於一九九八年和一九九八年交易掉羅傑．克萊門斯與派特．亨特根之後，哈勒戴意外地和大衛．威爾斯混得很熟。威爾斯在一九九九年和二〇〇〇年效力於藍鳥隊，他們兩人的個性天差地遠，威爾斯是屬於喜歡跑趴，有點不受控的人，而哈勒戴則矜持內向許多。

「他跟我說了很多關於自信的事情。很明顯地，他的自信並不是建立在工作表現上。」哈勒戴說。「他就是相信自己而已，然後單純地上場投球。」

威爾斯在二〇〇〇年投出二十勝八敗，防禦率四點一　的成績，就是哈勒戴投出破紀錄的防禦率十點六四成績的那年。威爾斯在二百二十九又三分之二局的投球中，只送出三十一次保送，比他整季的先發場次三十五場還少。這讓哈勒戴覺得很有趣。

「我記得看過他好多場比賽，他幾乎不投保送的，他就是敢跟打者對決。」哈勒戴說。

威爾斯只要上場，就是不停地攻擊好球帶。這種鬥志存在他的基因中。在他長達二十一年的職業生涯中，平均每九局只保送一點八八位打者，在一九二〇到二〇一九年這一百年的區間中，所有超過一千五百局投球的投手中，排名第二十名，排在名人堂投手格羅佛．克里夫蘭．亞歷山大（**Grover Cleveland Alexander**）（第一名，一點三三次）、羅賓．羅伯茲（**Robin Roberts**）（第十名，一點七三次）、葛瑞格．麥達克斯（**Greg Maddux**）（第十一名，一點八次）、卡爾．哈伯爾（**Carl Hubbell**）（第十三名，一點八二次）和胡安．馬里查爾（**Juan Marichal**）（第十四名，一點八二次）之後。

剛好排在第二十四名，哈勒戴的每九局平均保送一點九四次之前。

「如果你可以投在四個角落內外各一點、移動打者的視線高度、改變打者站的位置，讓他們害怕內角球的話，你就可以在投手丘上宰制打者了。」威爾斯說。「場上還有八位隊友幫你守備，你不可能靠自己讓所有打者出局，要讓你的隊友有工作可以做。」

威爾斯將他的信念灌輸給哈勒戴：帶著自信投球，不要害怕把球投進好球帶。

「不要害怕失敗。」威爾斯說。「如果你不相信自己的實力、不相信自己的球威、你不知道自己上場在幹嘛的話，你是不會成功的。我把這些觀念一次又一次灌輸在他的腦袋中。我在投牛棚練習的時候，我要找他一起來，看我做事前準備還有如何投球。我相信他本來就非常好了，你看他的身材和力量，他需要的只是正確的心態。」

「直到你開始真正去實行，真正去採用正確的心態之前，他們說的忠告都只是耳邊風。」哈勒戴說。

藍鳥隊在二〇〇一年一月把威爾斯交易到白襪隊。在二〇〇二年，威爾斯再次回到洋基隊，第一次親眼看到哈勒戴投球。

「天啊，他根本是怪物吧！」威爾斯說。

二〇〇一年的頭十五場先發，哈勒戴拿下四勝三敗，防禦率二點九七的成績，有三場比賽他在領先的時候退場，不過藍鳥隊的後援投手搞砸了。藍鳥隊對於哈勒戴這樣的表現感到很振奮，但也很疑惑到底發生什麼事。

幾個月前他真的糟糕透了。他能繼續保持好表現嗎？

「我們當時審慎樂觀地看待哈勒戴的表現。」總經理高德・艾許說。「我還是有點擔心，畢竟我們之前有看過這樣先盛後衰的情況。我們還在嘗試，還搞不清楚到底是什麼情況。」

十月五日，哈勒戴在二〇〇一年球季的最後一次先發，面對當年最終贏了九十一場比賽的克里夫蘭印第安人隊，印第安人隊在最近的七年內坐上六次美國聯盟中區的王座。他們陣中有名人堂一壘手吉姆・湯米（Jim Thome）、名人堂二壘手羅伯托・阿洛瑪（Roberto Alomar）、肯尼・洛夫頓（Kenny Lofton）、胡安・岡薩雷茲（Juan Gonzalez）和艾利斯・伯克斯（Ellis Burks）坐鎮。

哈勒戴讓他們完全沒輒，投了七局多的無安打比賽，直到第八局兩人出局時，才被崔維斯・弗萊曼（Travis Fryman）擊出一支中外野方向的平飛安打。

在二A時期曾經擔任哈勒戴御用捕手，自稱「桿弟」的喬許・菲爾浦斯說：「那個打席羅伊想要投外角卡特球，我想要讓他投其他球路，不過他搖頭表示反對。我打暗號示意要他投伸卡球，因為我看到弗萊曼在打擊區的站位往本壘板靠近了一點。場上的隊友都想著要出現滾地球出局。他投了一顆外角卡特球，再連投兩顆一樣的卡特球，接著是外角的伸卡球，弗萊曼又更靠近本壘板了。但你知道，你不希望你的投手在這樣越投越順的情況下，多耗用球數，特別是當他一

	初登板到2001年7月2日	接下來的16場比賽
勝負成績	13勝14敗	5勝3敗
防禦率	5.94	2.71
平均每九局被全壘打數	1.35	0.26
平均每九局三振數	5.40	8.30
滾地球率	45%	60%
對手打擊率	.295	.233
對手整體攻擊指數	.857	.591
好球率	59%	67%

直搖頭的時候。我知道該投什麼球比較好，但他有他想丟的球路。我記得羅伊是個很堅持的人，所以我當時認為他應該是百分之百下定決心要投什麼球路，而我可能對我自己只有百分之八十的信心。」

九局上半，哈勒戴再被打了一支安打，但是整場比賽他送出八次三振，完成生涯第二次完封勝，而且只用了八十三球就打卡下班。那場比賽長度只有一小時又五十七分鐘，是當年球季美國聯盟第二短的比賽。

「就像是在二A的時候一樣，一模一樣。」菲爾浦斯稱讚哈勒戴主宰了那場比賽。

但其實完全不一樣。自從哈勒戴在一九九八初登板以來，一直到二〇〇一年七月二日哈勒戴重返大聯盟，臨危授命接替洛艾薩上場投球的那場比賽，和接下來的十六場先發比賽相比，兩段時間的表現簡直是天壤之別：一個像是在大聯盟掙扎的浪人，另一個則是賽揚獎大熱門。

「看他投球出去的移動軌跡，就像玩電動遊戲一樣誇張。」牛棚教練吉爾．派特森說。

二〇〇二年六月三日，藍鳥隊當時戰績是慘澹的二十勝三十三敗，於是管理階層決定開除總教練馬丁尼茲，由三壘指導教練卡洛斯．托斯卡（Carlos Tosca）接替他的位置。投手教練康納在兩天後也辭職離開球隊，由派特森接任。哈勒戴五年大聯盟生涯以來，托斯卡是他第四個總教練，而派特森則是第五個投手教練，這對於哈勒戴來說很難適應。

「我們在藍鳥隊的時候，有很多時間都在經歷過渡期所帶來的改變。」卡本特說。「總是變來變去的，一下老闆換了，一下又是總經理。太常變動，搞得我們都不知道到底發生什麼事了。我只知道，他們都期望我們能打敗紐約洋基隊，這是非常確定的。」

六月七日，哈勒戴在馬丁尼茲和康納離開之後的第一場先發，也是那年的第十三場先發，他在主場面對科羅拉多洛磯隊投出完封勝，僅僅被對手擊出兩支安打。哈勒戴今年的成績來到七勝二敗，防禦率三點一四。三十一歲的菜鳥肯．哈可比（Ken Huckaby）是那天晚上和哈勒戴搭擋的捕手，他在三天前才從三A被叫上大聯盟，這是他今年第一次被叫上大聯盟。他在小聯盟苦熬了十一年，初登板是二〇〇一年的十月，當時他在效力的還是亞歷桑納響尾蛇隊。

「賽後記者問我對於比賽有制定什麼計畫？我回答說，就連十二歲的小球員都可能可以取代我的工作。」哈可比說。「他投得超準的，毫無瑕疵。他可以把三種平均水準以上的球路，投到任何他想投的地方。這就是我對大夫的印象。當他進入狀況時，打者幾乎打不到他的球。當晚洛磯隊的打者差不多就是這樣。我記得比賽隔天，賴瑞・沃克（Larray Walker）和其他球員聊天聊到，哈勒戴這傢伙可是真材實料。」

六月十八日，哈可比第二次和哈勒戴搭配，在洛杉磯面對道奇隊，哈勒戴投出二比一的完投勝，失掉的那一分是非自責分。那一年剩下的二十場比賽，只要是哈勒戴先發，都是和哈可比搭配。

「跟他搭配超好玩。」哈可比說。「我之前和藍迪・強森、柯特・席林還有佩卓・馬丁尼茲（Pedro Martinez）搭配過。但在今年之前，我沒有什麼大聯盟經驗，能和這麼強的投手長時間搭配是很特別的體驗，我想我比他還更珍惜這一段合作，對我來說很特別。有些人會問說：『你和哈勒戴搭配過？』沒錯，我是他的捕手，他真的很強。這種感覺令人驕傲。後來我問他，在他搭配過的眾多捕手中，我有哪些不一樣的地方。他說：『你看起來很放鬆。我認真地跟你搭配，但你看來一派輕鬆。如果我搞砸了，我很不爽，你總是一笑置之，我知道你不是演出來的，讓我知道其實也沒什麼大不了的。』有的時候他對我怒罵，我反而會笑他。」

就像有一次在波士頓芬威球場，紅襪隊游擊手諾馬・賈西亞帕拉（Nomar Garciaparra）把哈勒戴的指叉球轟出全壘打牆，那球投得並不好。三出局之後，回到休息區的路上，哈勒戴對哈可比大吼，但是哈可比卻用大笑回應。其實是因為現場太吵，根本聽不到他說什麼。

「你剛剛在罵什麼啊？」哈可比在休息區裡問哈勒戴。「我說，不要再叫我投指叉球了！」哈勒戴說。哈勒戴的求勝鬥志被點燃了。

還有一次，對上洋基隊的比賽中，他下場時走向三壘指導教練布萊恩・巴特菲爾德（Brian Butterfield），眼神中充滿怒氣。

「巴特！不要再讓奧蘭多那樣做了！」哈勒戴大吼。「好，我知道了。」巴特菲爾德點頭裝作同意，其實他完全不知道內野手奧蘭多・哈德森（Orlando Hudson）到底做了什麼。

於是他去問哈德森：「嘿，你剛剛幹了什麼好事讓大夫生氣？因為他剛剛揪住我的衣領，叫我管管你。」哈德森說他在球隊落後的時候，和洋基隊的球員在二壘旁邊聊天，剛剛好被哈勒戴看到。

「我回頭的時候看到哈勒戴在瞪我。」哈德森說。「他一動也不動地瞪著我。我以為他要衝過來給我一拳。」

巴特菲爾德很欣賞哈勒戴高昂的鬥志。哈勒戴從春訓第一天以來就是這樣，練習守備時，他連下丘接球會有精神地大聲喊聲，以身作則，告訴菜鳥和新進球員這就是藍鳥隊的文化。球季時，他還為休息室制定公約。投手教練派特森有一次在比賽中到影片室回看重播，哈勒戴看到他回來的時候表情有點生氣，問他發生什麼事，派特森說有兩位投手在休息室邊看電視轉播邊休息。

「我知道了。」哈勒戴說。

哈勒戴回到休息室告訴他們：「你們的隊友在場上為球隊奮戰，可是你們卻在這裡瞎混。當你們在投球的時候你希望他們幫忙，但沒上場的時候就躲在裡面？我不准！你們給我出去。」

七月的時候，哈勒戴入選為明星賽（All-Star Game）美國聯盟代表隊。如果你拿一年多前的哈勒戴來相比，這可真是了不起的成就。不過入選明星隊也為他帶來麻煩，哈勒戴希望下半季能拿出更好的表現。每次投完一場先發，他就會開始擔心下一場，一直處在很緊蹦的狀態。

「對我來說，做那些訓練算是輕鬆的。」他說。「舉重、體能訓練啊什麼的，是打職棒裡最輕鬆的環節。難的是在沒有上場的時候，控制我的情緒和思緒。有時候會想得太偏，這是我長久以來的問題，要一直對抗心中的惡魔。」

二〇〇二年球季期間，哈勒戴把《投手的心靈密碼》看了六次。每讀完一次，他就去找作者聊聊。作者哈維．多佛曼之前在奧克蘭運動家隊、佛羅里達馬林魚隊和坦帕灣魔鬼魚隊工作過，後來加入波拉斯經紀團隊（The Boras Corporation）。在運動家隊工作的期間，多佛曼認識現在藍鳥隊的總經理J．P．瑞希阿爾迪（J.P. Ricciardi）；在馬林魚隊時，他也和托斯卡共事過。有天下午，他跟一位球員拜訪藍鳥隊，遇到哈勒戴和卡本特，他們一起坐在觀眾席聊天。

「那些對話改變了我們的人生。」卡本特說。「哈維的書幫助我們開始處理心理層面，這些棒球心理層面的東西是我和哈勒戴職業生涯的蛻變關鍵。」

多佛曼在他所寫的回憶錄《開枝散葉》（暫譯：Each Branch, Each Needle）中提到他第一次遇到哈勒戴和卡本特的故事。

「他們問的問題超過了棒球員該知道的範圍。」他寫到。「這兩個人求知若渴，我們當時就像遇到知己般興奮。」

「剛開始訓練的時候，我們找到某個詞，這個詞後來成為我們的關鍵詞。我問他們在比賽某個特定情況發生時，他們心中的想法，當他們個別回答完之後，我就會說『混蛋』（jerk），然後他們就哈哈大笑（我當然還是有回答正確的答案）。『混蛋』從此變成觸發他們的關鍵詞。每當他們有反直覺的想法的時候，就喊出『混蛋』這個詞，然後把念頭導向去思考實際有效的想法。」

多佛曼記得後來哈勒戴根本不放他走，要求繼續和他聊，而且當時多佛曼是被波拉斯經紀公司雇用的，而哈勒戴還是另一家經紀公司的客戶。

「我不能拒絕他。」多佛曼說。「這就像一位音樂家來找我幫忙，天啊，如果他最後變成大師莫札特怎麼辦？」

他知道哈勒戴需要他的幫忙。

「二〇〇一年創傷的陰影到二〇〇二年還在。」他說。「因為他還沒達到目標，所以無法擺脫。」

二〇〇二年球季結束，哈勒戴總計先發三十四場，繳出十九勝七敗，防禦率二點九三的成績單。他以二百三十九又三分之一局的投球局數領先所有美國聯盟投手。不過當年奧克蘭運動家隊的左投貝瑞・齊托（Barry Zito）則是以二十三勝五敗，防禦率二點七五的成績贏得賽揚獎。剩下有拿到賽揚獎選票的投手還有波士頓紅襪隊的雙王牌佩卓・馬丁尼茲（二十勝四敗，防禦率二點二六）、德瑞克・勞爾（Derek Lowe）（二十一勝八敗，防禦率二點五八）和安納罕天使隊的傑洛德・沃許本恩（Jarrd Washburn）（十八勝六敗，防禦率三點一五）。根據近年賽揚獎投票風向的改變，回頭看當年的票選，哈勒戴應該更有機會贏得賽揚獎。當年投票風氣還是以勝投、防禦率和救援成功這三個成績在評量球員。哈勒戴的投球局數是美國聯盟最多的，而且大部分都是面對美國聯盟東區的球隊，根據Baseball Reference，他的單季WAR值是七點三，比齊托（七點二）、勞爾（七點二）、馬丁尼茲（六點五）和沃許本恩（四點五）都還好。

和哈勒戴搭配當年的前八場先發的藍鳥隊捕手湯姆・威爾森（Tom Wilson）說：「老實說，我覺得當年他的賽揚獎被搶走了。賽揚獎應該是他的，他的數據超級誇張的，而且他還是在競爭激烈的美國聯盟東區投球。」

第九章 哈維

每當有人叫他「縮在那邊聽故事的心理醫師」時，哈維．多佛曼就會糾正，他說他才不是，他是自在放鬆地和你聊天的心理醫師。*

「我才不縮咧，我放很開。」他說。

他不像艾爾．弗蘭肯（Al Franken）在《週六夜現場》（Saturday Night Live）節目中所扮演的角色史都華．史莫利（Stuart Smalley），說話輕柔，總是穿著羊毛衫，扮演心靈雞湯的角色，史莫利相信每天激勵自己的正面思考能夠帶來力量，就像他常死盯著鏡子對著自己說的「我超棒，我很聰明，他媽的，大家都愛我。」多佛曼沒有心理學學位，不是心理學家，但他懂人類的心理

* 譯者註：原句使用「縮小」（shrink）的雙關語。shrink也是「心理醫師」的口語說法，多佛曼則是用「伸展」（stretch）這個字來幽默回應「縮小」。shrink原本是以亞馬遜叢林部落的「獵人頭」（headshrink）習俗，來指心理醫師總是刺激腦袋，後來口語化為shrink。

如何運作，他了解人。他相信真誠，而且他很負責任，每當球員對他敞開心房，坦承心中的不安時，他都會告訴對方：「你這樣想是很正常的，因為其他人對你有很高的期待，所以你才會感覺到壓力。正常人都會有這種反應，但你可不是正常人，你是大聯盟球員，所以要有大聯盟球員的樣子。」

征戰大聯盟十九年的勞爾．伊巴涅斯說：「跟他談話，可不是要你『閉上眼睛，想像你在湖中央，感受徐徐涼風』。」

多佛曼出生在一九三五年的紐約布朗克斯（Bronx），也在那邊長大。他的童年因為氣喘，大部分時間都在床上度過。沒事的時候都聽喬治．蓋希文（George Gershwin）、厄文．柏林（Irving Berlin）*、廣播劇和棒球比賽轉播。童年那些在房間裡數不清的孤獨時刻，形塑了他日後看待世界和人生的方式。

「我了解人是如何畫地自限的。」他說。「我一開始把馬車套在一匹生病的馬上，而馬就代表著我的煩惱。後來我開始知道，不要把馬車套在那匹生病的馬，把它套在你渴望成為的那匹馬上。」

多佛曼決定讓自己走出去。當他在紐約念布羅克波特州立師範學院（Brockport State Teachers College）主修體育時，他開始踢足球，還幫助球隊贏得並列全國冠軍。大學畢業，他拿到教育學位，後來再進修教育心理學。多佛曼第一份工作是在紐約的惠勒大道學校（Wheeler Avenue

School），他在那邊遇到了後來他的太太，結婚後生了兩個小孩。多佛曼接下來在長島的伯爾斯巷國中（Burrs Lane Junior High）教書，後來搬家到佛蒙特州的曼徹斯特鎮，在伯爾與波頓學院（Burr and Burton Academy）擔任教職。

多佛曼也為當地《拉特蘭先驅報》（Rutland Herald）寫專欄。《拉特蘭先驅報》在一七九四年的新罕布夏州南方成立，是老牌的報社。因為寫專欄的緣故，讓他有機會訪問德州遊騎兵隊二A層級的內野手羅伊．史莫利（Roy Smalley），史莫利後來在大聯盟打了十三個球季。他們因為訪問成為好朋友，史莫利後來把他介紹給明尼蘇達雙城隊的教練卡爾．庫爾（Karl Kuehl），庫爾跟多佛曼說他想要寫一本關於棒球心理學的書，因為從來沒有人寫過，希望多佛曼能幫忙。

「你讀心理學，又會寫，而且你懂棒球。」庫爾說。

多佛曼答應了。他開始在波士頓和蒙特婁兩個地方跑，訪問許多球員，開始了解棒球員到底是怎麼想的。

「當我在跟球員聊他們的策略和缺點時，我注意到其他球員會在旁邊晃來晃去，偷聽我們在說什麼。」多佛曼說。「像是我跟韋德．伯格斯（Wade Boggs）一聊完，布魯斯．赫斯特（Bruce Hurst）就跑來說：『嘿，我剛剛聽到你們在聊，你現在有空嗎？』我感覺到球員想要跟我聊天，

---

* 兩位都是作曲家。

感覺他們被壓抑了。當下我就感覺到，我正在做一件與眾不同的事情。」

多佛曼了解到，棒球員和一般人沒什麼不同，他們在現實生活中也會出現低潮。

「雖然說家家有本難念的經，」多佛曼說。「別以為他人的痛苦就與我們無關，其實是相通的。」

庫爾在一九八三年時加入奧克蘭運動家隊，成為農場系統主管。他說服了總經理桑迪·阿爾德森（Sandy Alderson）找來多佛曼擔任客座教練。於是多佛曼就這樣進入棒球圈，在他的第一次春訓時，他穿上球衣，和運動家隊球員坐在球場的休息區，寬鬆的褲子和球衣，看起來像卡通人物「脫線先生」或是電影《鬼頭天兵》的主角，他格格不入的樣子引來側目，讓有些人感覺備受威脅。棒球界可是很難接受改變的。

「你在這裡是衝三小？」運動家隊教練克萊特·波伊爾（Clete Boyer）說。「你幹嘛穿得像球員一樣？」

「我之所以穿球衣坐在這裡，是因為我也是運動家隊的一員啊！」多佛曼說。「我在這裡其實是要來告訴你，你並沒有做好幫助球員的工作。」

波伊爾在大聯盟打滾了十六個球季，其中有八個球季他效力於紐約洋基隊，幫助球隊在一九六一年和一九六二年拿下世界大賽冠軍。他從來沒看過心理醫師，球員就是上場比賽，才不會說出他們心中真正的感覺。

多佛曼沒有被波伊爾的資歷嚇到而退縮。「我必須建立我的地位。並不能像漫畫人物卡斯珀・米爾克托斯特（Caspar Milquetoast）* 一樣邊緣，我得建立信任感，同時能夠帶有一點侵略性，能夠挑戰球員，讓他們不能像以往那麼舒服自在。球團給我權限，讓我可以待在休息區，我在這裡要當個隱形人，這樣我才能夠聽到大家在說什麼。」

多佛曼贏得了波伊爾的信任，後來兩個人成為好朋友。幾年下來，多佛曼在運動家隊各個層級巡迴，幫助了許多球員。一九八九年，庫爾和多佛曼共同出版了《投手的心靈密碼》。一九九四年，多佛曼離開運動家隊，加入佛羅里達馬林魚隊，他一直在邁阿密工作到馬林魚隊拿下一九九七年世界大賽冠軍。李奇・杜比在一九九四年擔任馬林魚隊三A的投手教練，一九九五年到一九九七年轉任小聯盟投手統籌。他對於多佛曼理解球員的能力感到印象深刻。

「他沒戲了。」多佛曼在場邊休息區邊看場上的投手邊說。

「哈維哥，你指的是？」杜比說。

「你看他的肢體語言，再看他的肩膀，看他的眼神。他已經迷失了。」

再換到另一個場景。某天下午，一群馬林魚隊系統的小聯盟投手正在進行投手守備練習。

---

* 虛構漫畫人物。為漫畫《膽小的靈魂》（The Timid Soul）的主角。

其中一位投手特別自卑，常常得靠肢體語言引起他人注意，他一直沒把守備工作做好，隊友一直笑他，杜比也跟著一起笑。幾個小時後，多佛曼在教練休息室遇到了杜比。

「你剛剛他媽的在幹嘛？」多佛曼說。

「你說的是哪件事？」杜比回應。

「少來，你剛剛在那邊煽風點火，你應該要幫助他建立自信和自尊。」多佛曼說。「你這樣就是討他開心，他不認真練球反而引起大家關注，而你還跟大家一起瞎起鬨。」

「天啊，哈維哥，我根本沒注意到我做了什麼。」杜比說。

「嗯，你必須注意自己的一言一行。」多佛曼回應說。「你得負起責任，讓這些球員進步，而不是掉進這些圈套裡。」

沒有人可以躲過多佛曼的法眼。如果你搞砸了，他一定會告訴你。

「多佛曼在操控人類心理的方面很有一套。」杜比說。「他是另一個等級的大師，他知道如何安慰你，也會罵爆你；他能溫柔地表示愛意，也能讓你感受嚴厲的愛。這方面他真的很厲害。」

後來多佛曼在一九九八年加入坦帕灣魔鬼魚隊，接著加入波拉斯經紀團隊，擔任超級經紀人史考特・波拉斯（Scott Boras）的全職運動心理顧問，一直到二〇一一年他過世。

「我們的合約是這樣的，除非他認為這是人命關天的事情，不然他只能服務我們的客戶。」波拉斯說。「但實際的情況是，當你覺得你該做就去做吧。所以基本上沒有限制，他有職業道德，他知道界線在哪。」

有時候，球員為了尋求協助，會飛到多佛曼在北卡羅萊納州的家，大部分是在休賽季的時候，有時候也會在球季中。多佛曼只要求一件事，就是對他坦承。他從許多球員那邊聽到心事，包括了葛瑞格・麥達克斯、艾力克斯・羅德里奎茲（Alex Rodriguez）、馬克・麥奎爾（Mark McGwire）、傑米・莫伊爾、荷西・康塞柯（José Canseco）、鮑伯・威爾許、艾爾・萊特（Al Leiter）、伊巴涅斯、哈勒戴和其他球員。

「對於某些球員來說，這會是他們第一次承認自己並不是最了解自己的人。」多佛曼說。「這是他們第一次認識真實的自己。之前他們被捧在手掌心中、受到愛戴，大家總是告訴他們多麼不凡，但其實他們並不完美。」

多佛曼認為球員需要發展出一套工具和行為來克服恐懼，而不是他坐在沙發上問球員，問出根本原因之後，然後一起討論該如何解決。他發現大多數球員面臨低潮，是因為他們還沒有準備好，他們深陷某個錯誤的時刻，而這些負面的想法和念頭讓他們無法自拔，動彈不得。

「這就像你身上的肌肉晚上聚在一起喝一杯，抱怨說：『如果這傢伙別管我們這麼多，我們就舒服多了。』這些肌肉從你小時候開始就這樣了。你知道這種事情通常發生在哪種人身上嗎？根據我的經驗，通常是那些完美的好人，敏感又體貼的人。而那些對於其他人的評論無感的人就不會遇到這種問題。」

而這正是哈勒戴的問題。

「我上場投球前就會開始想：『好，我需要投滿七局，把失分壓在三分以內，我要拿勝投。』」他說。「這些大方向的想法跟該如何做到無關，都是看結果而已。我不知道該怎麼達成目標，我只知道我要完成什麼結果。」

「這樣的自我意識會搞死自己。」多佛曼說。

多佛曼要求球員不要再去想大目標，他反而問球員現在的經濟狀況，如果決定不打球了，還能謀生嗎？

「現在看著鏡子中的自己。」他說。「你長得很帥，而且是個好人，你夠聰明，能在這世界上生活，而且你還有美滿的家庭。如果我是醫師，我告訴你『孩子，你再也無法投球了。你的手肘受了很嚴重的傷。你會結束自己的生命嗎？』」

「不會。」來諮商的投手說。

「那就對了。」多佛曼接著說。「那你有什麼好擔心的？即便你不再投球，你的人生還會繼續走下去。現在我們就專心看你能表現到多好。」

哈勒戴想要有好表現。他讀完《投手的心靈密碼》，邁出重要的一步，他尋求多佛曼幫忙，又再往前一步，當他全心投入到工作時，他又往理想中的自己前進了一步。

「你必須成為那樣的自己。」哈勒戴說。「不能光讀那本書，或是跟他只有聊聊而已，你必須內化成為那樣的人。他會跟你說：『把所有煩心的事情放一邊，不要去管媒體說什麼，把教練、父母、隊友跟你說的話都放一邊，專注在你當下的工作。』這樣做真的能幫助我釋放壓力，讓我上場的時候，專注在每一球的投球上，把投球這件事情簡化。從他身上學習到的東西，運用在比賽和我自己身上，讓我有了全新的觀點，我上場時能夠覺得自在，感覺自己準備好了，充滿自信。」

多佛曼傳授的信條中，有三個信條讓哈勒戴最有共鳴：充足的準備、積極的態度和控制自我。哈勒戴把這些融入在自己的信仰裡。

多佛曼認為充足的準備是具備信心和成功的前提，而「信心」和「成功」是抽象的詞彙，但準備可一點都不抽象，一位投手要不是做好充足準備，不然就是沒準備。

「想要穩定表現的投手必須投入決心。」多佛曼曾經寫道。「首先，他們要知道達成目標需要的方程式，幫助他們決定該往哪裡努力。再來，他們需要建立一套規律，讓他們有如上癮的行為，最後習慣成自然，像是學習而來的直覺反應。他們還要自律的心態和毅力，才能在不論任何時刻、任何精神狀態下，持續做好準備。」

哈勒戴開始設定目標，並且建立一套規律，包括了體能訓練、重量訓練、睡眠、飲食、補充水分、研讀、專注和視覺化。他開始把所有做過的事情寫在筆記本裡，這樣他才能把他的訓練和當下的感覺留下記錄。

「這是他每天必須要做的其中一部分。」卡本特說。「他可以把心中那些不必要的垃圾給全部清掉，而且他知道每天持續地準備好自己應該做的部分，不能有藉口，應該是這樣吧？把這些事情、那些事情都做好，就能上場比賽，徹底執行好該做的事情。當被換下場時，不管結果如何，他不會回頭反省說，週二跑步沒有做好，或是週三在重量室做得不夠。但是，不，他知道他其實盡力了。這樣想其實能夠讓我們喘口氣。」

多佛曼認為投手在上場前需要一個「準備空間」和一套「準備流程」。有些投手偏好和人聊天社交，而其他人像哈勒戴，會進入到獨處模式。多佛曼認為每一位投手都應該要到屬於自己的「安靜空間」，讓自己把心態調整好，甚至想像如何面對對方打者。

哈勒戴全盤吸收了多佛曼的做法，成為有心跳、會呼吸的《投手的心靈密碼》。

哈勒戴說：「在我的職業生涯那段時間，我先發的前一晚，我都會吃完晚餐之後去睡覺，我的老婆布蘭蒂就會說：『明天賽後見囉。』即便我其實是隔天中午才離開家去球場，但她知道我得在前一天晚上就開始準備。在前一晚，我會去想對方打線的每一位打者，就像在我還沒有真正上場投球之前，腦中已經打完那場比賽了。在去球場的路上我會不停地在腦中複習，當我進到牛棚入熱身時，我會感覺到自己已經準備好了，可以關掉開關，讓我的身體去完成剩下的事情。在場上我不用思考，因為投球都是自然反應。我之前想很多，計畫比賽該怎麼進行，後來才知道我其實上場就不用再去想了，我可以專注在積極攻擊打者，用我的節奏掌握比賽。哈維跟我一直在聊這些事情。」

多佛曼告訴哈勒戴攻擊打者的重要性。在打席一開始，投手能夠隨心所欲地把最好的球路拿出來，投進好球帶，逼使對方打者採取行動。採取主動比被動反應好多了。

打者看得出來被動的投手。

「哈維說，我們對於完全比賽的定義是只投二十七球產生二十七個出局數。」哈勒戴說。「而不是二十七次三振。我想要只用二十七球就投完整場比賽，對於我來說這才是完全比賽。我希望他們出棒去打，而且打中球，他們越是在前幾球出棒，對我越有利，而我取得球數領先的時候，也對我越有利。簡單來說，是我在主導比賽，只要我能取得球數領先，能夠採取主動，我能解決打者的機率就提高了。」

「這跟拳擊不一樣。你不會在第一局去試探你的對手，你第一局就要打倒對方。如果你上場，不停左右移動，觀察對手會怎麼反應，你很快就會落居下風。我想做的是，一上場就給他們下馬威，讓他們知道我的拳有多重。對我來說，比賽一開始就攻擊打者、掌握比賽節奏和投好球是很重要的事情，我想要把這些先建立起來。要做到這點，關鍵在於把好球投出來，投出讓打者感到不舒服的球，而且還進到好球帶。有很多人說，兩好球沒有壞球時，不應該投好球，不能讓對方打中球，但我不認同這樣的想法。我認為我投的每一球都想要讓對方出局，即便是兩好球沒有壞球，我也沒有想要三振打者，我只想投到我鎖定的位置，不想浪費球數投壞球。每一球我都是有目的的，而且希望對方出局。我認為不要讓對手消耗球數和不追求三振的心態，可以讓我不要陷入用球數過多和在球數上落後的麻煩。『我希望他們打中球，就讓他們打啊，如果你要打敗我，就用手中球棒擊倒我。』」

當然，投手就算準備充足，而且勇於攻擊打者，不如意的事情還是會發生，問題的關鍵通常在於控制。多佛曼曾經在書中把攻擊打者和控制，比喻成賽車中的加速器和煞車：沒有加速器，你不可能贏得賽車比賽；沒有煞車，你根本無法完成比賽。

「當投手投得很順的時候，他們會說『在狀態內』，而投手其實不能控制狀況和結果，因為這跟打者有關。」多佛曼寫道。「所謂的『投手在狀態內』，是指投手能夠控制自己。打者有時候能把投得漂亮的球打成安打，有時候隊友發生守備失誤，漏掉簡單的沖天炮高飛球，或是火車過山洞，讓滾地球從雙腳中間穿過去，或是暴傳都會發生，有的時候主審把好球判成壞球；又或是有沒有下雨、風怎麼吹和場地的不平整都會影響比賽。這些都不在投手可以控制的範圍內，投手能控制的只有自己的想法和身體，還有下一球。下一球才是最重要的。」

「我看過一段話，我記得是一位女性網球選手說的，大家稱做『競爭無感』（competitive indifferece）。」哈勒戴說。「你在場上付出全力，但不在乎結果。跟我在場上有沒有徹底執行策略和把球投好相比，每一個打席的結果其實不重要。我會檢討我自己，而不是檢討結果。你必須不去那麼在乎結果，不能對每顆球感到耿耿於懷，不能因為犯錯懲罰自己。所以當我被打了一支安打，我必須試著不在乎。在那種時候，我就會想『你必須被打四支安打才會掉分』，我會讓對手都打出滾地球，把傷害降到最低，而且只要我投出保送，對手必須把球打進場內，而且要四度找到洞穿過內野。我這樣想就輕鬆多了，沒有壓力也不會焦慮，就是上場投球，不斷地向打者進攻。」

每個人都能從多佛曼身上學到些東西，大家都很尊敬他，也很想念他。

「哈維幫助我們想通人生。」伊巴涅斯說。「我本來喜歡討好他人，很在意別人的想法，當你在意外界眼光的時候，你就無法拿出好表現，沒辦法專注在你該做的事情上。哈維幫助我了解到這個事實，他教我每天只去在乎真正深刻關心你的人，你的家人和愛人，誠實地對待自己，做最好的自己，專注在能控制的事情上，徹底執行計畫、把技能練到爐火純青、保持自律和不要讓念頭走偏，還有不要為自己所作所為找藉口，不只不能說出來，哈維也告訴我們不能用藉口來欺騙自己的心。」

莫伊爾從多佛曼身上學到，強大的心態甚至能成為一種武器。

「就一球一球投。」莫伊爾說。「當我在投手丘上遇到麻煩時，有時候我會叫暫停，走下投手丘，把鞋帶解開。我假裝我解開鞋帶，但其實我每次都打兩個結，所以鞋帶永遠不會鬆開。可是我之所以故意這麼做，是因為我無法專心投球，我的思緒和心理狀態都失控了，或是我就只是很氣我自己。有時候我還會對自己怒吼，還吼得很大聲。我不在乎有誰聽到，因為我在自己的世界裡，這是我上班辦公的地方，喊完之後我靜下來整理心情。哈維告訴我，就走下投手丘，讓你腦中轉不停的思緒停下來，叫個暫停，綁個鞋帶，對我自己大罵個幾聲。當我綁上鞋帶的第二個結，這一切都要停止，重新把注意力放在下一球上，把投球策略給執行好。」

第十章　賽揚獎

碰！

碰！

二〇〇一年秋天，藍鳥隊小聯盟基地裡，剛從一A成功回到大聯盟的哈勒戴，正用力地對著牆投球。現在這個老舊的春訓基地在幾個月後就要剷平，計畫蓋一座可以容納更多現代化設備的基地。這裡只剩下藍鳥隊的終結者比利・寇區（Billy Koch）、小聯盟肌力與體能教練唐納文・桑塔斯（Donovan Santas）和復健組的總籌傑・伊努耶（Jay Inouye），哈勒戴和寇區把握這座古蹟的最後時光，在牆上畫了幾個靶，用速球重擊它。

碰！

「我不知道我們到底做了多少訓練，但拆房子的感覺很爽。」桑塔斯說。

桑塔斯在七月時加入球隊，在他和哈勒戴初次見面時，他對哈勒戴一無所知，只知道他要來拯救哈勒戴的職業生涯。

「老實說，他就只是一般人。」桑塔斯說。

但哈勒戴在隔年二〇〇二年拿下十九勝，入選美國聯盟明星隊之後，現在哈勒戴可是球隊王牌了。二〇〇二年休賽季，當哈勒戴回到訓練基地時，寇區已經不在了，寇區在前一年十二月被交易到奧克蘭運動家隊。桑塔斯在這時也有了新的職位，藍鳥隊升他為大聯盟的肌力與體能教練，這表示他和哈勒戴合作更密切，他建立了一套讓哈勒戴上癮的訓練課表，奠定了哈勒戴未來成功的職業生涯。

哈勒戴一直都很認真訓練。自從小學以來，他每天都訓練，但是多佛曼希望他了解準備的重要性和建立習慣。哈勒戴相信如果準備得更充足，保持良好的訓練習慣，他在明年能夠更上一層樓。

「如果最高紀錄是做五下，羅伊就會做八下。」布蘭蒂說。「如果目標是十下，他就做十五下，對他來說訓練永遠不嫌多。他培養出來的敬業態度幾近瘋狂。他不想再被打敗，不想再經歷低潮。我想大概有十年的時間，他都是被恐懼失敗驅動著，不想再回到令他害怕的地方。所以他努力地訓練，確保他再也不會嚐到失敗的滋味。」

多佛曼曾經和哈勒戴說過一個關於名人堂右投手湯姆・西佛（Tom Seaver）的故事。西佛有一次在蒙特婁因為天氣不好而跳過一次先發。西佛當時效力於紐約大都會隊，球隊從蒙特婁飛回紐約皇后區時已經過了午夜，西佛下了飛機，還是先到球隊的主場謝亞球場，請警衛幫忙把牛棚的燈打開，在本壘後方加設一個擋板，拿了一桶球，開始投球。西佛有一套規律，不管有沒有比賽要打，不管有沒有捕手，不管是不是已經午夜，他制定計畫了計劃就要好好貫徹。幾年之後，哈勒戴也遇到因為天氣不好而跳過一次先發的情況，當藍鳥隊在凌晨兩點回到多倫多後，哈勒戴還找投手教練吉爾・派特森和他一起練投。

「其實我沒有花什麼時間去在一旁看他。」桑塔斯說。「可能就是我或是其他人在場上給他一些方向，一些專業建議，然後他就接受建議試試看。大多時候，球員會說他們想要在某方面進步，但當他們得到資訊的時候，只會說好，並不會真的照著去做。不過哈勒戴則是要求非常精準，『我們要把這項加在賽前準備裡，我們要在休賽季做這個，我們要在先發完隔天做那個。』」

二〇〇三年時，哈勒戴的跑步課表在棒球界聲名遠播。他在每次先發上場的隔天下午，都和桑塔斯一起跑個二十到三十分鐘，他從來不在跑步機上跑，因為他想要挑戰自己，同時找點樂子。有時候，他們沿著多倫多的安大略湖（Lake Ontario）跑，終點是藍鳥隊主場天空巨蛋，或是沿著巴爾的摩的內港（Inner Harbor）跑。像是在紐約洋基球場比賽時，他們就在球場裡面跑，沿著美食街走道跑，也順著階梯往上做間歇跑。

練跑的強度跟哈勒戴前一天的投球表現是有相關的：如果他投得好，而且球隊贏球，那天就是有挑戰性但還算合理的強度；如果他投得很糟，而且球隊輸球，那簡直是懲罰性的地獄強度。

「在跑之前我就會知道今天跟地獄沒兩樣。」桑塔斯說。

桑塔斯在跑之前會得到其他同事同情的眼光，大家都知道他慘了。

「天啊，桑哥，我為你感到難過。」

哈勒戴和桑塔斯在多倫多市區跑的時候，也會有其他市民跑者跑相同的路線，那是一條很受歡迎的路線。一路上有輕鬆跑的跑者也有認真練習的跑者，有單純來消耗卡路里的，也有為了下一次馬拉松在訓練的。有時候會有人在哈勒戴跑步的時候認出他來，有時候接近終點的時候，他和桑塔斯還會被選手級的跑者刷卡超車。

「催落去啦！」桑塔斯說。

哈勒戴不允許任何人刷卡超車，他不能被打敗，於是他死命地追上那位選手。那位選手完全不知道發生了什麼事情。

「他們大概是三點四分速（每公里跑三分半左右）的馬拉松選手，所以哈勒戴就用衝的。」桑塔斯說。「他會追上他們然後超車，他不讓其他人追過他。當然，他會改道跑回球場，而那些跑者可能還會再繼續跑個十英里吧。不過這不是重點，重點是不管還剩下多少距離要跑，哈勒戴絕對不會讓別人超他車，他不能輸。」

還不只這次而已，他們在波士頓沿著查爾斯河（Charles River）跑步的時候常常會發生。「那些可都是馬拉松選手。」桑塔斯說。「我們在跑的時候我就知道我完蛋了，因為他們會超車，然後我們就要跟著加速，感覺真痛苦啊！」

哈勒戴一直在尋求挑戰自己的機會，尤其是沒有人跟他比跑步的時候。六月一日，他面對波士頓紅襪隊，先發主投六又三分之一局，失掉七分。隔天他們要到老布許球場（Busch Stadium）展開客場系列戰，桑塔斯知道自己麻煩大了。他們沿著走道跑間歇，然後再往上跑到最頂層看台，在那邊可以俯瞰整座球場。

哈勒戴很愛科技產品，他買了一支手錶，當時應該是第一代有定位功能的手錶，來記錄他跑步的距離。

「我想要跑三點七五分速（每公里跑三點七五分鐘）。」哈勒戴說。

等等，你說什麼？

桑塔斯從來沒跑過這麼快，也沒想過要跑這麼快。

「這裡很適合跑啊！」哈勒戴很堅持。

哈勒戴和桑塔斯測試跑了一圈走道，設定兩圈半剛好是一英里（一點六二公里）。

「你準備好了嗎？」哈勒戴說。「走囉！」

哈勒戴從頭到尾都用衝刺的，桑塔斯在後頭一路跟著他，用盡全力地跟上，雖然覺得快要掛了，但桑塔斯還是完成了陪跑的任務，「這是我人生中完成過最艱難的事情。」桑塔斯說。

「我只是想挑戰看看我能不能做到而已。」哈勒戴說。

他們也沿著西雅圖的海岸邊跑，這段路線很有挑戰性。有一次計程車從另外一條街疾駛而來，經過路口沒有完全煞住，沒看到正要過馬路的哈勒戴。

碰！

計程車直接撞上哈勒戴，他從引擎蓋上滑過。

「我的天啊！你還好嗎？」桑塔斯問。「還好，我沒事！」哈勒戴回答說。

當下桑塔斯的眼前出現人生跑馬燈。

桑塔斯那時非常確定，如果球隊知道他讓哈勒戴在西雅圖出車禍，他可能永遠都無法在棒球界工作了。

不過哈勒戴最終還是跑完了。

他們回到球場，繼續訓練。哈勒戴做下半身負重課表，包括羅馬尼亞硬舉、深蹲和其他重量訓練項目。一小時的訓練課表中，桑塔斯有時候會勸哈勒戴減輕重量。

「大夫，你今天覺得如何？」桑塔斯問哈勒戴。

「我覺得舉五磅像是舉十磅。」哈勒戴回答。

哈勒戴很常這樣回答，只要他這樣說，桑塔斯就知道他得減量了。

「很好，那我們做點調整。今天要不要改騎飛輪，就不用去跑步了？」

「他媽的我才不要。繼續！」

「好吧。我們可以去跑，但回來之後重量要減少一點。」桑塔斯說。

哈勒戴放過桑塔斯一馬，他妥協了。

談到跑步，桑塔斯說：「這是他人生的一部分。他會認為他需要去跑，是他要完成例行公事，不管在哪跑、跑多遠、跑多久，總之就是要跑。跑完才有完成任務的感覺。」

桑塔斯和藍鳥隊的首席防護員喬治．普里斯（George Poulis）都與哈勒戴很親近，總是在找方法幫助哈勒戴更上一層樓。普里斯常常提供建議，像是微調他的課表，哈勒戴有時候喜歡改變，有時候無法接受。

「不要多此一舉，喬治！這有人做過了啦！」哈勒戴說。

桑塔斯和普里斯很快就知道哈勒戴的作息，只要看時鐘就知道他人在哪。如果他當天要先發，傍晚五點鐘他就會在置物櫃旁邊玩益智遊戲來提升專注力。哈勒戴會拿一張護貝卡，上面有十乘十的表格，數字從零到九十九，隨機排在每一個格子中，他依序把數字找出來，用可以擦掉的馬克筆一個一個劃掉。他有好幾個版本，讓他記不住每個版本的排列方式。他最快能在兩分鐘三十五秒完成，後來越來越簡單，他開始在電視機前面或是戴耳機聽音樂來測試他的專注力。

「他真的能夠靠這個方式做到全神貫注。」桑塔斯說。

傍晚六點，哈勒戴會回到他的置物櫃前，拿起椅子上桑塔斯幫他準備好的兩杯奶昔灌下去。桑塔斯每次都準備相同的奶昔配方：草莓、香蕉、牛奶、柳橙汁、高蛋白粉和冰塊。

六點十五分，普里斯伸展哈勒戴的手臂。

「大夫，祝你好運。」普里斯在做完伸展後會說這句話。

每次他都會說這句話。「大夫，祝你好運。」哈勒戴把這句話變成他的一種例行儀式。如果普里斯忘了說，他就在原地等。有幾次普里斯已經離開治療室，助理防護員看到哈勒戴還在裡頭等他回來。

「喬治哥！」那個防護員靠近哈勒戴身旁大喊。「大夫，祝你好運。」普里斯在另一頭回應。

哈勒戴思考著該如何延續二〇〇二年球季的表現，藍鳥隊球團也在想同樣的問題。雙方開始討論延長合約的可能性，離哈勒戴在但尼丁市和梅爾奎恩訓練的那段日子也不過才兩年。

「我們想看看你還能不能拿出相同表現。」藍鳥隊總經理J・P・瑞希阿爾迪說。

哈勒戴同意了球團的說法。接下來，他在開季前幾場表現很糟，跟他預想最糟的情況差不多。四月的前六次先發，他繳出零勝兩敗，防禦率四點八九的成績。四月二十日，他在芬威球場對上紅襪隊，浪費掉五分領先，賽後他表示他沒力了，藍鳥隊認為他在休賽季的投球訓練讓他在季前發生「死臂」（dead arm）的情況*。

「等球季結束後，我們會研究一下他的課表。」藍鳥隊總教練卡洛斯・托斯卡說。「我們可能會調整一下。」

五月一日，哈勒戴在主場天空巨蛋對上德州遊騎兵隊的比賽先發，拿下球季首勝。主投七局，失掉四分，最後球隊以七比六獲勝。下一場比賽同樣對上遊騎兵隊，五月六日在德州阿靈頓客場投七局，失五分，最終球隊獲勝。哈勒戴的手臂開始慢慢恢復了。在五月，他繳出六勝零敗，防禦率三點二二的成績，在四十四又三分之二局的投球中，送出三十五次三振，保送三名打者。六月的六次先發，他的成績是五勝零敗，防禦率三點一五，四十五又三分之二局，三振三十六名打者，保送八次。一切都很順利，但是哈勒戴不甘於此。他在六月十一日，對上匹茲堡海盜隊的先發出賽中，投八局僅失一分。美中不足的是，他的變速球一直投不出來。

哈勒戴每年春訓都會練習丟變速球，但當球季一開打，他就很少使用了。變速球是他的第四球種，實戰中投第四球種被打安打，實在沒什麼道理。藍鳥隊捕手湯姆・威爾森後來才學到這個教訓。五月二十二日，客場面對紐約洋基隊的賽前牛棚練投的時候，他以為哈勒戴的變速球狀況不錯。

* 手臂沒力的情況，在棒球界稱作「死臂」。

「大夫，你今天的變化軌跡狀況不錯。」威爾森說。「我們能配這個位置嗎？」

「好啊，在情況沒那麼危急的時候用。」哈勒戴說。

威爾森心中有一個完美的位置給哈勒戴投變速球。一局下半，一出局，無人在壘，哈勒戴面對洋基隊左外野手松井秀喜取得兩好球沒有壞球的球數絕對領先，威爾森配變速球，哈勒戴的這記變速球掉進好球帶，被松井秀喜大棒一揮咬中，擊成中左外野空檔的強勁飛球，形成二壘安打。

「你他媽的不要再配那顆球了。」哈勒戴回到休息區的時候大罵。

「媽的，那顆變化軌跡超犀利的。」威爾森回應。

「他完全咬中了啦！」哈勒戴說。

接下來威爾森都乖乖聽哈勒戴的話，最後哈勒戴投七局失兩分，拿下一勝。

「我就是呆坐在休息區。」威爾森說。「心裡都在想『都是我的錯』，那球其實不錯，不過對於投手來說，如果投得夠好，才不會被打成那樣。」

六月二十二日，哈勒戴生涯首次休息不滿四天就先發，對上蒙特婁博覽會隊，投八局失掉兩分非自責分，寫下連續十一場先發都拿下勝投的紀錄，打破藍鳥隊隊史紀錄，也追平美國聯盟自一九四九年以來第三長的紀錄。不過他在六月二十七日先發對上博覽會隊比賽中無關勝敗，中止了連勝紀錄。之後他在明星賽前再贏了兩場比賽，明星賽前哈勒戴的成績是十三勝二敗，防禦率三點四一，也連續兩年獲選成為美國聯盟明星賽代表隊。七月結束時，他已經獲得十五勝二敗的成績，防禦率三點二九，其中有兩場比賽中間休息不到四天。

八月一日，哈勒戴在面對安那罕天使隊的比賽可望寫下歷史，他有機會連續十六場勝投期間未嘗敗績，打破藍鳥隊隊史紀錄。一九三一年，費城運動家隊雷夫提．葛洛夫曾經創下連續二十一場勝投期間未嘗敗績的紀錄（期間他有幾次中繼出賽，那個年代很多調度都是如此）。根據艾歷亞斯運動數據公司（Elias Sports）統計，史上有十二位先發投手單季至少連續十六場勝投期間未嘗敗績，但在現代棒球時期一九六一年以來只有兩位投手，分別是二〇〇一年洋基隊的羅傑．克萊門斯和一九六二年舊金山巨人隊的傑克．桑佛德（Jack Sanford）。

哈勒戴在那場面對天使隊的比賽中，投六又三分之二局，失掉五分。在七局下，他暴投讓壘上跑者回來攻下第五分時，他在投手丘上大罵一聲時，紀錄也就停在這一場了。他只差一場就能追上克萊門斯和桑佛德，但他還是跟其他五位先發投手一樣，在現代棒球期間，留下連續十五場勝投期間未嘗敗績的紀錄，這些投手分別是一九九八年藍鳥隊的克萊門斯、一九七四年克里夫蘭印第安人隊的蓋洛．佩瑞（Gaylord Perry）、一九七二年費城費城人隊的史提夫．卡爾頓、一九六九年巴爾的摩金鶯隊的戴夫．麥克奈利（Dave McNally）和一九六八年聖路易紅雀隊的鮑伯．吉布森。

哈勒戴在八月輸掉頭四場先發，八月十七日他面對奧克蘭運動家隊只投三局就失掉七分。隔一場五天後，八月初剛被叫上來的菜鳥捕手凱文．凱許（Kevin Cash）和他搭檔，凱許已經有五場大聯盟蹲捕經驗，但還沒跟哈勒戴搭配過。

「他一開始還不准我接他的球。」凱許說。「我和其他先發投手搭配好幾場之後，他才同意讓教練安排我和他搭檔。」

哈勒戴在工作時沒有在開玩笑的，凱許和他搭配感到非常緊張，比自己第一次上場打擊還緊張。但凱許第一次搭配結果還可以，哈勒戴投六局失三分，藍鳥隊贏球，哈勒戴球季接下來的先發都由凱許和他搭配。

「他就是伸卡球、卡特球和曲球搭配。沒了。不投變速球，完全不投。」凱許說。「伸卡球只丟一邊，卡特丟另外一邊，曲球基本上走中間。他有一個很長的筆記本，每位打者都有詳細的內容。和他開會的時候我都在聽，很少說話。」

九月六日，對上底特律老虎隊的比賽，哈勒戴只用九十九球就投出十局完封勝，到第八局時都還是無安打比賽，直到前藍鳥隊大物凱文・維特在兩出局兩好一壞時，把一顆曲球打到中外野全壘打牆，形成二壘安打。藍鳥隊在十局下得到一分，最後以一比零獲勝。

「我覺得我還可以再投兩局。」哈勒戴說。

這場比賽只用了兩小時又三分鐘，也是自一九九一年世界大賽第七戰的傑克・莫里斯以來，首次有投手投出超過九局的完封勝。自此以後，大聯盟也只出現馬克・穆爾德（Mark Mulder）在二〇〇五年投出十局的完封勝而已。

「如果發生在今天這個時代，大概只有像他或是芝加哥小熊隊的凱爾・漢卓克斯（Kyle

Hendricks）這種投手做得到。」凱許說。「像他們這麼有效率，製造一堆滾地球的投手才有可能。但大夫能三振，同時也有效率，他一直以來都這樣。回想起來真的不可思議。大家都問我誰是我搭配過最棒的投手，絕對是他。不管是控球還是球威，他的球威太誇張了，打者走進打擊區可能會說：『你們今天面對我們的投手，但我們卻要面對這個無解的問題。』他們理所當然會輸，他們也心裡有數，當哈勒戴投得順的時候，比賽就會很快，然後他們就帶著掛鴨蛋的成績回家。」

哈勒戴在九月十一日客場面對坦帕灣魔鬼魚隊，拿下這個球季的第二十勝。隔天，他把一顆簽名球拿給普里斯。

上面寫著：「喬治，謝謝你沒有多此一舉，謝謝你的幫忙，羅伊．哈勒戴」

那個球被普里斯放在辦公桌上。

哈勒戴以完投勝結束二〇〇三年球季，最後他寫下二十二勝七敗，防禦率三點二五的成績。球季結束後，他和桑塔斯坐飛機回到坦帕，他一臉滿足地看著坐在旁邊的桑塔斯。

「我做到了。」哈勒戴說。

「你做到什麼？」桑塔斯反問。

「我的先發場次比保送還多。」哈勒戴說。

「什麼？你沒開玩笑吧？怎麼可能？」桑塔斯說。

哈勒戴季前就設定好他的目標，其中一個是降低保送數。哈勒戴先發三十六場，投了聯盟最多的二百六十六局，只保送三十二名打者。

哈勒戴在十一月在全美棒球作家協會的美國聯盟賽揚獎票選中，拿下二十八張第一名選票中的二十六張，總計一百三十六分，贏得賽揚獎票選。第二名的芝加哥白襪隊投手艾斯特班．洛艾薩（二十一勝九敗，防禦率二點九零）則是得到六十三分；波士頓紅襪隊的佩卓．馬丁尼茲（十四勝四敗，防禦率二點二二）以二十分獲得第三。哈勒戴在夏威夷的耐吉（Nike）年度旅行的時候得知這個消息，記者和攝影師沒辦法進到他的下榻處，所以布蘭蒂拍下一張哈勒戴在慶祝的照片，再透過美聯社（Associated Press）把照片傳給其他外電媒體。

「和強中之強一起慶祝的感覺真是太棒了。」布蘭蒂說。「他們都說『你應得的，真替你開心。』當時慶祝的排場很大。因為前幾年很苦，現在感覺真的太棒了。你不會認為這一切理所當然，有可能明天就沒了，每一天都是恩賜，回想起來，那一年是職業生涯中最棒的一年。所有事情都令人興奮，回想起來還歷歷在目。從一無所有到令人驚艷，從失業邊緣到『我剛剛在最難打的分區贏了賽揚獎？』哇，想起來真的高潮迭起啊！」

哈勒戴家族在隔年一月又慶祝了一次，藍鳥隊和他簽下四年四千二百萬美金的延長合約。

還記得藍鳥隊總經理瑞希阿爾迪在前一年春訓，告訴哈勒戴要他再證明自己一次。

「他告訴我要證明自己值得，所以我就照做了。」哈勒戴說。

第十一章 武器球路

投手在投球時，大拇指和其他手指頭有特別的握法，才能讓投出去的球有上竄、下沉、往兩側輕移、大幅度變化、像蝴蝶般飛舞的效果，或是讓投出去的球在好球帶前急速下墜。

投手在投四縫線速球時，把食指和中指橫跨在棒球表面縫線距離最遠的兩邊，投出時，球會劃過空氣，形成倒旋（backspin）的旋轉方式。如果轉速夠高，還會形成進到好球帶之前有上竄的錯覺。但是把手指放在棒球表面的其他地方，或是手指靠得近一些、遠一些，或是握在不同的縫線上，或是握得鬆一些或緊一些，或是手腕在投出時轉到不同方向，球都可能有不同的軌跡。

雖然看起來似乎有無限種方式可以投球，但絕大多數的投手只能精熟幾種球路而已。二〇〇一年到二〇一一年，哈勒戴在生涯巔峰時，他會投伸卡球、卡特球和曲球。直到二〇一〇年，他才找到自己喜歡的變速球投球方式。

伸卡球（Sinker）

伸卡球又稱作二縫線速球（two-seam fastball）。投手通常是把食指放在兩條縫線最靠近的那一側，讓另外一面的兩條縫線接觸到空氣（跟四縫線速球相反）。伸卡球很常見，而且它很有效，因為球在進到好球帶之前會往下墜。如果是哈勒戴這樣的右投手投出伸卡球的話，球會往右打者身體的方向移動，如果把球投在好球帶比較低的區域，打者通常擊到球的時候就會往地上去，而形成滾地球。滾地球正是投手的好朋友。

洛可・巴爾德里（Rocco Baldelli）在大聯盟打了七年，他後來在二〇一九年成為明尼蘇達雙城隊的總教練，巴爾德里回憶到：「在他早期時，至少是我對到他的時候，他的伸卡球有時速九十五英里，而且還有非常獨特的移動軌跡，像是威浮球一樣。球從上方投出，然後下沉的幅度很大，而且是往你的身上靠近的偏低內角球。所以你必須鎖定那些偏高的球來攻擊，這樣球下沉的時候會剛好經過你的揮棒軌跡，這是打者唯一的機會。他投的球的變化幅度非常大，而且又急又猛，你必須去猜球往哪裡跑。」

在投伸卡球的時候，哈勒戴把他的右手食指和中指握在兩條縫線最靠近的地方，兩根指頭放在左側幾乎蓋住半邊的球，大拇指向外，放在他的食指下方，正好也在球下方的縫線上。當他握住球的時候，球的右半邊則是幾乎完全露出來。

「我知道這樣握可以讓球更會跑。」哈勒戴說。

哈勒戴在某一次春訓時開始把伸卡球投在好球帶左側，他在投手丘上也從站在投手板右邊移到左邊，讓他更好投到好球帶左側。

「這樣出手時看起來是壞球，但最後拐進好球帶，對打者來說很難打。」哈勒戴在二〇一七年跟《紐約時報》的記者泰勒．凱普納提到。「這顆在兩好球時投很好用，因為打者在等下一球是壞球，但這球走後門進到好球帶，出手時看起來不會進到好球帶，最後拐進來，殺個打者措手不及，最後主審就會拉弓判三振。當我可以穩定地把伸卡球投在好球帶兩側時，我就能收成這樣的效果。」

面對左打者時，有時伸卡球被稱為「老二殺手」（dicknickers），因為球一開始看起來會往左打者的重要部位飛去，最後才拐進好球帶。

二〇〇五年到二〇〇九年，在藍鳥隊擔任投手教練的布萊德．阿恩斯伯格（Brad Arnsberg）說：「常常你要玩弄對手，你就在兩好一壞投這顆伸卡球，但不要在兩壞一好時，投這顆可以讓他離開本壘板一點，但也有可能打中他的命根子。」

卡特球（Cutter）

卡特球不是滑球，滑球的變化幅度比較大，而且有往下墜的軌跡；卡特球則是有水平移動的速球。哈勒戴喜歡投卡特球，因為它的變化比較犀利，在快要到好球帶時才會轉彎。一開始看起來像是速球，突然轉向，讓打者揮棒受到壓迫，甚至讓他出棒形成斷棒。

「我不知道為什麼花了這麼久的時間才有人想到可以這樣投。每次除了四縫線、二縫線速球之外，你聽到的就是滑球或曲球。」哈勒戴說。「沒人嘗試去丟速度更快，但幅度小一點的球種。不知道什麼原因，當我開始打職業棒球時，教練就在教大家投卡特球，我記得我在小聯盟的頭幾件事之一就是學習如何投卡特球。」

有時候卡特球也不太聽哈勒戴的話，沒有按照他想要的方式去跑。二〇〇七年五月初的時候，在哈勒戴動緊急盲腸手術之前，他曾經一度連續兩場先發，投十又三分之一局狂失十七分。在他術後復原的期間，某天下午他站在外野草皮上，站在藍鳥隊捕手薩爾・法沙諾（Sal Fasano）旁邊，思考著為什麼之前幾場卡特球投得不順。法沙諾對於投手成功的訣竅很有興趣，他在前一季的最後幾個月還待在紐約洋基隊，曾經問過王牌終結者馬里安諾・李維拉（Mariano Rivera）怎麼投卡特球。法沙諾把當時李維拉告訴他的東西，全都告訴了哈勒戴。

在盲腸手術後復出的第一場比賽，他投七局無失分，被打六支安打，三振七位打者，藍鳥隊以二比零打敗芝加哥白襪隊。哈勒戴取得生涯第一百勝。

「他那場的卡特球投得隨心所欲。」法沙諾說。「就好像馬上學會了。他很好教，而鬥志高昂。他媽的，他學得真的有夠快。」

當然，從法沙諾口中轉述李維拉如何投卡特球，再怎麼樣也還是二手資訊，當哈勒戴參加二〇〇八年明星賽時，他有機會親自向李維拉請益。

「我認為跟我大拇指的位置有關，我想知道大拇指應該放在球的什麼地方，我後來有機會問他，他告訴我關鍵是他把大拇指彎起來要放在球的下方，放在食指和中指的另外一頭。」哈勒戴說。

電視台的攝影機完整地捕捉了李維拉和哈勒戴聊天的過程。哈勒戴發問的時候，右手拿著球，李維拉把球拿過來，示範該怎麼握卡特球，哈勒戴頭低下來專注地看李維拉怎麼去握球，身體往旁邊移動一些，再從另一個角度看個仔細。他轉動李維拉手中的球看清楚他的其他手指是怎麼放在縫線上的。李維拉模擬球移動的路徑，誇張地比劃球如何往右移動。哈勒戴點點頭，李維拉微笑回應，再把球還給哈勒戴，臉上的表情彷彿像是「嘿，原來棒球史上最強的投手之一就是這樣握，才能投出史上最難打的其中一種球路」的感覺。

洋基隊隊友在電視上看到這一幕，就召開「袋鼠法庭」＊審判他。隊友們不敢置信他居然幫助那個讓洋基隊頭痛的哈勒戴。哈勒戴在那場明星賽之後，對上洋基隊三場先發，取得三勝零敗，防禦率二點七四的成績。

「都怪我，都怪我就好了。」李維拉說。「但如果我可以重來，我還是會教他。」

洋基隊游擊手德瑞克．基特生涯二十年，對戰超過二十五個打席的投手中，有五位是名人堂球員。基特面對葛瑞格．麥達克斯二十八個打席，整體攻擊指數是零點九六二；對上麥克．穆西納（Mike Mussina）三十八個打席，整體攻擊指數零點九三六，面對湯姆．葛拉文（Tom Glavine）的三十九個打席，他的整體攻擊指數是零點九二五；至於對上佩卓．馬丁尼茲，一百二十一個打席，他的整體攻擊指數則是零點七八九。

而基特面對哈勒戴總共一百零四個打席，整體攻擊指數只有零點五七一。

「對我來說最難打的球路？哈勒戴的話，他的伸卡球和卡特球。」基特在《K：棒球史上的十種球路》（K: A History of Baseball in Ten Pitches）書中提到。「我總是在猜他的球往哪裡跑，而且我一直猜錯。」

當哈勒戴丟卡特球的時候，他的手指佔滿了球的右側，左半邊則是空著，他的食指和中指跨過縫線距離最遠的那一側，他的大拇指順著指節彎曲，放在球的下面，大拇指指甲幾乎靠在中指上。當他把大拇指放在那裡的時候，球的軌跡就會如他所願；反之，如果他的大拇指往外一些，就會阻擋球的旋轉，軌跡就沒那麼聽話了。

當他丟卡特球的時候，手臂就順勢往下，手腕沒有任何轉動。

「很多人說投卡特球會擔心手臂受傷，但我想那是因為比較像滑球的關係，當你轉動手腕時，可能會對手臂造成傷害……」哈勒戴說。「如果你用正確的方式丟卡特球，你就不會受傷，你把力量灌注在球上，握法正確的話，用一般的方式順勢往下投出去，就不會有事。我想很多人要丟卡特球的時候並不了解他，就會有受傷的可能，因此對卡特球有一些負面的觀感。但只要知道正確的投球方式，就像李維拉一樣，手指放對地方，出手方式正確，就沒有什麼受傷的問題。」

即便知道手指擺放的位置是投好卡特球的關鍵，哈勒戴還是時不時會找不到丟卡特球的感覺。有一天，他感覺投出去的卡特球很犀利，他拿起原子筆在球上記錄他手指和大拇指的位置，然後隨時隨地帶著那個球。如果他又找不到感覺了，他再拿起那顆球看看自己的大拇指有沒有放對，通常都是大拇指往外跑了一些。

「卡特球的握法其實很奇特。它是一種你常常要觀察自己有沒有握對的球路，因為你會帶入在賽前長傳暖身時的握球習慣，導致你找不到感覺。」哈勒戴說。

哈勒戴開始運用他的伸卡球和卡特球，投在好球帶兩側，形成兩種水平位移的球路「X軸

---

* kangaroo court，用來形容不公正的私下審判。

線效應」（X-effect）組合。二〇〇二年到二〇〇六年和哈勒戴同隊的隊友艾瑞克・辛斯基（Eric Hinske），在離開藍鳥隊後又效力六支不同的球隊，哈勒戴是他生涯面對最多次的投手，對決次數多達四十五次。

「他會在兩好球之後塞內角伸卡球，像是瞄準你的屁股，最後再拐進好球帶。」左打的辛斯基說。「基本上，他就是往我的屁股側邊丟，然後位移六吋轉進好球帶，你會嚇得閃開，但最後是好球。接下來呢，突然他開始投卡特球，開始玩水平位移的遊戲，走後門拐進去的伸卡球，和往你手上跑的內角卡特球。接下來不知道什麼原因，他開始投走後門的卡特球，從右打打擊區轉進到好球帶，我看根本不會是好球：『怎麼可能會通過好球帶呢？』然後我回去看影片，球真的有削過好球帶外角邊緣。哈勒戴在二〇〇三年贏得賽揚獎，那年他已經有超級犀利的伸卡球了，但卡特球才是改變他職業生涯的球路。」

曲球（Curveball）

哈勒戴有一顆很好但常常被忽略的曲球。他從小時候十歲、十一歲時學會丟彈指曲球，他一路在高中、小聯盟和大聯盟生涯早期都是丟彈指曲球（knuckle curveball）。在他大聯盟生涯第二場先發面對老虎隊，差一點完成無安打的那場比賽中，他投所有的曲球都是彈指曲球。

「曲球對於小朋友來說最安全，你只要彈出去就好。」哈勒戴說。「而且它很犀利，變化幅度很大。唯一的問題是我很難控好它。雖然很犀利，而且往下墜，但我丟起來很不穩定，就是很難把它投進好球帶。」

哈勒戴在三A時問隊友克里斯．卡本特怎麼投他的曲球。他告訴哈勒戴怎麼握，然後哈勒戴開始練習對著牆壁投，試著找感覺，一次又一次地向卡本特討教。

「你怎麼握的？」

「你出手時怎麼做？」

「那是我第一次感受他想要追求卓越的動力。」卡本特說。「他一定要把事情搞懂，即使可能把手肘搞壞，他也拒絕放棄。」

哈勒戴最後還是把曲球學起來了。他可以稍微輕一點丟，來搶好球，或是他可以加點力，讓曲球變化的軌跡更大一點。

在二〇〇二年到二〇〇四年，吉爾．派特森是哈勒戴在藍鳥隊的投手教練，派特森說：「我們從投手丘往本壘方向看，想像面前有一個時鐘，傳統的曲球是十二點鐘方向往六點鐘方向下墜，新式的曲球則比較像是兩點鐘方向往八點鐘方向。所以打者不但要去擔心垂直位移，還要注意水平位移。當他面對左打者時，他投出去時看起來像是壞球，可能往外五或六英吋一些，突然就轉進來，很有尾勁。哈勒戴能投出這樣的曲球，你會看到他製造很多揮棒落空。我很想知道他各種球路製造揮棒落空和滾地球的比例到底是多少。」

哈勒戴把中指放在兩條縫線距離最遠處的中間球皮區域。很多投手在丟曲球時，會把其中一隻手指頭放在縫線上，因為方便在出手時用力摩擦造成旋轉。但哈勒戴偏好不這樣做，他用中指握住球，塞進他的手掌心，食指和大拇指輕靠在球上，打者看不到他到底要投什麼球路，他用食指輕碰大拇指，確保這兩隻指頭放鬆，然後在出手瞬間把手往內轉。

「最重要的是出手瞬間要往下拉，讓球從手虎口出去。」他說。「我跨步會稍微小一點，然後把手臂舉到最高，再順勢把手往下，這樣我能讓球產生最大的變化軌跡。我真的認為必須要兩種球路能夠在任何球數下搶好球才夠，我可以投速球搶好球，也可以投卡特球或伸卡球，後來我能夠用曲球在任何球數下搶好球。這樣一來，打者就很難猜了，他們不能鎖定特定球路，不能百分之百確定速球要來了。當我曲球狀況不好時，只有兩種球路可以搶好球時，的確是稍微辛苦一點。」

捕手葛瑞格．佐恩（Gregg Zaun）在二〇〇四年到二〇〇八年和哈勒戴搭配過七十五場比賽，他對於哈勒戴用曲球三振打者已經司空見慣。

「當他丟曲球的時候，我看到打者縮著頭的反應，常常忍不住偷笑。」他說。「曲球對打者來說很可怕，因為打者很怕被打到手。當球出手瞬間，打者可能以為是脖子高度的二縫線速球，而且他的二縫線尾勁很好，所以右打者會縮起來，怕被打到。打者在打擊區總是感覺到很不舒服，但對我在一旁觀看來說很有趣，他們都知道這跟對上李維拉一樣，只是一場比賽要面對他兩三次，而且常常空手而回。」

捕手羅德・巴拉哈斯（Rod Barajas）在二〇〇八年到二〇〇九年跟哈勒戴搭配五十場比賽。他記得打者面對哈勒戴的曲球有相似的反應。打者上場前就已經覺得先輸一半了。

「不要配那顆球了啦。」打者會哀求捕手巴拉哈斯。「我不知道那是什麼球路，但看起來路徑很像、角度很像，而且出手點也很像，我不知道它到底是卡特球還是伸卡球啦。根本看不到球怎麼轉的啊！」

巴拉哈斯只能笑著回應。

「這些打者都被他的球路嚇傻了。」他說。

變速球（Changeup）

哈勒戴為了投變速球試了好幾年，用了好幾種握法和方式都沒效。

「每一次春訓他都要練！」阿恩斯伯格回憶起當年。「他想要投到三十五歲、四十歲之類的，然後我就跟他說『你總有一天會感謝我。』我教他的變速球握法他都不喜歡，但是他還是會去練，很勤奮地去試，不過總是丟得很糟或是被打得很慘。因為每次他春訓前幾場先發丟個兩三局，只用伸卡球和變速球，然後投得很辛苦，我在一旁覺得很好笑。我認為他投這種比賽比完封九局還難。他很認真練習，想要成為世界上最好的投手，總是一直問我該如何變得更強。」

在二〇一〇年效力費城人隊時，哈勒戴終於找到了適合他的變速球握法。

「那顆不是指叉球。」哈勒戴說。

真正的指叉球握法是食指和中指幾乎在球的兩側，但哈勒戴把食指和中指在縫線最靠近的那一側張開，大拇指放在側邊，然後輕鬆地握著球。

「非常輕鬆地握住。」哈勒戴說。「我希望用全力去丟，用最快的擺臂速度丟出去，然後出手時用指尖感受球讓它產生旋轉。」

但這不像哈勒戴其他的三、四種球路來得那麼有效，其他球路他都可以用來搶好球數。

克提斯．葛蘭德森（Curtis Granderson）生涯面對哈勒戴有十八個打席，整體攻擊指數高達一點三一九，葛蘭德森說：「他把變速球投在邊邊角角。你看打者的九宮格，有擅長打的區塊，也有不擅長的，大部分區塊都是不擅長的，但我只要鎖定我擅長的區塊，不要浪費機會就好。我想這就是哈勒戴厲害的地方，他知道打者不擅長在某個高度位置和某個球速，然後用那個方式對付他。所以為什麼要投打者可能不會打的球，而浪費多投一顆球呢？只要丟在好球帶邊邊角角，打者就一定要出棒，而且通常都打不好。」

第十二章　機器人

早在哈勒戴和吉米．羅林斯成為費城費城人隊隊友之前，他們在耐吉招待的旅遊團就認識了。他們可能曾經在夏威夷、墨西哥或是阿魯巴群島碰過面，先不管他們究竟是在哪裡，羅林斯記得某天早晨，他在下榻的招待所要吃早餐和喝咖啡時，和哈勒戴擦身而過。全身濕透的哈勒戴剛做完早上的訓練。

「羅伊，你知道這是耐吉招待的棒球假期吧？」羅林斯說。

「我當然知道啊！我該做的事情還是要做。」哈勒戴回應。

羅林斯搖搖頭。這可是真實故事，哈勒戴真的在十一月的度假時做訓練，而同時其他幾位頂尖的選手卻才剛起床，心中只想著「等會早餐要吃哪種歐姆蛋？」

「當時我就是走進招待的包廂餐廳，看看早餐有什麼好吃的，他滿身大汗，拿著毛巾要回到他的房間。看他這樣認真，會讓我們不由自主檢討起自己。」羅林斯說。「我原本是打算到感恩節之後再開始訓練，或許我應該提早一些。但那只是大夫的個人行為，他就是這樣的人，他是這樣過生活的，這樣才會讓他感覺舒服自在，所以也沒有人會多說什麼。」

贏得賽揚獎後，哈勒戴從夏威夷回到佛州，而這次他要準備二〇〇四年的賽季。在出發之前，他先諮詢了唐納文・桑塔斯和喬治・普里斯有關於休賽季訓練的課表，好為衛冕賽揚獎做準備。這就是哈勒戴一生的節奏，持續不斷地追求卓越。

「他想要持續進步。」桑塔斯說。「他一步一步來，保留之前做得正確的地方，如果他加入某個訓練，讓自己感覺不錯的話，他就會這樣持續地做，就這樣一直加上去，形成現在這個樣子，特別是在休賽季，他的課表很滿，而且很認真地做訓練。大家來春訓基地報到時，他早就在那了，早上五點就準備開始訓練，其他球員可能六點或六點半才開始，他那時已經滿頭大汗了。其他球員就會在一旁說：『天啊，我根本不可能吃完他的課表。』然後我就會說：『嗯，其實他不是春訓第一天才開始這樣做的，他一直都持續累積。』」

為了應付下個球季，哈勒戴在休賽季期間想要增加十到十二磅的肌肉，於是他一天好幾杯高蛋白奶昔，這對於職業運動員來說並不常見，但哈勒戴更加往前跨出嘗試性的一步。每天晚上他設好鬧鐘，清晨被鬧鐘叫醒之後，就走到廚房乾一杯高蛋白奶昔，然後再回去睡覺，日復一日。

桑塔斯說：「他本來是可以起床喝一杯的，但我猜他的想法是，他白天已經吃很多高熱量的食物，就只是找一個機會補充更多而已，正好那八小時、十小時沒有事情做，累積一點熱量而已。我也覺得沒關係，就是額外的熱量，只要沒有打亂睡眠循環就好。當然，他自己有做記錄，這也可以當作他如果沒有在白天喝高蛋白奶昔的一個補給，或是他睡前沒喝，至少是一個固定可以補給的時間點。」

布蘭蒂開玩笑地幫她老公取綽號為「誇張隊長」（Captain Overkill），因為他做什麼事都要逼到極限。

「傑出的人都有怪癖。」她說。「羅伊的性格很容易上癮，對某些事物無法自拔。」

哈勒戴做每件事情都想做到最好、最厲害，不管是買捕鱸魚用的船、買釣竿、買餌還是買器材，他都要買最好的。他如果看電視看到高爾夫的器材，他就會立刻買：看到新的鐵桿，買；看到新的球，買；新的T座，買；新的練習網，買；新的西洋棋組，買；模型飛機，也買。他有時候同樣的東西買了好幾份，怕萬一壞掉了就沒得用。

「他有全部釣魚用的小玩意和器材，因為他覺得他要隨時準備好成為史上最棒的釣手。」布蘭蒂說。

雖然有了全部的器材，但還是無法成為世界上最棒的釣手，哈勒戴也只能笑笑地自嘲。不過這不能阻止他繼續嘗試變得更厲害的決心。

哈勒戴總是把自己逼得很緊，有時候緊到連藍鳥隊的球團高層都會擔心，深怕哈勒戴把自己操壞或弄受傷了。桑塔斯得出面保證哈勒戴承受得了這樣訓練量，提醒大家哈勒戴就是要這樣的訓練量才能讓自己感覺準備充足，才能達成目標。

「他認真訓練，一定要達到極限才罷休。」桑塔斯說。「他比其他人都認真訓練，隊上只有幾個人可以做到他的訓練量。但這很正常，因為他們是不同等級的，哈勒戴需要知道自己已經充分地準備好，這就是他可以投到第七局、第八局甚至第九局的原因。他知道他自己要逼到極限，才能一年投三十六場先發，他就是這麼想的。」

二〇〇四年的開幕戰，哈勒戴被修理得很慘，他面對底特律老虎隊主投六又三分之二局，失掉七分，輸掉比賽。賽前，藍鳥隊想要搞點花招，在哈勒戴和捕手凱文・凱許在牛棚熱身時把燈關掉，好讓觀眾可以看到上方飯店的窗戶裡的舞者剪影投射在場上。然後還有兩個聚光燈分別打在哈勒戴和凱許身上。

這部分可不是哈勒戴習慣的賽前準備。

「他非常不爽。」凱許說。「我蹲在那邊，試著在黑暗中接他的球，但真的太荒謬了。他當下很生氣，我想這最終影響了他那天的表現。」

或許這是個預兆。哈勒戴在六月初的時候，生涯首度被放到傷兵名單，藍鳥隊說是「右肩不適」。幾週後他回到球隊陣容中，七月時連續兩場先發，在十局投球中，丟了十一分之後，又回到了傷兵名單，這次球隊則說是「右肩疲勞」。哈勒戴很討厭「疲勞」這個詞，因為表示他累了，是示弱的表現。哈勒戴跟普里斯說之後對外說明他的狀況時，不要用「疲勞」這個詞，可以用「發炎」或是「緊繃」來取代。

「這些都是相關聯的。」普里斯說。「之所以會緊繃和發炎，可能是疲勞的關係，可能是某處過度使用。其實你只是從中挑一個名詞來用而已。」

但是無論如何，哈勒戴因為肩膀的問題，在二〇〇四年只先發了二十一場，取得八勝八敗，防禦率四點二零的成績。球季結束後四天，十月七日，布蘭蒂在但尼丁市生下他們的兒子雷恩（Ryan）。

哈勒戴在過去的兩個球季，總共投了五百零五又三分之一局，比起第二多的提姆・哈德森（Tim Hudson）多了二十七局。或許是因為過多的工作量，加上他在休賽季並沒有將訓練減量的關係，哈勒戴的肩膀才會出現問題。他從中學到教訓，在二〇〇五年之前的休賽季，他調整了訓練課表，好讓他的肩膀恢復強壯。波士頓紅襪隊的王牌投手柯特・席林就曾建議他在春訓前少丟一點牛棚練習。

哈勒戴通常在春訓之前投十五次牛棚練習，今年他減少到六次，減量的確發揮了效用。

在二〇〇五年的頭十八場先發中，哈勒戴繳出十二勝四敗，防禦率二點三三的成績，比起他二〇〇三年那年贏得賽揚獎的成績還要好。紅襪隊總教練泰瑞・法蘭克納（Terry Francona）打算派他擔任明星賽的美國聯盟代表隊先發投手，而且國家聯盟代表隊正好派的是聖路易紅雀隊的克里斯・卡本特，老隊友對決很有話題性。但是在七月八日，對上德州遊騎兵隊的客場比賽中，遊騎兵隊左外野手凱文・曼奇（Kevin Mench）在第三局擊出平飛球打中哈勒戴的左腳，聽起來就像兩塊木頭互相撞擊，哈勒戴當場倒地，球落在地上，他撿起球快傳一壘，把曼奇刺殺在一壘前。哈勒戴側身趟在地上，看起來痛苦萬分。

「我們當時喊著：『起來啊，起來，起來。』」桑塔斯說。

他無法起身，普里斯和其他人慢跑到投手丘。

「大夫，我們拿擔架來。」桑塔斯說。「我們把你抬出場，照X光。」

「不行。」哈勒戴說。「我要走下場，我不希望任何人看到我被抬出去。」

布蘭蒂在電視機前目睹整個過程。

「他的腳就歪一邊。」她說。「他們從休息區出來，跟他說了一分鐘的話，然後他就起身，用跳的下場。我看他邊走邊摸著腳，看起來是有受傷，我看他摸著腳走路，我想他是撐著走下去，因為他的腳根本不能動。可怕的是，當他走向休息室，還在通道裡的時候，他就攤下去了，就像是『我不行了，幫我！』接下來他們就把他抬出去了。」

桑塔斯和普里斯不敢置信，哈勒戴居然撐了這麼長一段路。

「他想要用走的下場，展現他的鬥志。」桑塔斯說。「當這種強襲球發生的時候，我幾乎嚇到無法呼吸，當下我連話都說不出來，因為我真的很愛這傢伙，這感覺實在太可怕了。」普里斯說。

藍鳥隊用點擊測試哈勒戴左腳的狀況，他痛到差點從診療台上跌下來。X光結果出來他的脛骨有非移位性骨折，骨頭上還看得到棒球縫線撞擊的痕跡。

「醫師告訴他，這是他第二次看到物體在骨折處留下痕跡。」布蘭蒂說。「那顆球重擊了他的脛骨。」

隔天下午，哈勒戴拄著拐杖，腳上打著石膏，說他一週內就要開始傳接球，一個月內就要回到投手丘上投球。普里斯當然知道快速從傷勢中復原對哈勒戴有多重要，所以他告訴哈勒戴高壓氧治療（hyperbaric）的好處，而且他能弄到一座，但他沒有足夠的預算去買，只能用租的。哈勒戴說他自己花錢買，他一用就是好幾小時。

「他三週內骨折就好了。」布蘭蒂說。「太誇張了。他買了高壓氧治療艙，做那些牛血治療和血小板治療，看起來很瘋狂。」

除了照顧他的腳之外，桑塔斯和普里斯試著讓哈勒戴的手臂保持好狀況，普里斯建議哈勒戴坐在椅子上，在外野邊線和他傳接球，哈勒戴在腦中想像那個畫面。

「我絕對不要。」哈勒戴說。

「那單腳站著丟呢？」普里斯說。

「我跪著好了，我才不要坐在椅子上。」哈勒戴說。

他們妥協出另一個方式：哈勒戴坐在打擊籠裡和普里斯傳接球，不要被記者和攝影機拍到的地方就好。桑塔斯在客場作戰時，還找到游泳池讓哈勒戴可以做水中訓練。哈勒戴預計可以在八月二日回到先發輪值中，出戰芝加哥白襪隊，但後來往後延到八月七日，面對紐約洋基隊的比賽才讓他出賽。但最終這件事沒有發生，球隊後來宣布哈勒戴整季報銷。當收到二〇〇五年整季報銷的消息時，哈勒戴忍不住淚水盈眶。

「被強襲球打中當時，我們照第一次X光時沒有發現他後腿其實有個粉碎的傷。」布蘭蒂說。「當時我們並不知道後腿也有骨折，所以他只有前腿康復了，但後面還有一個像是蜘蛛網的輕微骨折。這就是讓他承受不了結果的原因。」

那年洛杉磯天使隊的右投手巴托羅・克隆（Bartolo Colon）繳出二十一勝八敗，防禦率三點四八的成績，拿下美國聯盟賽揚獎的成績，WAR值來到四點零。即便哈勒戴在球季最後三個月都沒有上場投球，他的WAR值也有五點五，哈勒戴就是這麼強。總共有七位投手獲得美聯賽揚獎選票，只有明尼蘇達雙城隊的尤漢・山塔納（Johan Santana）一位投手的WAR值比哈勒戴來得高。山塔納當年先發三十三場，獲得十六勝七敗，防禦率二點八七的成績，WAR值七點二，但賽揚獎票選只獲得第三名。

「我還是認為他如果多投一個月的話，他可以贏得那年的賽揚獎。」藍鳥隊的投手教練布萊德・阿恩斯伯格說。

勞爾・伊巴涅斯和葛瑞格・佐恩在二〇〇一年時在堪薩斯皇家隊是隊友，伊巴涅斯後來加入西雅圖水手隊，佐恩則是去了藍鳥隊。二〇〇七年七月，水手隊作客多倫多打系列賽時，佐恩在其中一場比賽和哈勒戴搭檔，伊巴涅斯則是在水手隊打線中。哈勒戴面對伊巴涅斯第一球投了曲球，拿下一記好球。伊巴涅斯往投手丘看了一眼，哈勒戴看起來很生氣地樣子，很專注，但是氣呼呼地樣子。伊巴涅斯轉頭問他的前隊友。

「佐仔，這個傢伙是不是不太開心啊？」他說。「如果我像他一樣強，我在投手丘上會很愉快啊。」

佐恩不是那種內向害羞的人，他很快就可以和任何人在任何場合聊起來。

「呃，我不知道。」佐恩小聲地說。

伊巴涅斯覺得很奇怪，這是他第一次看到佐恩把嘴巴閉得這麼緊，然後又轉頭看了投手丘上的哈勒戴。哈勒戴死盯著伊巴涅斯，要伊巴涅斯趕快回到打擊區裡，他要投下一球了。

「老兄，快給我回去。」

「那種感覺太緊繃了吧。」伊巴涅斯說。「好笑的是，隔天我遇到佐恩，我跟他聊了一下，他說：『是啊，當他在場上進入狀況時，我不會跟打者講話。』」

總共有二十一位大聯盟捕手在比賽中和哈勒戴搭配過，有十六位是在藍鳥隊時期，佐恩是其中一位。這二十一位捕手談起他的時候都帶著敬畏的語氣。

羅德．巴拉哈斯說：「因為他做了這麼多準備，投入這麼多訓練，我不想讓他失望。他有一本筆記本，他會寫下所有的事情。賽前我們會開會，但其實稱不上是對話，因為他就是告訴我他接下來要怎麼做，他會重看每一個打席的每一球，他有計畫地去對付每一位打者，除非捕手看到了什麼，不然他不會改變策略。我也很偏執，我會在打擊練習前，到休息室看他的筆記本，重讀一遍他的策略，賽前再讀一次，我可不想讓他失望。我要確保我上場能夠幫助執行他想要執行的策略。我把比賽策略背得滾瓜爛熟，不會辜負他的努力。」

哈勒戴把每個打者的特性都詳盡地寫在筆記本裡，他虔誠地看著比賽影片，聽從席林的建議，面對每位打者，他都會制定A計畫、B計畫和C計畫。

「他的A計畫就是要征服你，直到你打敗他為止。」佐恩說。

這可不是配球指南，僅供參考，而是規矩，你得遵守。

「他對每位打者都有清楚的策略。」在費城人隊時期和哈勒戴搭配過五場比賽的布萊恩．史奈德（Brian Schneider）說。「舉例來說，『面對基恩卡洛．史坦頓（Giancarlo Stanton），伸卡球要丟內角和外角，卡特球走內角，不要把卡特球丟在外角。我會丟指叉球，也會把曲球投在外角，不會在本壘板前端進到好球帶。』就照這個計畫走。」

「現在試想他已經投到第七局，用球數來到九十球。史坦頓在打擊區，你要一顆進到好球帶前緣的曲球，但這不在我們四小時前討論的計畫之中，他就會退開投手板，用那種眼光看著你，

『喔，幹，抱歉，我的錯。』他知道要投什麼球路，他之前就告訴你了。其實，照著他的計畫在比賽中是比較容易的。不需要『喔，我們來把伸卡球投到這個位置吧。』而且這樣的情況才不可能發生，賽前他就跟你說不要了。那我幹嘛要他投原本沒設定的球路呢？就照做就好，因為他賽前幾天就擬好策略了，你完全不會想辜負像他這樣的投手，他是頂尖中的頂尖，並不是因為迫於壓力之下才這樣做。他真的太強了，你可不想扯他後腿，你希望他拿出最好的一面。」

這也不是說哈勒戴就不讓捕手即興發揮，他還是會。哈勒戴在某場比賽前跟巴拉哈斯說，他不想在面對坦帕灣光芒隊的右打者B．J．厄普頓（B.J. Upton）時在任何球數下投外角伸卡球。哈勒戴要攻他內角。但是當比賽進行中，厄普頓連續把幾個內角伸卡球打成界外，厄普頓回到打擊區，這次站的位置離本壘板稍微遠一點點，巴拉哈斯發現了厄普頓想偷吃步，鎖定下一顆內角伸卡球投進來時攻擊。

巴拉哈斯看了哈勒戴一眼，向哈勒戴示意厄普頓的腳往外移了一些，並且要他投外角伸卡球。哈勒戴接受到訊息，投了一顆外角伸卡球，準確地進到巴拉哈斯的手套裡，厄普頓被三振出局。

「只要有合理的原因，他是可以隨機應變的。」巴拉哈斯說。「如果他信任你這個捕手，他會聽你的話。回到休息區，你對他搖搖頭，吐口氣，跟他解釋場上的情況，他會回應你：『沒錯，只要你看到什麼東西，你就讓我知道，我們就那樣做。』」

在和哈勒戴搭配之前，巴拉哈斯在大聯盟當了九年的捕手，他可以很自在地給投手這些建議，但對於比較年輕的捕手來說可就不同了。哈勒戴有次就跟凱文・凱許說，他有兩條規矩：一是不要走上投手丘跟我說話，二是不要掩飾，有話直說。

「對我就是有話直說。」哈勒戴說。

凱許後來在二〇一五年成為坦帕灣光芒隊的總教練。他在二〇〇三年到二〇〇四年球員時期和哈勒戴搭配過十九次，他覺得對哈勒戴有話直說還算容易，但是要他不走上投手丘和搭檔說話很難。當他們第一次搭配時，哈勒戴投得不好，連續被擊出幾支安打，看起來很沮喪的樣子，凱許知道他應該走上投手丘和他說幾句話，但是他知道哈勒戴立的規矩。

「我知道我應該要走上去，我也想這麼做，但我沒有。」他說。「我就待在原地。」

那局結束後，哈勒戴走向凱許，然後對凱許發脾氣。

「你怎麼沒上來讓我喘口氣？」他說。

「大夫，這可是你訂的規矩欸！」藍鳥隊投手教練吉爾・派特森幫凱許說話。「當然你也要遵守自己訂的規矩。」

「我們把投手丘稱做小島。」在二〇〇二年到二〇〇三年球季，和哈勒戴搭配二十場的捕手湯姆・威爾森說。「投手丘就是一座島，當他在投手丘上時，沒人能登島。就是場上的規矩而已。我有次被警告『不要踏上投手丘』，對啊，他還會說：『你他媽的給我滾，滾回去本壘板後面。』他狀況保持得很好，他是我搭配過或是對決過最強悍、最難擊敗的對手，做什麼事都全心全力投入，真的很不可思議。」

「我記得第一次和他搭配的時候，他看著我說：『你他媽在那邊幹什麼？』」佐恩說。

「如果我走上投手丘，我什麼都不會說。」肯・哈可比曾經在二〇〇二年到二〇〇三年與二〇〇五年，和哈勒戴搭配三十次，「我就站在那，假裝我在跟他說話，但他知道我在那邊是為了讓他喘口氣。他會慢慢來，找回呼吸的節奏，當他結束後，他會盯著我，示意我可以了，然後我再慢跑回到本壘後方。他和哈維・多佛曼一起訓練，所以我知道他要在投手丘繞個圈，他每次都會做。好讓上一球不會影響到他接下來的投球。他會在繞圈時反省一下，調整做得不好的地方，接下來好好執行。繞完圈就像重開機，這都是哈維教他的。」

多佛曼在《投手的心靈密碼》書中寫到「繞圈」，內容包含投手的策略和如何回應結果。

多佛曼寫到：「投手擁有策略的主導權，而結果則是投手無法控制的，而該如何回應是投手可以改變走向的關鍵。該如何回應上一顆投球、被打出去的球、裁判的判決、野手的失誤，都會影響投手下一球的策略。這也就是說，投手如果沒有好好回應，可能是不夠鎮定、失去目標感或是專注力跑掉，他可能就會沒辦法好好投下一球，而下一球就沒辦法在最有效果的情況下被執行。簡單來說，投手可以控制的是他該如何回應結果。」

二〇〇六年球季，哈勒戴先發三十二場，繳出十六勝五敗，防禦率三點一九的成績；二〇〇七年，他則是十六勝七敗，防禦率三點七一；二〇〇八年，成績是二十勝十一敗，防禦率二點七八，那年他出賽三十四場，其中三十三場是先發。這三年他分別在賽揚獎票選上獲得第三名、第五名和第二名。二〇〇七年四月十三日，他面對底特律老虎隊，他完投十局，以二比一擊敗老虎隊，這也是他生涯第二次十局完投勝。哈勒戴成為自一九九〇年以來，第二位有兩次十局完投勝的投手。

「其實投到後來有點好笑。」那天蹲捕的佐恩說。「你看到對手上場打擊很不自在，這讓我印象很深刻。他們的眼神就像在第九局面對馬里安諾．李維拉一樣。他們在走進打擊區之前就感覺已經輸了，看得出來他們猶豫的腳步，而且羅伊他不只是強而已，又高大，在場上又不笑，看起來很嚇人。他在場上從來不會讓對手感覺到好對付，我很喜歡那種霸氣。有時候對手打不好，我會忍不住笑出來，他根本就在痛宰對手。」

哈勒戴不斷累積他的豐功偉業，在二〇〇八年最後一場先發，他以完投勝拿下單季第二十勝，面對紐約洋基隊完投九局被打六支安打，只失掉兩分。

「你內心渴望挑戰沒錯，但你寧可對上其他投手。」洋基隊游擊手德瑞克．基特說。

隨著逐年經驗累積，哈勒戴對自己越來越有信心，對於那些成就他的信念深信不疑。他會向隊友侃侃而談地介紹多佛曼，告訴隊友他們也可以發揮出潛力，多佛曼能幫上忙，哈勒戴也送大家《投手的心靈密碼》，還會畫重點，告訴隊友們哪些部分幫助他很多。他把一本書給了隊友A・J・柏奈特（A.J. Burnett），柏奈特在二〇〇六年和藍鳥隊簽約，在加入球隊的第一個球季，他總是和哈勒戴一起做三溫暖，當哈勒戴泡熱水時，他就泡冰水，然後再互換。某一次三溫暖時，哈勒戴問了一個從沒有人問過柏奈特的問題。

「所以…你的策略是什麼？」他問。

柏奈特腦中千軍萬馬跑過，「這有正確答案嗎？還是我可能答錯呢？」

「嗯…我就是用力催啦。」柏奈特說。「如果我取得球數領先，我就用力投曲球。」

哈勒戴聽了之後大笑。這段對話啟發了柏奈特，他從一個用力催球速的右投手，變成更成熟的投手。他開始丟更多內角球，在對決的前幾球丟更多變化球，把球丟在邊邊角角，開始培養賽前規律，也做更多事前準備。

「我很快地了解到勉強過關和發揮到極限的差別。」柏奈特在投稿到《運動員論壇》（The Players' Tribune）紀念哈勒戴的文章裡提到。「後來我花更多時間在準備上，不管前一次先發我表現如何，我養成每天固定的規律。我很驕傲地說這是我從哈勒戴身上偷來的，幫助我投一休四的先發工作能夠完全進入狀況，進到球場就是備戰狀態，全神貫注。這是我從大夫身上學到的，不管我後來到哪一隊我都銘記在心。」

「而且每次我低潮時，我真的都會馬上把多佛曼那本書拿出來翻一翻。」

第十三章　向前看

二〇〇八年球季結束後，哈勒戴飛回佛羅里達州的家。那年藍鳥隊贏了八十六場比賽，但只拿到美國聯盟東區第四名，落後第一名的達十一場勝差，排在前面的是坦帕灣光芒隊、波士頓紅襪隊和紐約洋基隊。

「每年都重複一樣的事情，而且看不到進展，讓人覺得很難受。」哈勒戴在七月的明星賽時說到。「我沒有看到大家上場前的那種幹大事的動力，你希望看到球隊往正確的方向前進，但這是最難的。我們每年春訓都在談一樣的事情，好像在演電影《今天暫時停止》（Groundhog Day），這當然會令人感到沮喪。你想聊聊我們哪裡做得不錯，哪些地方讓我們獲得成功，但其實我們都沒真正做到。每年都談一樣的東西令人感覺到疲乏。」

接下來這一年看來多倫多也不會有太大改變。哈勒戴看到藍鳥隊的陣容和薪資結構，二〇〇九年不會有什麼起色，事實上，還變得更糟。羅傑斯通訊集團（Rogers Communications）是藍鳥隊的老闆，集團指示球隊總經理J．P．瑞希阿爾迪，即便A．J．柏奈特執行逃脫選擇權和其他球隊簽約的話，還是要繼續縮減薪資。這讓瑞希阿爾迪很為難，他知道沒辦法仰賴達斯汀・麥高恩（Dustin McGowan）和尚恩・馬康（Shaun Marcum）這兩位先發投手，麥高恩才剛從右肩手術復原，而馬康則是因為手肘韌帶置換手術缺席整個球季。如果柏奈特離隊，二〇〇八年先發輪值班底只剩哈勒戴和傑西・利奇（Jesse Litsch）還在隊上。瑞希阿爾迪需要把洞補上，但是老闆羅傑斯通訊集團告訴他只能自求多福。

休賽季剛開始時，瑞希阿爾迪就宣告只要能夠幫助球隊的話，他願意把任何人交易出去。一如預期地，柏奈特選擇逃脫，和洋基隊簽下五年八千二百五十萬美金的合約。毫不意外地，藍鳥隊並沒有足夠的資金去補強戰力，好追上在前面的光芒隊、紅襪隊和洋基隊。二〇〇九年春訓開始時，他們有的是一群低成本的球員，像是投手麥特・克萊門特（Matt Clement）和麥可・馬羅斯（Mike Maroth），捕手麥可・巴瑞特（Michael Barrett）和一壘手凱文・米拉（Kevin Millar）。

「我原本期待我們可以留下A・J・的，或許還有其他戰力補強。」哈勒戴說。

結果投手馬羅斯在春訓結束前就被球隊釋出；克萊門特在得知自己在春訓結束沒有被放在大聯盟開季二十五人名單後，選擇退休。藍鳥隊曾經在一九九五年選秀會上考慮巴瑞特而不是哈勒戴，巴瑞特最後只在二〇〇九年打了七場比賽，就因為右肩肌肉撕裂，整季報銷，後來他再也沒有上過大聯盟。米拉則是打了二百八十三個打席，只繳出整體攻擊指數零點六七四的成績，二〇〇九年也是他大聯盟生涯的最後一年。

藍鳥隊二〇〇九年的開季先發輪值陣容有哈勒戴、利奇、大衛・佩西（David Purcey）、瑞奇・羅梅洛（Ricky Romero）和史考特・里奇蒙（Scott Richmond）*。哈勒戴在開幕戰之前，大聯盟生涯已經累積二百五十五場先發，而利奇只有四十八場，佩西是十二場，里奇蒙投了五場，而羅梅洛一場都沒有，四人合計六十五場。球季進行到七月六日時，藍鳥隊的戰績是四十三勝四十一敗，在美國聯盟東區排名第四。藍鳥隊總經理瑞希阿爾迪打電話給費城費城人的總經理小魯本・艾馬諾（Rubén Amaro Jr.），說他想要談談交易哈勒戴。瑞希阿爾迪把這個消息放給福斯體育台的記者肯・羅森索（Ken Rosenthal）。

「我沒有說我們在兜售哈勒戴。」瑞希阿爾迪說。「但如果對方的提案合理，我們會考慮。此時只能說是我們比以往更願意聽取其他球隊對哈勒戴的報價。」

羅森索在報導裡寫到，多倫多可能會希望拿到的包裹，會像是當年克里夫蘭印第安人隊交易掉巴托羅・克隆和提姆・祖魯（Tim Drew）那樣等級的，那次交易把克隆和祖魯交易到蒙特婁博覽會隊，印第安人隊則是拿到布蘭登・菲利浦斯、格雷迪・賽斯摩爾（Grady Sizemore）、克里夫・李伊和李・史帝文生（Lee Stevens）四位球員。換句話說，如果要換到哈勒戴，代價可不小。

---

* 曾經在二〇一六年加入中華職棒義大犀牛隊，登錄為「力猛」。

消息一出，隔天藍鳥隊作客坦帕灣的三連戰系列賽前，記者們在純品康納球場的球員休息室，擠在哈勒戴的置物櫃前把他團團圍住。

「我愛多倫多。」哈勒戴說。「我想要留在這裡，但我也渴望世界大賽冠軍，這對我來說越來越重要。我想球隊會有這樣的想法，對於我和球隊來說都比較適合吧。我想想或許那樣的情況也不錯，只不過我此時還不在那個情況。」

哈勒戴有最終的決定權，因為他的合約中有完整的不可交易條款。這表示他可以不接受藍鳥隊把他交易到一個期望能拿下季後賽外卡資格的B段班球隊，或是幾年後才有機會的重建中隊伍。瑞希阿爾迪明白這樣的情況，所以他們坐下來談。

「我去找大夫談：『你一直以來都很棒，我們不會在跟你談好之前做出任何決定。』」瑞希阿爾迪說。「『（老闆）他們要我們走回頭路，但這對你來說並不公平。你之前簽了延長合約好留在這裡，而且你付出全心全意在這支球隊上。如果你想要被交易，你就直說。首先，我們會尋求交易你的機會；再來，我們不會把你交易到你不想去的沒有冠軍相的球隊。』在那段尋求交易的階段，我們讓他完全參與過程。」

從瑞希阿爾迪在球隊中最好的王牌投手脖子上掛上「歡迎交易」的牌子之後，尋求交易的電話沒有斷過。一直到在明星賽時，哈勒戴被美國聯盟代表隊總教練喬·梅登（Joe Maddon）選為明星賽先發投手，將在聖路易先發，這也表示哈勒戴必須出席賽前的記者會，和美國聯盟代表隊總教練梅登、國家聯盟代表隊總教練查理·曼紐爾（Charlie Manuel）和國家聯盟代表隊先發投手提姆·林瑟肯（Tim Lincecum）一同受訪。當時名主播鮑伯·科斯塔斯（Bob Costas）擔任記者會司儀，他介紹出席人員時，用「至少此時此刻，他還是多倫多藍鳥隊的明星賽代表」來介紹哈勒戴。

「如果我們球隊只離分區第一名三場勝差的話，我就不用面對這樣的尷尬場面了。」哈勒戴說。

賽前，他在休息室接受更多的提問，記者問他關於聖路易紅雀隊、費城費城人隊、紐約洋基隊、洛杉磯道奇隊和其他球隊的看法。

「為了尊重多倫多，我不想提特定哪些城市。」他說。「我不想本末倒置，我其實在交易中是被動的。」

代表美國聯盟防護員的喬治·普里斯和哈勒戴一起參加明星賽，他帶著家人一起來，哈勒戴出錢幫他的家人埋單住宿和餐食費用。

普里斯在訓練台上幫哈勒戴作賽前的手臂伸展，就如同他多年來所做的那樣。他知道這個明星賽的先發對哈勒戴來說意義重大，因為兩個兒子布藍登跟雷恩都能在現場一起見證。

普里斯心想，這可能是他們一起奮鬥的最後一段時光，他也想到哈勒戴是花了多少的時間與努力才走到這裡，不禁開始哽咽了起來，吸了吸鼻子。

哈勒戴的右眼慢慢睜開。

「你鼻子不舒服嗎？」他問。

「嘿！老兄！」普里斯說。「喔，沒什麼啦。」

「什麼？」

「我在明星賽比賽前幫你伸展，聽起來像是做夢。」

過了一會。

「你很奇怪欸。」哈勒戴說。

普里斯幫他伸展完畢，哈勒戴起身。

「大夫，祝你今天有好的表現。」普里斯說。

「你真的怪怪的喔。」哈勒戴說。「不過，謝啦！感恩！」

哈勒戴在明星賽投了兩局後回到藍鳥隊陣中，展開下半季的賽程。七月十九日，下半季他首場出賽，就以完投勝三比一擊敗波士頓紅襪隊。前藍鳥隊總經理派特·吉利克也在球場觀戰，吉利克在一九九五年選秀前，曾經到亞歷桑納州看過高中生哈勒戴投球，後來推薦藍鳥隊在選秀會上選擇哈勒戴。吉利克現在是費城人隊的特別顧問，正好費城人隊也是在競爭哈勒戴交易行列的領先者。這場比賽感覺起來像是哈勒戴在多倫多藍鳥隊最後一場先發，當哈勒戴從左外野牛棚走出來時，左外野邊線的球迷為他歡呼；第一局開打前，隊友也讓他先跑上場，好讓他接受全場鼓掌。

布蘭蒂在比賽中，接受藍鳥隊廣播轉單位訪問時提到：「這可能是我們在主場的最後一場比賽。我們下週一就離開了，如果在交易大限前發生什麼事，我就不會回來這裡了。這感覺不好受，真的不好受。」

但交易並沒有發生。哈勒戴在七月二十四日面對光芒隊的比賽中投了九局，掉了兩分，最後球隊在第十局以二比四敗給光芒隊。左外野邊線旁的球迷看到哈勒戴離開牛棚準備上場，歡聲鼓舞。當交易大限越來越接近，藍鳥隊球迷知道球隊可能會把隊上指標王牌交易出去，有些球迷甚至做了看板進場，懇求球團再考慮考慮。

「不要交易羅伊！不要交易羅伊！」第五局的時候球迷鼓譟著。

「把J．P．送走！把J．P．送走！」球迷接著喊。

瑞希阿爾迪宣布在七月二十八日前會把哈勒戴交易走，因為他不想讓哈勒戴在分心的情況下在七月二十九日客場出戰西雅圖水手隊。當然，如果在七月三十一日實際交易截止時間五分鐘前，瑞希阿爾迪收到令他無法拒絕的交易包裹，他也會接受。但是給出一個名義上的截止日期，也會讓有興趣交易的球隊感受到一些壓力。

這其中費城人隊最想要哈勒戴。在贏得二〇〇八年世界大賽冠軍之後，艾馬諾取代了吉利克成為費城人隊總經理。接任之後沒多久，他就和球隊總裁大衛．蒙哥馬利（Daivd Montgomery）

討論球隊的未來、現在的陣容和未來要積極網羅的球員。艾馬諾那時就說，他可以交易掉任何人，他一定要拿到哈勒戴。

費城人隊和藍鳥隊來回交涉過幾回，談論過不同的包裹。艾馬諾在七月二十六日打給瑞希阿爾迪最後版本的包裹，包含左投手J·A·哈普（J.A. Happ）、右投手卡洛斯·卡拉斯可（Carlos Carrasco）、內野手傑森·唐諾德（Jason Donald）和捕手崔維斯·德納德（Travis d'Arnaud），還包含藍鳥隊如果想要外野手麥可·泰勒（Michael Taylor）的話，他們可以抽換卡拉斯可或是唐諾德。

哈普後來在二〇〇九年出賽三十五場，其中先發二十三場，共取得十二勝四敗，防禦率二點九三的成績，後來二〇一六年在藍鳥隊發光發熱，拿下二十勝。根據《棒球美國》的排行榜，卡拉斯可曾經是費城人隊農場系統排名第二的新秀，並在全小聯盟第五十二名，後來他成為印第安人隊前段輪值投手。德納德後來並沒有滿足費城人隊排名第七新秀的期待，但他在紐約大都會隊和坦帕灣光芒隊時期，是一個不錯的替補球員。另一方面，費城人隊總教練查理·曼紐爾曾經把唐諾德比做克雷格·畢吉歐（Craig Biggio），唐諾德是費城人隊排名第四的新秀，在全小聯盟排名第六十九，後來在印第安人隊以內野工具人的角色打了三個球季。

藍鳥隊拒絕了這個包裹。他們要的是哈普、外野手多明尼克·布朗（Domonic Brown）、右投手凱爾·卓百克（Kyle Drabek）和外野手安東尼·荀思（Anthony Gose）。多明尼克·布朗是費城人隊新秀排名第一、在全小聯盟排名第四十八的大物球員；卓百克則是一九九〇年賽揚獎得主道格・卓百克（Doug Drabek）的兒子，在費城人隊新秀排名第五；荷思則是費城人隊系統另一個備受期待的新秀。費城人隊也回絕了，他們不想動到多明尼克・布朗或是卓百克。費城人隊期待多明尼克・布朗能夠在二〇一〇年球季取代傑森・沃斯守右外野，認為卓百克和左投手柯爾・漢默斯（Cole Hamels）將會是費城人隊未來幾年的前段先發投手。

「小魯本，你要的可是羅伊・哈勒戴。」瑞希阿爾迪說。「如果交易成功，費城球迷會舉辦遊行來慶祝你的成就。藍鳥隊球迷則是會遊行要求把我趕下台。」

瑞希阿爾迪還提醒艾馬諾，有些最強的新秀大物也只是排名高而已，大部分的大物最後都沒有成功。

「三年內，他們會在藍尼（Lenny's）*餐廳幫我上早餐。」他說。

艾馬諾沒有動搖，交易談判陷入僵局。

「他沒有讓步，我們也沒有。」費城人隊副總經理史考特・普洛伊弗洛克（Scott Proefrock）說。

---

* 藍尼是位在佛羅里達州清水市的一家有名的餐廳。

費城人隊在七月二十九日發動B計畫。他們把卡拉斯可、捕手盧・馬森（Lou Marson）和左投手傑森・奈普（Jason Knapp）交易到印第安人隊，換來左投手克里夫・李伊和外野手班・法蘭西斯科（Ben Francisco）。這包新秀包裹很不錯，但沒有一位像是卓百克和布朗這麼好，而且費城人隊也保住了哈普。

當天，在西雅圖一個潮濕的下午，哈勒戴準備上場前他聽到了這筆交易，那場比賽他主投七局，失掉三分，最後球隊以二比三輸給了西雅圖水手隊。賽後他看起來失望又氣餒。在置物櫃前接受訪問之前，他躲到後面的房間休息。他的隊友都上了往機場的巴士，哈勒戴才轉頭跟幾位記者談話，其中包括幾個來自費城的記者，哈勒戴談話中止不住失落，過去的三週非常漫長。不只有記者問他問題，他回答了好多人各式各樣的問題。

「家人、好朋友和普通朋友都來問，接不完的電話。」他說。

他以為他在月底前就會穿上費城人隊的球衣，不過他搭上藍鳥隊前往舊金山的專機，接下來他們將在奧克蘭進行三連戰。

球隊巴士停在舊金山的梅森街，在日航酒店（Hotel Nikko）靠邊停。奇妙的是，費城人隊正好也下榻在這家旅館，準備和舊金山巨人隊展開三連戰。費城人隊的休息室及差旅經理法蘭克・寇本鮑格（Frank Coppenbarger）在大廳遇到哈勒戴。法蘭克・寇本鮑格和其他人一樣，以為哈勒戴會被交易到費城人隊，他甚至已經先幫哈勒戴做好了球衣，上面還有背號，放在巨人隊主場

AT&T球場（AT&T Park）客隊的休息室的行李箱底部。沒人知道他放了一件哈勒戴的球衣在那裡。

「我真的很希望你在我們球隊的巴士上。」寇本鮑格說。「嗯，但我沒有。」哈勒戴打斷他。「我很高興我沒有。」哈勒戴閃躲寇本鮑格的問候，他覺得被刺傷了。他走過寇本鮑格身旁然後離開。交易大限過了，沒有交易發生。根據報導指出，藍鳥隊原本和洛杉磯天使隊接近達成協議，藍鳥隊要傑瑞・威佛（Jered Weaver）或是喬・桑德斯（Joe Saunders）這兩位投手其中之一，加上游擊手艾瑞克・艾巴（Erick Aybar）和外野新秀彼得・包喬斯（Peter Bourjos），天使隊回絕了。天使隊想要把艾巴留著。哈勒戴很沮喪，布蘭蒂也很不好受。

「我喜歡我當時的球隊。」哈勒戴說。「但我已經準備好去別的地方贏球了。熬過那個月卻什麼事情都沒有發生，幾乎榨乾你的精力，令人非常失望，但同時也如釋重負了。」

「後來我有三個月都沒有回去多倫多。」布蘭蒂說。「羅伊對於之前錯誤的決定逆來順受，我們和藍鳥隊續約過三次，我們很愛多倫多，我們的兒子布藍登在那邊出生，我們把多倫多當成家，而他只是想要一個競爭季後賽的機會。這三次簽約當時看起來都像是『我們要重建了，我們要重建了，我們要有全新的開始，我們希望你是重要的角色』，但事實上從來沒有發生。事後我們知道，在當時我們不想再經歷過一次又一次的重建了，他沒有時間了，球員生涯就這麼長，能打的沒有幾年，巔峰期就這麼長，他想在最好的時候拿下冠軍。」

七月的折磨讓他元氣大傷。哈勒戴在八月的六場先發，只繳出二勝四敗，防禦率四點七一的成績。

「羅伊跟之前比起來安靜了一點，特別是他休息的時候。」捕手羅德・巴拉哈斯說。

哈勒戴在九月止跌回升，六次先發投出四勝一敗，防禦率一點四七的成績，最後以整季十七勝十敗，防禦率二點七九的成績作收。他對紐約洋基隊、西雅圖水手隊和波士頓紅襪隊投出完封勝，還有一場對明尼蘇達雙城隊投出完投勝。他在美國聯盟賽揚獎票選上獲得第五名，僅次於查克・葛蘭基（Zack Greinke）（十六勝八敗，防禦率二點一六）、「國王」菲力克斯・赫南德茲（Felix Hernandez）（十九勝五敗，防禦率二點四九）、賈斯丁・韋蘭德（Justin Verlander）（十九勝九敗，防禦率三點四五）和CC・沙巴西亞（CC Sabathia）（十九勝八敗，防禦率三點三七）四位投手。而且又跟之前一樣，根據Baseball Reference統計，他的WAR值六點九，只落後給葛蘭基的十點四，排名第二，考量到他所效力的隊伍相對弱，而且又在一個比較強的分區，他應該要獲得更多票的。

在球季結束前兩天，藍鳥隊總經理瑞希阿爾迪被炒魷魚，頂上位置的是副總經理艾力克斯・安索波洛斯（Alex Anthopoulos）。安索波洛斯上任不到一個月，哈勒戴的經紀人就要求開會討論。當時是十月下旬，正當克里夫・李伊帶領費城人隊正在爭奪國家聯盟冠軍時，藍鳥隊總裁保羅・畢斯頓（Paul Beeston）、安索波洛斯、哈勒戴一家人和經紀團隊約在坦帕的一家夏威夷創意料理餐廳「羅家」（Roy's）吃晚餐。不過安索波洛斯因為身體不適，在最後一刻取消了晚餐約會，可是他在之前就已經和哈勒戴談過，哈勒戴一直給畢斯頓同樣的回應。

「聽好，如果你們想要重建，我的時間不多了。」哈勒戴說。「我不知道我還剩多少時間，而且我不想再經歷一次重建過程。我當然很希望能為多倫多拿下一座世界大賽冠軍，但我不知道我還有沒有那麼多時間。所以我希望你們把我交易到這兩隊去。」

他想要去費城人隊或是洋基隊。安索波洛斯了解哈勒戴的想法。

「考量到他明年即將成為自由球員，我知道他還有六個月的時間去考慮未來要效力哪支球隊。」安索波洛斯說。「這是他應得的，他爭取禁止交易條款，他給了我們友情折扣，休賽季時他也在招募上幫很多忙，他真的很想在多倫多拿下冠軍，他真的很在乎。我記得有幾次，我們打電話給他：『你可以北上一下嗎？我們找來吉爾・米許（Gil Meche）』或是『我們要延攬A・J・柏奈特』，很快就他就出現來幫忙。有一年冬天，我們去看冰球隊多倫多楓葉隊的比賽，我和他在車裡，他聊到：『我不想去波士頓或是紐約打球，這裡才是我想帶回冠軍獎盃的地方，這就是我的目標。』」哈勒戴已經為藍鳥隊鞠躬盡瘁。

「這就是羅伊的格局。我記得他第一次和我跟保羅說話，他希望能被交易，他說：『如果球團有任何擔憂，可能有公關的疑慮，我能理解。』他沒有大頭症：『我知道我在這裡是一號人物，我會承擔起來，都我來扛。』這讓我覺得很欽佩。『我來扛，這是我主導的交易，我做的。』

當然這是我的責任，工作上我該負的責任，我不想讓球團難為，我們後來也沒有主動提交易，說我們有什麼顧慮之類的話，我們從沒提過，他是自願被交易的。」

艾馬諾在十一月的總經理會議上和安索波洛斯再度搭上線。艾馬諾、普洛伊弗洛克和其他費城人隊人員在搭電梯時遇到安索波洛斯，安索波洛斯走進電梯想要跟艾馬諾說話，艾馬諾在電梯關門前走出電梯，和安索波洛斯重提一次他想要哈勒戴，即便隊上已經有王牌投手李伊了。

「我們很有興趣完成這筆交易。」艾馬諾說。

安索波洛斯再把布朗和卓百克的名字搬上談判桌，費城人隊還是不同意。安索波洛斯試著和洛杉磯天使隊、芝加哥白襪隊和坦帕灣光芒隊交涉，不過都做了白工。哈勒戴堅持他只想去費城人隊或是洋基隊，這兩隊都有機會衝擊世界大賽，而且春訓基地離他在坦帕的家不遠。費城人最近兩年都拿下國家聯盟冠軍，還有二〇〇八年的世界大賽冠軍，費城人隊的春訓基地在清水市（Clearwater），離藍鳥隊在但尼丁市的春訓基地只有十五分鐘車程；而洋基隊則是二〇〇九年世界大賽冠軍，他們的春訓基地就在坦帕。

哈勒戴的經紀人葛瑞格·蘭卓（Greg Landry）所屬的經紀公司CAA的合夥人傑夫·貝瑞（Jeff Berry）上ESPN電視台接受記者巴斯特·奧爾尼（Buster Olney）的訪問。貝瑞告訴奧爾尼說：「一旦羅伊到藍鳥隊春訓基地報到後，他就不會同意或是討論任何交易的可能性，避免再次發生二〇〇九年的情況，當時媒體的追逐造成他和隊友很困擾。他不去談論交易相關的事情，才可以心無旁騖地維持高檔的投球表現，這也是藍鳥隊球迷所期望的。」

這次電視訪談傳遞了一個清楚的訊息給藍鳥隊總經理安索波洛斯：別管白襪隊和天使隊了，跟費城人和洋基隊好好坐下來談吧。如果交易沒有成真，哈勒戴將會在二〇一〇年球季結束後離開多倫多，而藍鳥隊只會拿到選秀補償順位而已。

貝瑞說：「這是千真萬確的，可不是放個風聲而已。藍鳥隊知道羅伊不會騙人。我記得有次我去他家拜訪，討論交易的策略。我進到他家，走上樓，經過賽揚獎獎座和明星賽球衣，而羅伊穿著牛仔褲和牛仔靴，活得很自在而且平靜。他說他想了很多，他想去的只有兩支球隊。」

然後就到了冬季會議的時間。當時有傳聞說坦帕灣光芒隊要將外野手B．J．厄普頓、新秀韋德．戴維斯（Wade Davis）與戴斯蒙．傑寧斯（Desmond Jennings）交易到多倫多，換來哈勒戴。艾馬諾親自詢問安索波洛斯傳聞是不是真的，安索波洛斯沒有回應。

「這根本不可能發生。」安索波洛斯說。「每次我提到其他球隊，都得到哈勒戴直接的回絕，我可以接受他的回應。我不會怪哈勒戴握有不可交易條款，但是這也不是我所簽的條款，我們現在處在一個難為的局面。哈勒戴也說了：『我要離開，你們說什麼都沒用，我也跟外界說過很多次了，我不會接受延長合約，你給我全世界的錢也沒用，我需要冠軍，我想要贏得冠軍。』我在交易換來的包裹與兩個選秀補償順位中間做選擇，換言之，包裹一定要比兩個選秀補償順位還好才行。」

安索波洛斯想要卓百克、布朗、荀思和德納德，基本上跟七月的提案差不多，只是把哈普換成德納德。費城人同意把卓百克放進交易包裹中，事情開始有些進展，而費城人以防萬一，同時也在進行B計畫，要和李伊簽下延長合約，但是球隊和李伊當時的關係並沒有很融洽。李伊身為季中才被交易到另一隊的球員，同時還在複數年合約的保障下，可以要求球隊將他交易出去。在季中交易完成後，李伊的經紀人達瑞科・布朗奈克（Darek Braunecker）曾和費城人隊球團表示，為了展現善意，他們在球季結束後不會要求交易，但後來李伊陣營反悔了。

「那件事惹毛了我們。」達瑞科・布朗奈克說。

藍鳥隊又提出了另一個提案：卓百克、德納德、泰勒和喬・布萊頓（Joe Blanton）。這個包裹對費城人隊來說更可以接受，不過他們並不想交易掉布萊頓。布萊頓在二〇〇九年先發三十一場，繳出十二勝八敗，防禦率四點零五的成績，雖然不是像哈勒戴、李伊和漢默斯有前段輪值投手的實力，但他每五天就能給你六局的投球表現，還是很有價值的。

「我看布萊頓還滿能投的。」艾馬諾說。

費城人隊成功說服藍鳥隊不要把布萊頓包進包裹中，改成卓百克、德納德和麥可・泰勒，而藍鳥隊只出哈勒戴一人。

交易最困難的部分來了。費城人隊必須完成三件事情才能拍板定案：第一，哈勒戴必須要同意簽下延長合約；第二，他要通過體檢；第三，費城人必須交易掉李伊。費城人隊總裁蒙哥馬利告訴艾馬諾必須要把一些球員交易走，好充實小聯盟農場戰力。而李伊擁有絕佳的實力，二〇一〇年的薪水又只有九百萬美金，自然是很誘人的交易目標。

「我真的不想把李伊交易走。」艾馬諾說。「但這是談判的一部分。如果你要從農場中交易出去一些新秀，你最好要再把洞給補回去，並不是說我們不想要李伊在我們隊上，也不是我們不想要宇宙等級的先發輪值，而是必須給某些高層交代。」

此時哈勒戴和布蘭蒂正在佛羅里達州，和兩個小孩正從碼頭上登船。他們點了披薩，看電影配自己做的爆米花。他們聊著未來，聊之後要去費城人隊還是洋基隊，如果都去不了的話，去芝加哥白襪隊也許也可以。二〇〇八年白襪隊才贏得美國聯盟中區冠軍，而二〇〇九年卻輸了八十三場比賽。但他們喜歡芝加哥這座城市，布蘭蒂高中就在芝加哥唸書，在那邊也認識一些人。這樣行得通嗎？他們覺得沒問題，在白襪隊打個一年，然後再投入自由球員市場，再來選擇要去哪一隊。

「差不多那時候開始接受過渡期的想法了。」布蘭蒂說。

哈勒戴夫婦決定打給經紀人蘭卓，通知他願意接受被交易到芝加哥的消息。而哈勒戴的電話卻先響了，藍鳥隊和費城人隊達成協議，他們有七十二小時的時間去決定是否接受延長合約。哈勒戴夫婦飛到費城，經紀人團隊蘭卓、貝瑞和CAA經紀公司合夥人布羅迪・范・瓦格納（Brodie Van Wagenen）也出席了。

「我們降落之後，他們在機尾安排一台黑色轎車接我們，直接從停機坪離開機場。」布蘭蒂說。「我當時想說『這是中情局嗎？還是什麼神秘單位？』」

哈勒戴夫婦在費城市中心的麗思卡爾頓飯店下車，然後直接入住房間，兩天都沒有出來。如果有任何人打電話到飯店要找他，他們恐怕都會撲空，因為哈勒戴常用假名「吉姆・那斯」（Jim Nasium）登記入住。藍卓、貝瑞和范瓦格納三人在飯店與費城人隊主場市民銀行球場來回跑，和艾馬諾及普洛伊弗洛克在總經理辦公室旁的會議室開會。他們協商大約一小時，然後再回到旅館跟哈勒戴報告。兩天內他們來回大概跑了四趟之多。

CAA希望哈勒戴同意簽下費城人隊開出的延長合約，而這份合約得跟任何他在二〇一〇年自由市場可能拿到價碼相近。哈勒戴陣營開出的條件是五年九千萬美金（也就是平均每年一千八百萬美金），而當時二〇一〇年，哈勒戴的年薪是一千五百七十五萬美金，費城人隊拒絕了這個提案。首先，這不是簽下自由球員的情況；再來，費城人隊有一個規定是不能開給投手超過三年的合約。因此艾馬諾反提了三年五千四百萬的合約提案，遭到CAA拒絕。

范・瓦格納後來在二〇一九年離開CAA成為紐約大都會隊的總經理，他後來表示：「談判上有些點無法突破。從經紀人的角度來看，你希望幫助球員和他的家庭，但現在我從球隊談判的角度來看，你想要那個特定的球員，你希望那位球員成為你球隊光輝歷史的一部分，但你其實並無法預測。當談判時，每個人都希望有好的結局，但如果沒有共識，你也不會想得那麼遠。最重要的是，從經紀人的角度來看，如果雙方都想要成交，我一直認為是經紀人的責任來促使這件事能夠發生。」

談判陷入僵局，費城人隊這邊也悲觀了起來。普洛伊弗洛克建議艾馬諾和經紀人布朗奈克聯絡，談談李伊的延長合約。哈勒戴也感覺到談判處於停滯狀態，他告訴經紀人不要堅持合約長度，盡可能促使交易完成。

「當超級巨星指定要成交，你就會使命必達。」貝瑞說。

艾馬諾也作出讓步，延長合約改成三年六千萬美金，平均年薪加碼到二千萬美金。哈勒戴點頭，也通過了體檢。費城人隊立即和西雅圖水手隊達成協議，將李伊送到西雅圖，換來菲利浦・奧芒特（Phillippe Aumont）、泰森・吉里斯（Tyson Gillies）和J・C・拉米瑞茲（J.C. Ramírez）。事後看這筆交易對費城人隊來說很失敗：奧芒特生涯在大聯盟出賽四十六場，防禦率六點八零；吉里斯從未站上大聯盟舞台；而J・C・拉米瑞茲在二〇一三年到二〇一九年期間，效力過大聯盟五支球隊，出賽一百四十二場，防禦率四點七一。*

「我唯一後悔的是沒有在適當的時間完成交易。」艾馬諾說。「當時我覺得如果哈勒戴交易告吹，球迷會很難接受。那又會問為什麼你又要把李伊給交易掉，所以我們得讓這筆交易看起來像

---

* J・C・拉米瑞茲曾在二〇二一年效力中華職棒富邦悍將隊，登錄為「傑斯」。

是三方交易。」

交易完成後，對於安索波洛斯來說五味雜陳：「羅伊鞠躬盡瘁了。只要他需要做什麼，他就會不停嘗試。對我來說，我回想，當時手上有巔峰時期的羅伊．哈勒戴和卡洛斯．迪爾加多這兩位球員，我們從來沒有進過季後賽。我覺得很不好意思，當你想到哈勒戴生涯最輝煌的時刻，他穿著費城人隊的球衣。這不是他的錯，我們沒有給他季後賽舞台的機會。當你想到他們的成就時，你會想到你同時擁有這些球員有多麼難得。我很高興他終於有機會在季後賽投球，希望他生涯巔峰時期更長，他得到在更重要的舞台上表現的機會，而且宰制了比賽，有機會讓大家看看他到底有強。」

十二月十六日，哈勒戴在市民銀行球場戴上費城人隊球帽，穿上費城人隊球衣，臉上露出微笑。

「這才是我想來的地方。」他說。

第十四章　費城人

李奇・杜比在佛羅里達州清水市春訓基地第一次見到哈勒戴之前，他想了很多問題可以問哈勒戴。說實在的，一位投手教練能問當今最強的投手什麼問題呢？

「我能幫你什麼？」

杜比心想這或許就是最好的開場白。

「好吧，你想要我怎麼幫你？」他說。「有什麼是你之前做不到，而我可以幫助你達到的？」

「我沒有一顆高進壘角度的速球。」哈勒戴說。

「然後我也不太會投變速球。」

杜比這下有個底了。他們開始拆解起當哈勒戴嘗試投高角度速球時的思考過程，討論之前嘗試丟變速球的經驗。哈勒戴自己粗估，之前任何一個球季都大概沒有投超過五十顆變速球。不過統計資料顯示，在二〇〇六年到二〇〇八年這段期間，他一年大概會投一百到一百五十顆變速球。杜比提到費城人隊的右投手凱爾・坎卓克（Kyle Kendrick）投指叉變速球投得不錯，他把手指分散在棒球縫線最靠近的那一側，出手的時候保持手指和手腕放鬆。坎卓克之所以學投變速球，是因為他在生涯早期只有一種擅長球路，他需要慢速的球種搭配速球。當然，哈勒戴已經有三種頂級水準的球路了，他只是需要第四種而已。

「好啊，等我開始丟球就來試試看。」哈勒戴說。

二〇一〇年春訓開始時，哈勒戴就嘗試用杜比教的變速球握法，剛開始練習時，球位移的距離不大，所以杜比要哈勒戴的右手食指多施加一些壓力在球上。

哈勒戴練習了幾天就深深地愛上變速球。

「嘿，你看我可以做到這樣了。」哈勒戴說。

「大夫，你還沒從投手丘上丟過欸。」杜比回應。

「沒有喔，我是告訴你我之後可以做到這樣。」

「手指不用握那麼深。」哈勒戴接受《紐約時報》記者泰勒・凱普納時說到。「隊友荷西・康崔拉斯（Jose Contreas）*握得很深，但我就是輕鬆地握，投出去的時候往下拉這樣。我到這裡開始練牛棚大概兩三次，突然就……」

球完美急墜。

「看起來很像羅傑・克萊門斯在生涯晚期的變速球軌跡。」哈勒戴說。「我想他應該握得比較深一點。我記得他是在紐約洋基隊時期才開始投這顆變速球，我不記得他在多倫多藍鳥隊的時候有丟很多變速球，所以我也比較晚開始學變速球，一直到這裡才開始丟比較多，在第三次牛棚練習就收到效果了。我在球季時開始用在實戰，感覺很快就回來了。在我年輕的時候常常抓不到感覺，現在我有更多犯錯空間，因為我知道我有至少兩種球路可以搶好球，如果狀況不錯的話，我甚至有三種，這樣投起來就更有優勢了。」

至於嘗試丟高進壘角度速球這件事，哈勒戴很快就放棄了。春訓初期的某場比賽他嘗試投了一顆，結果投到打者腰帶高，被掃成二壘安打。

「我不玩了。」哈勒戴回到休息區的時候說。「不要再試高進壘角度速球了。」

杜比在一旁笑了。哈勒戴很擅長把球壓在好球帶偏低的位置，控制在邊邊角角的地方，特別是他如果把第四種球路投出來的話，就足以混淆和解決打者了。他根本不需要靠高角度速球。

即便是像費城人隊這樣近期戰績出色的球隊，在二〇〇八年贏得世界大賽冠軍，二〇〇九年又贏得國家聯盟冠軍，但因為哈勒戴加入，還是在春訓營造成轟動。哈勒戴在眾星雲集的費城人隊休息室仍有一席之地，大家都好奇他的事蹟到底是不是真的。費城人隊二壘手切斯．阿特利每天早上都很早到球場，第一天來到春訓營時，走進休息室看到哈勒戴全身已經被汗水浸濕。

「你來的時候外面有下雨嗎？」阿特利裝酷地問。

---

* 荷西．康崔拉斯曾在二〇一五年效力過中華職棒中信兄弟隊，登錄為「康崔拉斯」。

「沒有啊。」哈勒戴笑出來，被阿特利的幽默感戳中笑點。「我剛訓練完。」

在多倫多的時候，大家都知道哈勒戴會在早上訓練，但在加拿大打球其實不太受到關注，跟美國西岸球隊一樣，東岸球隊受到的關注總是比較多。前美國總統小布希（George W. Bush）曾經是德州遊騎兵隊的老闆，在二〇〇八年一次接受《政客》（Politico）採訪時，提到如果打造一支球隊的話會優先找哪一位投手和野手。

「多倫多藍鳥隊的羅伊・哈勒戴，他是一位很強的投手。」小布希說。「他很穩，也很能吃局數。」

多倫多藍鳥隊的⋯羅伊・哈勒戴⋯

喔，那個哈勒戴喔。

持平地說，對於加拿大人來說或許很容易就知道是哪位吧。而小布希則是選了費城人隊的阿特利作為他建隊野手的第一人選。

「滿酷的啊。」哈勒戴聽到小布希的稱讚。「被任何國家的元首稱讚，都很酷啊。」

是啊，因為這很常發生嘛。

坎卓克不用透過前總統就知道哈勒戴是誰，他在哈勒戴來之前就覺得兩人很有緣。二〇〇七年六月，坎卓克從費城人隊二A層級的雷丁市球隊被叫上大聯盟，當時費城人很需要先發投手。他那年先發二十場，投出十勝四敗，防禦率三點八七的成績，幫助費城人隊拿下自一九九三年以來第一次國家聯盟東區冠軍。坎卓克主要投伸卡球，但二〇〇八年他遭遇低潮，投出十一勝九敗，防禦率五點四九的成績，而且還沒被排進季後賽名單裡。二〇〇九年開季時，他從三A出發，當時他知道哈勒戴在但尼丁市的故事，心想或許哈勒戴能幫上忙。

「你都幾點到球場？」坎卓克某天早上問。

「差不多五點半或五點四十五分。」哈勒戴說。

「好喔，那我可以一起跟你訓練嗎？」坎卓克說。

「當然，沒問題。早點到就是了。」哈勒戴說。

坎卓克的確很早到，有幾次他比哈勒戴還早就到球場了，這讓哈勒戴有點不開心，於是開始更早到球場。

「你不可能比我早到的。」哈勒戴說。他可是認真的，沒有在開玩笑。

「其實早到不是重點啦。」坎卓克解釋說。「重要的是我可以在他身邊學習，就只有我們兩個人，我可以從他的腦袋裡挖東西，聊聊棒球，還有看他在場上的訓練，是很特別的經驗，和他一起訓練令我感到興奮。他一開始並不太多話，也不外向，但是他很享受那段時光，我們聊到被球隊下放的經驗，也聊投球技術。」

「羅伊身材高大，而且面對打者時很積極地搶第一顆好球。他總是投好球，把球投在邊邊角角。我想『羅伊，照你這樣做太難了，你看看你的球威、時速九十五英里的速球，而且還那麼有尾勁。我的球速只有時速八十八到九十英里，你居然還要我積極進攻打者？』他大笑，『你要拿出你的實力啊！』但他是對的，身為投手就是要挑戰打者。當我年輕的時候，我不太相信自己的球威，我應該要的，那其實不容易。當你有像羅伊那麼強的時候，你當然會相信自己。我雖然有大聯盟實力，但只是普通而已，我不是球隊王牌或是賽揚獎等級的投手。他說得容易，相信你的實力、積極進攻、觀察打者的揮棒和反應。」

費城人隊球隊上下都從哈勒戴身上學到不少，哈勒戴也向隊友們討教，這樣互惠的交流也發生在費城人隊的訓練室裡，球隊的肌力與體能教練連展東*在之前就聽過哈勒戴的威名。連展東從小在加拿大的溫尼伯（Winnipeg）和曼尼托巴（Manitoba）長大，唸的也是曼尼托巴大學（University of Manitoba），二〇〇三年大學畢業。連展東和杜比一樣，在春訓開始前就和哈勒戴見到面了，哈勒戴手上拿著一本超厚的資料夾走進訓練室，裡面滿滿都是他從好幾年前開始，在藍鳥隊訓練時的筆記，連展東從來沒看過這樣的東西。

「我對他的筆記印象很深刻，那疊筆記告訴我持續地記錄有多麼重要。」連展東說。「你每次上場表現如何？是因為什麼原因造成的？把所有東西都記下來。這些都是事前準備功課，他比絕大多數人都做得更好。」

連展東要哈勒戴持續他的規律訓練，但他想要做點微調。

「如果我們要增加或是刪減的話，我們會循序漸進。」連展東因此調整他的日常作息，好讓自己可以比哈勒戴更早到球場，而且還得有人幫他開門。即便如此，哈勒戴還是比他早到。

「我很早起，我等不及就直接過來球場了。」哈勒戴說。

「現在回想起來，他為了有非凡的成就，那時的心態和專注度，讓我學到很多。最重要的就是要能承擔責任。」連展東說。

哈勒戴認為自己最重要的責任就是多吃局數，即便當天他的狀況不好也一樣。春訓開始時，連展東看著哈勒戴為了例行賽做準備，哈勒戴在第一次牛棚投球練習時，在間隔時間衝刺，原本間隔時間是用來模擬局與局中間的休息，讓投手準備的，而哈勒戴卻用來衝刺。

「大夫，跑得如何？」連展東問。

「我想要模擬我在球季中雙腿的狀況。」哈勒戴說。

事實上，哈勒戴把自己的腳操到像果凍一樣軟啪啪，這樣他才知道球季中的感覺。

「這是一種心態。」連展東說。「他根據許多次春訓得到的經驗，也了解自己的身體，他清楚地知道在球季中他的雙腳會是怎樣的狀態，所以他要在春訓中試驗看看，在那樣的情況下投球，

---

* 加拿大華裔。

看身體能不能夠負荷，心理狀態能不能承受。況且這還只是一般的投球間隔練習而已。」

費城人隊的首席防護員史考特・謝里丹（Scott Sheridan）也和杜比、連展東一樣，都經歷相同的過程。他在春訓營開始之前就和哈勒戴見面敘舊，他們也制定未來的計劃。謝里丹根據哈勒戴的健檢報告，給了一些意見，他發現哈勒戴的肩膀後面有一些改變，越來越沒力，考量到他的年齡和使用量，這其實沒有什麼特別的，不過謝里丹還是打算讓哈勒戴的肩膀保持強壯。

「結果他滿能接受的。」謝里丹說。「我以為他的反應會是『你們搞什麼啊？我是賽揚獎得主欸，用不著你們來教我怎麼做才對吧？』但他其實保持開放的態度，讓我們跟他溝通，我想他滿感激我們願意和他聊聊。有些人不太敢接近羅伊，對吧？就連投手教練都可能害怕惹怒他。我很深刻地記得那些要求他改變的時候，他都很能接受，我從來不需要跟他說：『嘿，我們為什麼不這樣做試試看？』他反而都是『你說我需要做，我就做！』」

「他總是知道每年某個時間點他的狀態，他會告訴你：『嘿，在五月的時候我的狀況會是這樣，我這裡會開始感覺到異狀。』他大概知道他的身體在一年差不多一百八十場比賽的過程中會如何反應。他懂得如何調節身體，我不知道其他人能不能像他一樣那麼了解自己。我不禁開始想，我們能不能讓其他人也跟著他一起做，去了解這樣做的價值。像是坎卓克就開始接受了，慢慢地一個傳一個，球員開始聽說羅伊・哈勒戴的訓練思維，也會去試著了解，連小聯盟的球員也會開始好奇，來問大聯盟的防護員：『他到底是怎麼訓練的？』他們真的想多了解，像是『他真的這麼早到嗎？』真的，就是那些問題。我想因為哈勒戴的行為甚至改變了球隊文化，或是某些小聯盟球員。」

哈勒戴很快地就適應春訓營、他的隊友還有新環境。他的隊友們背負著外界對於世界大賽的期待，他樂於接受這樣的期待，這正是他來的原因，不是嗎？

「對我來說，人們對你的期待是壓力的來源。」他說。

哈勒戴被問到關於季後賽英雄克里夫．李伊和紐約大都會隊王牌尤漢．山塔納的問題，山塔納自封是國家聯盟東區目前最強的投手。哈勒戴能比李伊強嗎？他知道自己需要比李伊還強嗎？李伊在二〇〇九年的季後賽表現神勇，而費城人隊為了清出空間給哈勒戴，把李伊交易到西雅圖水手隊。如果哈勒戴把費城人隊帶進季後賽，他必須表現得比李伊還出色。

「我想大聯盟的生態就是這樣子。」哈勒戴說。「我知道大家都在跟其他球員比較，才能比出個高下，我知道這很常見，常有人拿你跟其他隊的某個球員比較。不過，幸運的是，我完全不在乎。」

那麼，關於山塔納自封國家聯盟東區最強投手呢？

「我想名教頭盧．霍茲（Lou Holtz）曾經說過：『說不如做。』」哈勒戴回答說。「我一直都把這句當成我的人生哲學，我試著盡可能不去想那些排名的事情。」

這句話其實是美國開國元勳班傑明．富蘭克林（Benjamin Franklin）說的，他也是一位費城人。去年十二月，哈勒戴只在費城待了幾天，他也不過穿上費城人隊球衣幾天的時間而已，他還有很多時間去了解這座城市。

四月五日，在國民球場（National Park），早上十點，距離費城人隊對上華盛頓國民隊的球季開幕戰還有三個半小時的時間，費城人隊的捕手卡洛斯・魯伊斯去找哈勒戴，哈勒戴戴著耳機，正在讀他對於國民隊先發打者寫的筆記。魯伊斯說差不多是時候要去找投手教練杜比了，討論下午比賽的進攻策略。由哈勒戴主導討論，就像他在多倫多的時候一樣。他告訴魯伊斯他想怎麼做，魯伊斯只需要記下來而已。而魯伊斯做得很好，哈勒戴主投七局只丟一分，球隊以十一比一贏球。

整場比賽他沒有對魯伊斯搖過一次頭。

「一次都沒有。」魯伊斯說。

哈勒戴和魯伊斯在春訓時培養出了默契。有次哈勒戴被安排去坦帕投一場面對紐約洋基隊小聯盟的比賽，魯伊斯說可以載他一程，哈勒戴說好。

「我想讓你知道，我很在乎你的表現。」魯伊斯說。「我希望你成功，比我希望我自己成功還看得更重。」

哈勒戴心裡知道，他找到對的搭檔了。

「我們都知道他不會讓我失望。」哈勒戴說。「我也不想讓他失望，我們之間的信任感越來越強。有幾次總教練查理・曼紐爾走出休息區，準備上投手丘，魯伊斯會說：『別讓他把你換下場。』查理會上丘問我：『你現在感覺怎樣？』我說：『查理，別把我換下場。』然後查理就會轉身走回休息區，魯伊斯也會回到本壘後方。『幹得好，加油，我們來穩穩拿下這場比賽。』他很能夠激勵人心，我感覺他似乎是球隊裡唯一一個跟我目標一致的人，這在其他球隊並不常見。」

「我也相信其他人，但從來沒有一個人像魯伊斯一樣，和我在許多層面上目標一致。奇怪的是，跟其他捕手相比，其他捕手都會堅持我們討論的比賽策略，整場比賽都不會變，而魯伊斯大概在四五局時，就會開始改變策略，對手就會開始困惑。大多數和我搭配的比賽，他這時會開始主導配球，他知道那天我什麼球路比較有信心，然後做一些在牛棚練習時沒有執行過的策略，而我相信他的判斷。有些時候我甚至認為我們不需要暗號，因為想法完全一致，有時候我會想出其不意，結果他居然比出我心中所想的暗號，太誇張了，這可能是我第一次想到這樣的配球。其他捕手就是跟著計劃的比賽策略走，而魯伊斯是跟著計劃，但也會加入一點創意，這就是他和其他捕手不一樣的地方。」

四月十一日，哈勒戴在客場美粒果球場（Minute Maid Park）面對休士頓太空人隊，他投完第八局，用了一百零二球。

回到休息區時，總教練曼紐爾說：「好了。」明示哈勒戴今天的工作到此為止。

哈勒戴走過曼紐爾身邊，看著他的眼睛說：「我要拼完投。」最後他只投九顆球就結束第九局下半。費城人隊以二比一打敗太空人隊。

「好，我懂了。」曼紐爾說。

「像這種時刻，你會感覺到一代名投手原來離我們這麼近。」費城人隊後援投手查德・德賓（Chad Durbin）說。「像我這樣投第六局或第七局的中繼投手，當他上場的那一天，除非打到延長賽，我就會知道今天大概不用上場了。我知道這樣的心態並不對，但他就是這麼強，很少看到他撐不過七局或八局，他就是強。」

四月十六日，哈勒戴面對佛羅里達馬林魚隊，投八局只失兩分，拿下勝投，那場比賽是他在費城人隊主場的初登板。四月二十一日，他完封了亞特蘭大勇士隊，曼紐爾讓已經投了一百零一球的哈勒戴續投第九局，從沒想過要把他換下來。

「牛棚完全沒有人在熱身。大家都在吃花生。」曼紐爾說。「根本不需要打電話到牛棚，只需要語音留言功能就好了。」

在費城人隊的頭九場先發，哈勒戴繳出六勝二敗，防禦率一點六四的成績。五月一日，他完封了紐約大都會隊，在六場先發中第二度完封勝；五月十八日，他面對匹茲堡海盜隊吞下完投敗，他投一百三十二球，只失掉兩分，這是他整個職業生涯第二高的單場用球數。哈勒戴生涯首次連續四場先發都至少投一百一十八球，不過他完全不擔心。

「我懂得如何在沒有投球的日子去做調整。」哈勒戴說。「如果我前一場先發投得比較多，我就會在牛棚日少丟一點。你得了解自己的身體，知道什麼時候要節制一點。」

在連續四場偏高的用球數之後，哈勒戴投出在費城人隊生涯最糟的比賽。五月二十三日，在主場市民銀行球場，面對波士頓紅襪隊，他投五又三分之二局，失掉七分，同時中斷他連續十七場先發都至少丟滿六局的紀錄。這也是他第二次在投滿至少五局，卻只投出一次三振的比賽。上一次是二〇〇九年八月十九日，也是面對波士頓紅襪隊。

輸球其實不完全是哈勒戴的錯。費城人隊三壘手葛瑞格．道布斯（Greg Dobbs）在四局上滿壘危機時，處理一顆滾地球，眼看可以形成雙殺打，形成三出局，結果他讓球火車過山洞，紅襪隊添得兩分。

「我就剛好沒接到。」道布斯說。「他投得很好，我讓他失望了。」

哈勒戴在六局上再失掉四分，然後被換下來。很自然地，賽後記者的提問都圍繞在他最近的投球量，會不會是讓他表現不好的原因？

「完全不是。」總教練曼紐爾說。

哈勒戴被問到同樣問題的時候也很生氣，他通常在賽後回答問題的時候都是四平八穩，但這次不同。

「很明顯地，我之前有幾場比賽投得還不錯。」哈勒戴挖苦地說。「重點是我從輸球中學到什麼，我覺得今天我們其實離勝利不遠，但這就是比賽，失誤會發生，我很確定未來我職業生涯還會遇到這樣的情形。」

哈勒戴覺得輸球是自己的責任。在他被換下場時，他背對休息室的攝影機，看著總教練曼紐爾的眼睛說：「都是我的錯。」

第十五章 投一休四

五月二十三日的比賽，哈勒戴被換下場，從休息區走進防護員室，準備開始做賽後的手臂保養。即便他輸球，他也從來不會跳過這個步驟，不然他會覺得沒有為下次先發做足夠的準備。

費城人隊首席防護員謝里丹已經在那邊等他了。通常哈勒戴走進來的時候都會是滿臉漲紅，因為他已經在場上把自己逼到極限。哈勒戴躺在按摩床上，等待謝里丹治療他的手臂。

「如果他吞敗，那處理起來就會很痛苦。」謝里丹說。「你不能和他說話，你也不知道該說什麼。你總不能說『輸球感覺真糟』吧。像是克里夫．李伊來治療的時候，就可以說點好笑的，像是『你今晚爛透了』這種，或是坎卓克就會進來鬧他。羅伊進來就是乖乖做該做的事情，你可以看到他還在想剛剛場上發生的事情，腦袋還在一直思考。」

有時候謝里丹會問：「我們還是做十下嗎？」除此之外就沒別的了。哈勒戴並不是想要表現得很難搞的樣子，但像是對上紅襪隊那場慘敗之後，他整個人沒力了。謝里丹處理完療程，哈勒戴起身，再去拿著手腕加重袋和彈力繩完成他該做的訓練課表。

「什麼事都無法阻擋他去完成課表。」謝里丹說。「有些先發投手就是放鬆，還有四天可以去準備下次先發，沒什麼大不了的。但其實這樣個循環像是永遠都不會停止，沒有一個時間點可以停下來，你必須不斷地苦練才行。」

哈勒戴還會找球隊的肌力與體能統籌連展東看一下，如果那場先發表現不錯的話，連展東可能會問：「今晚覺得如何？」哈勒戴可能會回答他覺得不錯，或是投到一半的時候腳有點累，這樣一來他們就可以為下一次先發來加強。這樣的對話都很多，如果吞敗的話，甚至連一句話都不會說。

「在春訓時，一旦你開始跟他共事，每次他上場投球之後，你會知道他的習慣。」連展東說。「如果他心情很差，我會隔天或是看他之後的心情再跟他說話。他很看重每次先發，而且他不喜歡輸的感覺。如果贏球，他把功勞歸給球隊；如果輸球，他會承擔起責任，因為他讓球隊失望了，即便很多事情是他無法控制的，他還是會完全扛下來。」

費城人隊負責影片的經理凱文·坎米斯歐利（Kevin Camiscioli）都會把下次先發會面對到的打者影片，用電子郵件傳給哈勒戴看。他也會把影片下載到哈勒戴的 iPad。坎米斯歐利從來都不知道哈勒戴什麼時候看這些他寫的筆記和影片，他每次都直接傳給哈勒戴，所以從沒過問。

「我差不多是在比賽結束的瞬間就寄出去。」坎米斯歐利說。「其實也滿有趣的，知道他個性的人就知道，他退場之後就在為下次先發做準備了。」

哈勒戴在五月二十九日先發面對馬林魚隊之前，有多一天的休息日，但是他已經習慣了投一休四的節奏，球隊裡每個人也都很清楚。

「就像是時鐘在走一樣。」費城人隊中外野手謝恩．維克托里諾說。「我知道他先發隔天中午十二點三十八分三十秒會在哪裡，不管我們在主場還是客場，他一定會在訓練室吃他的課表。」

第一天

「這天操到爆。」連展東說。

其實跟哈勒戴在藍鳥隊時的份量差不多。哈勒戴大概十二點到一點鐘到球場，然後開始跑步，但不是像之前和唐納文．桑塔斯一起跑那樣了，哈勒戴年紀變大了，他要用不同的方式來訓練身體，因為連展東之前建議他要把跑步的頻率、距離和跑的時間長度減少一些。哈勒戴也帶著連展東一起路跑，他很想帶連展東看一下之前在多倫多跑的路線。有一天，他們沿著舊金山的港灣一起跑，往回跑快要到球場時，有個跑者嚇了哈勒戴一跳，然後全力衝刺超車。

「那次惹到哈勒戴了。」連展東說。

哈勒戴拔腿狂奔要追上他。

「就像是獵物一樣，死命地要追到他。」連展東說。

哈勒戴跟過去一樣，他也跑球場的階梯和走廊。他告訴連展東，羅傑．克萊門斯在比賽日沿著球場走廊衝刺。有的時候哈勒戴會騎腳踏車或是踩滑步機，看他心情而定。他們還加入了飛盤到訓練課表，在球場上指定一個點，然後計算有多少次他們準確擊中目標，就像打高爾夫球。他們邊跑邊丟飛盤，每次訓練大概是三十到四十分鐘。

「總是要比個輸贏啦。」連展東說。「他常說：『你覺得從我們球場最高的地方丟飛盤，能從這一頭丟到另一頭嗎？』我們就會試著去玩，讓訓練不至於太無聊，但還是有達到訓練的效果。如果他覺得不夠，他會出去跑步。如果不想丟飛盤，他就會說：『嘿，我今天想要跑步。』或是『我想要騎飛輪，要減一點訓練量。』端看怎樣最適合去準備下一次先發。」

哈勒戴也做重量訓練，一開始是照著他在多倫多藍鳥隊時期寫的筆記來做，根據他的狀態來設計訓練課表和組數，如果他覺得還可以繼續做或是太累，他就會調整，改做一些核心肌群的訓練。

哈勒戴之所以在春訓和例行賽期間這麼早到球場，是因為他比較喜歡獨自訓練，他想要整間空蕩蕩的訓練室，這樣他就不用排隊等，也不用和別人交談。

「他想要扎實地做訓練。」連展東說。

謝里丹也會讓哈勒戴參與「第一天」的訓練。他們會做肩膀伸展、徒手治療和軟組織相關治療。哈勒戴會使用訓練棒（Bodyblade），透過振盪來強化肩膀的旋轉肌群；他也會用握球練習來強化他的前臂，把球從不同的位置落下然後接住；他也會用短木棒來訓練前臂。這些訓練都用來幫助他的肩膀、前臂、手腕和其他部位。

哈勒戴在第一天也會長距離傳球，好讓他的手臂可以放鬆。

第二天

哈勒戴會進行牛棚投球。如果是晚上七點開打的比賽，他大概下午三點半開始長傳熱身，他通常早個十分鐘到十五分鐘就會在場上運動了。

哈勒戴的牛棚訓練讓費城人隊投手教練李奇．杜比感到很驚艷。哈勒戴能夠精準地重複他的投球動作，就像外科醫師做手術一樣。哈勒戴的腳在投手板的位置，和投球時左腳踏出去的落點，每次都一模一樣。

「他的釘鞋腳印只有一個，就是這麼精準。」杜比說。「大多數投手可能會差個幾寸，然後腳落地時也差一些。當他進入狀況，節奏投得很順的時候，他的腳印都很一致，你甚至用牙刷來掃就夠了，真的。你用牙刷整平紅土就好，用不到耙子。」

面對紅襪隊的那場比賽，哈勒戴腳離開投手板所花的時間太長，讓他的節奏亂掉。他喜歡把重心放在右腳上，但當他退腳退得太多時，所有的動作都跟著位移了，他的肩膀也往後、頭也往後，他失去原來的平衡。費城人隊的隊友傑米．莫伊爾注意到了問題，於是杜比和哈勒戴對症下藥。

不過通常哈勒戴都會自己解決問題。

「他最好的投手教練就是他自己。」杜比說。「他對自己很了解，他從自己身上學到很多，他懂得覺察身體的狀態。他能夠知道哪裡不太對勁，然後把它矯正回來。看他熱身是很困難的一件事情，因為你要注意他的動作和位置。有時候，因為他都做到完美無瑕，我甚至感覺被催眠了，只能傻傻地看著他在投球，在一旁驚嘆連連。」

費城人隊牛棚教練米克．比爾麥爾（Mick Billmeyer）負責接哈勒戴的球，他有時候會在本壘板後面睡著，因為哈勒戴的球每次都準確進到他手套擺的位置。這接捕工作太簡單了。

哈勒戴從揮臂式投球的方式開始牛棚投球，先把伸卡球丟到好球帶兩側，再來是卡特球和變速球，也都丟在好球帶兩側，然後再開始丟曲球，有時候他會跳過丟變化球的部分，減少前臂的負擔。再來用固定式的方式投球，一樣把伸卡球、卡特球和變速球丟在好球帶兩側。最後用揮臂式投伸卡球，先丟在右打者外角一顆，再內角一顆。

收工。

「優秀的球員都會建立起自己的規律。」杜比說。「年輕的投手如果沒辦法把速球投在特定的位置，可能就會慌了，大夫總是不慌不忙，他知道自己會找回手感，他會想辦法找到。」

如果哈勒戴前一次先發投了很多球，或是連續兩三場比較長的先發，他可能就會選擇跳過牛棚日，只在平地上傳接球。

「這幾乎是投手教練的美夢。他不只是知道什麼時候該做什麼事情，他還清楚地知道身體的感受。」杜比說。「如果他覺得『還可以，我少投一點，雖然我現在狀態正好，我可以保留一些彈藥，我不需要在投了幾場大戰之後投牛棚繼續消耗。』」

投完牛棚之後，哈勒戴還會繼續跑，但跑得比第一天少。他也做上半身的訓練，強度根據牛棚投球的狀況而定，如果感覺不好，他會跳過啞鈴，改做彈力繩訓練。

他做訓練一定要聽音樂，他挑音樂是用年代來分的，看他當天的心情來選。

「今天我想來點…七〇年代的音樂？」他說。

你可以想像哈勒戴在舉重的時候，背景音樂放的是美國搖滾樂團Player的抒情歌《寶貝回來吧》（Baby Come Back）或是英國流行搖滾樂團10cc的《我失戀了》（I'm Not In Love）。

「這兩首可能是世界上最悲傷的情歌，但他不在乎，因為他完全沈浸在自己的訓練中。」連展東說。

第三天

哈勒戴在這天傳接球，然後在外野草皮做敏捷訓練。

「有時候我對場地工作人員感到很抱歉，因為我們把草皮都弄壞了。」連展東說。「但我們還是需要完成訓練。他可是大夫，當今最棒的投手之一呢。」

哈勒戴的敏捷訓練和其他訓練一樣，都是有目的性的。

哈勒戴不只想要把球投好而已，他還希望能提供穩定的守備。連展東和哈勒戴會做階梯訓練，搭配角錐來跑方形敏捷度訓練和五—一〇—五的橫向移動敏捷訓練，他們會混搭著做。連展東會把球用滾的或拋的給哈勒戴，讓哈勒戴在接球時必須要橫移或是改變方向。

「他不斷把自己的身心推向極限。」連展東說。

然後哈勒戴再從界外標竿跑到中外野，跑十次，中間可能搭配飛盤或是其他訓練課表。

「這樣的訓練方式強迫我必須要丟得很準。」連展東說。「如果他要跑一百碼，我一定要傳得很到位，如果沒有，他就要多跑一些，這對我來說很有壓力。」

如果連展東丟得不好，哈勒戴會處罰他做十下伏地挺身。「教練也是要負責的。」連展東說。

再來哈勒戴會用訓練棒和對牆運球做肩膀的訓練。對牆運球是指把球按壓在牆上，然後移動球。費城人隊球團發現，哈勒戴的右肩比左肩稍微低一點，他們希望透過訓練改善這個情況。

哈勒戴這個時候也開始喜歡和其他人聊天，聊家庭、聊飛機、聊釣魚和聊美食。

「他在費城近郊的梅迪亞市（Media）有一個口袋餐廳。」謝里丹說。「溫皮漢堡（Wimpy's），他都會去那邊買漢堡，每個人都有令人興奮的天菜，他的天菜就是溫皮漢堡，他真的很愛。他也很愛玩那些科技產品，像是直升機，他會在訓練室玩遙控超大直升機，把天花板都弄壞了。」

哈勒戴的置物櫃裡總是有遙控直升機或是模型飛機，他常常會在球場裡「搞飛機」。有一次在多倫多，他嘗試同時操作兩架飛機，其中一台他給唐納文．桑塔斯來控制。桑塔斯從沒有玩過遙控飛機。

「我不知道我在幹嘛。」桑塔斯說。

「讓它在空中飛行就好了啊，繞圈圈轉。」哈勒戴說。桑塔斯照著他的話在球場繞圈，但是直升機越飛越高，而球場的開闔屋頂現在是關著的。「大夫，失控了啦，失控了啦！」桑塔斯說。

「轉向，快轉向！快轉！」

桑塔斯的飛機飛到大螢幕前方的柵欄裡，他尷尬地在一群參觀球場的球迷前面把飛機殘骸撿起來，球迷目睹了整個失事過程。另外在費城的某一天，費城人隊休息室經理寇本鮑格和哈勒戴把萊恩．霍華德的薪資單黏在遙控直升機底部，霍華德在二〇一〇年四月才簽了一筆五年一億二千五百萬美金的延長合約，而寇本鮑格喜歡調侃他拿了大約，有次還把支票放在推車裡，假裝重到推不動。哈勒戴把黏著薪資單的遙控直升機飛進休息室的用餐區，降落在霍華德用午餐的桌子旁。

「航空快遞來囉！」霍華德大笑地說。

第四天

哈勒戴做傳接球練習，有時候會找連展東一起。

「其他人在這天的訓練都比較少。」連展東說。「但哈勒戴不想要這樣，他希望可以保持動態，不用很長時間，短短的就好，只是在先發前一天檢查自己的狀態。我們有一張確認清單，如果腳有點緊，就多做一點伸展。另外，也確保他攝取足夠水份，好應付隔天的先發。他在這天補充水分和食物。他教了我很多，當時我們這方面還不太了解，只能說有在注意而已。在先發前一天，我會確認補給營養、補充水分、體能恢復和影片功課都做了。這是我們的準備方式。」

哈勒戴常常待在他的高壓氧治療艙，但第四天他幾乎都待在影片室。大多數時候都是哈勒戴、切斯·阿特利和坎米斯歐利三個人而已。

「後來演變成哈勒戴和阿特利在比賽，盯著螢幕觀察一般人看不出來的細節。」坎米斯歐利說。「他們兩個就像學生一樣，對棒球求知若渴，同時對比賽保持敬意。」

他們通常就是安靜地看，其他人都習以為常。不過有時候其中一個人會發問。

「嘿，切斯。」哈勒戴說。

「什麼事？」

「你覺得怎樣？」

阿特利有種超能力，能抓到投手投球的破綻。他可能在影片室花幾個小時，觀察對方投手投球時的小動作，讓自己和隊友在對決時有點優勢。當他找到破綻時，他會把畫面停格，起身離開影片室。

「我們會從打者的角度來談看投手的小動作，小動作等於是露出破綻給打者。」阿特利說。「我們討論很多，他會從我這裡學到一些，好避免哪些洩漏球路的小動作。」

哈勒戴才剛開始在實戰中投變速球幾個月而已，當他在準備面對馬林魚隊的功課時，阿特利及時發現他的小動作。

「他在放手指的時候，會洩漏出球路。」阿特利說。「他的手套形狀一開始會改變，後來才調整回來。」

「我從沒看過有其他人像他們兩個一樣。」費城人隊右外野手傑森沃斯說。「我待過很多球隊，看過很多隊友，以賽前準備方面來說，沒人比得上羅伊·哈勒戴和切斯·阿特利。他們每天都是全場準備最充足的，你原來想找他們聊天，但想想還是算了，不過只要在影片室，他們話匣子一開，就關不起來了。」

哈勒戴通常會在影片室待上九十分鐘到兩小時，中間休息時間吃個午餐。

「其實沒人知道他去幹嘛。可能去跑個十英里吧？」坎米斯歐利說。

哈勒戴不只在第四天做功課而已，他通常每天研究三名打者，第四天是他最後複習的機會。他在筆記本裡寫下每位打者的資料，而且常常更新重寫。坎米斯歐利後來把他的筆記數位化了。

如果克里斯・卡本特最近對過同一支球隊，哈勒戴也會看卡本特投球的那場影片，因為他們的型態很相近。哈勒戴也會看其他的右投手對戰同樣打者的影片。打者面對投手也會調整，哈勒戴都看得出來這些細節。

「對我來說，這些功課包含當我面對這個打者感到不確定時，我該把速球投在哪個位置？」哈勒戴說。「不是外角就是內角。當我必須要在滿球數投速球的時候，我要投在哪裡才不會挨打？還有我也想知道，對方打者是比較會打曲球還是變速球。其實就是這麼單純而已。我會認真做功課，不會呼嚨自己。我會把對方打者都研究透徹。」

他的筆記非常仔細。以下是哈勒戴在二〇一一年七月八日，在主場市民銀行球場，面對勇士隊前，針對當時還是菜鳥的強打佛萊迪・弗里曼（Freddie Freeman）和布萊恩・麥肯（Brian McCann）做的筆記。

佛萊迪・弗里曼（Freddie Freeman）（左打）

速球：卡特球投在內角高和內角低的位置；伸卡球投在內角邊緣他不會出棒，外角低他會追打，他很會打投進好球帶偏外角的球；走後門的卡特球切到邊邊角角也可以丟。

曲球：在一開始就丟，而且多丟。走後門掉到地板，或是瞄準他的後腳往地板丟去。

變速球：往低角度丟就沒問題，投到中間或外角偏高就會被打。

「他說的是他可以把卡特球投在內角和外角，一開始就投外角曲球，變速球投在外角低。」弗里曼說。「真的很精準，這就是他為什麼成為名人堂球員。他其實可以很輕鬆地說：『喔，他就菜鳥啊，我就順順丟。』他還是會花時間寫筆記，就是他厲害的地方。如果我開始調整，他也會更新他的筆記。」

弗里曼生涯對戰哈勒戴打擊率五成（十六打數八安打），有三發全壘打、九分打點和三次保送，僅僅被三振兩次。二〇一〇年九月二十一日，他生涯面對哈勒戴的第一球就轟出代打全壘打，那是一顆卡特球。那支全壘打也是弗里曼生涯首轟。

「我在他賽揚獎全盛時期那幾年對戰過幾次，但我希望我有機會在他生涯不同時期都能對決到。」弗里曼說。「那應該會很精彩。有幾次我只是求個斷棒安打而已，或是掙扎地偷個保送。他之所以很強，是因為他投每球都很有企圖心。當投手投了一百一十球，大多數的投手就是丟給你打而已，前八十球很有企圖心，剩下三十球就是把球用力去出去而已，沒什麼用處，沒什麼意義。如果他投內角伸卡球，足夠吸引你出棒，如果他投外角變速球，進壘角度是你喜歡的，你會思考『它會偏高嗎？』沒有，他搶到一顆好球，因為你揮棒落空，現在一好球沒有壞球。另外，他的曲球總是投在好球帶或是好球帶偏低的位置。每一球都很有企圖心，這就是他之所以能夠成為一位偉大的投手的原因。」

布萊恩・麥肯（Brian McCann）（左打）

很會算時間的打者。

速球：內角投在腰帶的位置。卡特球投在手部以上，或是往打者後腳投。伸卡球投在外角低，一定要低。走後門的卡特球也可以。伸卡球一定要走在卡特球之後。

曲球：效果很好，投在低角度會讓他追打，在一開始就丟，而且常丟。走後門投在高角度也可以，但盡量壓低。

變速球：外角低，要投開一點。在打者預期速球要來的時候，效果很好。

「他就像鬥牛犬一樣。」麥肯說。「他想在前兩球就要解決你，跟你正面對決，逼你出棒。當你狀態很好的時候，你也只能鎖定內角或外角其中一邊。尤其當他投速球時，你沒辦法照顧內外角，面對他只能用賭的，鎖定一邊就好。」

哈勒戴在飛機上也在做功課。五月二十七日，費城人隊從紐約飛往邁阿密的飛機上，其他隊友都在看電影、玩牌或是睡覺，哈勒戴把兩台iPad和筆記本放在前面的餐桌上，左手邊的iPad上顯示每位打者最近二十個面對右投手的打席，右手邊的則是他自己面對這些打者的近十個打席。這樣兩個螢幕比對，可以讓他看出打者面對右投手最近的改變，還有他最近是如何對付這些打者的。如果上一次打者更靠近本壘板，他就會知道打者有所調整。

「他像在算牌一樣，只是運用在棒球和情蒐上。」查德．德賓說。

哈勒戴和德賓有類似的球路，雖然德賓的球威不及哈勒戴，但他們因為型態類似，所以德賓也會在飛機上從哈勒戴背後偷看他在做什麼。

「還挺有罪惡感的。」德賓說。「我會想：『這些打者我也可能會對到，而且我們投球型態類似，也會聊天，我很喜歡跟他聊天，從他腦袋偷一點東西，像是在打擊練習時站在外野和他聊天。在那些時候他會忘記自己是誰，就是純聊棒球，像是我們可能會討論面對丹尼爾．墨菲（Daniel Murphy）時要投怎樣的卡特球，有些人就只說壓低就好，但他從不會說：『我想我們就丟卡特球對付他。』他會說，要在他腰帶以上兩顆球，好球帶偏高的地方，或是『我希望面對他的時候伸卡球不要掉那麼多，平一點比較好。』然後他就會讓伸卡球平一點，他比其他人更擅長調整，也幫助我很多。我在牛棚會看他練投，讓我知道該如何積極進攻打者。因為我知道他很用功，我對他很有信心。我可能會在他後面問他：『你都怎麼解決這位打者啊？我還沒看他最近十個打數。』他就會回：『我正在看。』然後就一片安靜。」

哈勒戴花了一週的時間，把自己的身心準備好，蓄勢待發，來面對接下來的對手馬林魚隊。

第十六章　完全比賽

哈勒戴從沒想過會成為史上第二十位投出完全比賽的投手，如果他在五月二十九日之前就知道的話，他會請家人從坦帕飛到邁阿密看比賽。

而他告訴大家待在家就好。

「沒什麼道理要來啊。」哈勒戴跟布蘭蒂說。「球場那麼爛，根本沒人，小朋友也沒地方去玩。」

他是對的，所以布蘭蒂和小朋友們待在家。那天哈勒戴很早就到永明金融球場（Sun Life Stadium）了。他在前一次先發慘敗給紅襪隊，而且還被質疑訓練超量，需要休息。這刺激到他，現在他一心想要在這場比賽證明自己。哈勒戴從一開始就積極攻擊好球帶，為比賽定調。費城人隊的隊友們都知道他的個性就是不服輸。

「你會因為那天是哈勒戴先發而變成另一個人，因為你會看到他是多麼認真地看待比賽。」隊友傑森・沃斯說。「克里夫・李伊先發的時候就像在玩吹泡泡一樣輕鬆自在，所以你也會很放鬆。賽前二十分鐘，他還在玩丟紙團到垃圾桶賭一百元的遊戲，看到他在玩，就知道『喔，今天是克里夫要先發了。』但如果是大夫要先發那天，你在休息室遇到他，就會不自主地想：『哇咧，我們今天最好皮繃緊一點。』你在賽前很早就會知道今天是他先發，並不是說他比賽就會比較繃緊神經，就是有點不一樣。他剛加入球隊的時候，我們就清楚這一點。在這樣的氛圍下打球很棒，看他對於比賽這麼投入，全心全意地付出，有時候我們打球難免進入自動導航模式，但他要先發的時候，你會特別專注，心裡會想：『欸幹！今天要好好表現喔。』這感覺還滿不錯的。」

哈勒戴在iPad上讀賽前最後一次的筆記。然後他和投手教練李奇・杜比和捕手卡洛斯・魯伊斯開會討論比賽策略，接著五點在重訓室開始他的賽前訓練課表，肌力體能教練連展東會在六點鐘幫忙他伸展。六點半他和杜比與魯伊斯在場邊休息區會合，一起走到牛棚準備熱身。

然後好戲就要上場了。

他面對第一位打者克里斯・柯格蘭（Chris Coglan），投到兩好三壞滿球數，一顆卡特球進到好球帶，打者站著不動，三振出局。柯格蘭不爽地把球棒扔向馬林魚隊的休息區，他認為那球沒有投進好球帶，應該是保送。接下來蓋比・桑切斯（Gaby Sánchez）在兩好兩壞時面對一記曲球，揮棒落空，三振出局。亨利・拉米瑞茲（Hanley Ramirez）和柯格蘭一樣，以為一好三壞時，哈勒戴的外角卡特球沒有投進好球帶，最後滿球數時，拉米瑞茲出棒擊成滾地球出局。三上三下結束第一局。

二局下，哈勒戴接連三振荷黑．坎圖（Jorge Cantú）和丹．阿格拉（Dan Uggla）。荷黑．坎圖在滿球數時面對伸卡球揮棒落空，阿格拉則是在兩好兩壞時被曲球三振。寇迪．羅斯（Cody Ross）擊出三壘方向滾地球，三壘手胡安．卡斯楚（Juan Castro）傳一壘刺殺，三人出局。費城人隊隊友漢默斯和傑米．莫伊爾坐在場邊休息區最右邊的位置，他們覺得今天哈勒戴的投球不是特別犀利，兩局投完已經用了三十一球，而且有三個打席投到三壞球。那天氣溫來到華氏八十五度（攝氏二十九點四度）而且很潮濕，哈勒戴握球的感覺不好，每次投球前都要把手汗抹在褲子上。

「他的汗是用滴的。」切斯．阿特利說。

三局上，費城人隊阿特利擊出中外野方向的平飛球，馬林魚隊的中外野手卡麥隆．梅賓（Cameron Maybin）判斷錯誤，他先往前了幾步，才發現阿特利這球比預期飛得更遠，跳起來想要接，但球打到手套的上緣彈了出來，一路滾到全壘打牆前的警戒區，一壘上的跑者威爾森．瓦爾狄茲連續三個壘包，回到本壘，費城人隊先馳得點。阿特利也趁這個失誤來到三壘。哈勒戴第三局下只用了九顆球就收拾三位打者，第四局和第五局各用了十二球就讓馬林魚打者三人出局。他找到自己的節奏，伸卡球、卡特球、曲球和變速球都能搶到好球。

費城人隊總經理艾馬諾和他的弟弟與朋友坐在本壘後方的貴賓席，從第一局聊到第四局，但當他發現第五局時計分板上馬林魚那列都是零的時候，他才驚覺到事情嚴重了。

「我當時不知道對方有沒有人上過壘。」他說。

艾馬諾接下來整晚就沒和旁邊的弟弟說過話了，費城人隊的牛棚也一樣。鴉雀無聲。

「我們連起來伸展一下都沒有。」德賓說。

六局下，馬林魚隊的捕手布雷特．海斯（Brett Hayes）在兩好球沒有壞球的情況下，一顆變速球讓他揮棒落空，一出局。梅賓一記軟弱的滾地球，游擊手瓦爾狄茲接到後快傳一壘，球早了快腿梅賓半步進到一壘手手套，兩出局。

「當我把球打進場內的時候，我覺得有可能形成內野安打。」梅賓說。「不過他接傳都很漂亮。」

喬許．強森（Josh Johnson）擊出左外野方向高飛球，勞爾．伊巴涅斯接殺，三人出局。

「第六局的時候，我坐在休息區想著『這場比賽好像有點快。』」費城人隊一壘手萊恩．霍華德說。「突然我發現『咦？我不知道是不是都沒有人敲安打。』我回頭看記分板都是零。『喔！天啊！我不應該看的。』我也不是沒經歷過這種情況，但你一旦被提醒，腎上腺素就開始爆增，可以完成原本做不到的事情。」

「六局的時候，有人突然說『喔幹！』」阿特利說。「當時我已經全神貫注在場上，但現在我是超級全神貫注了。」

七局上，哈勒戴在兩好兩壞時，用卡特球三振掉首名打者柯格蘭，柯格蘭這次一樣不滿主審麥克．狄穆羅（Mike DiMuro）的判決。下一棒桑切斯擊出左外野飛球被伊巴涅斯接殺，兩出局。拉米瑞茲在兩好三壞滿球數時，看著一記內角卡特球削過好球帶，原本以為自己又應該選到保送的，一臉不可置信地站在打擊區。三人出局。

「第三局的時候，我注意到我沒有讓任何打者上壘。」哈勒戴說。「比你想得還更早吧？但一直到七局我才覺得有什麼事情要發生了，一直到九局下半兩出局之後，我才覺得真的快要完成什麼大事了。」

費城人隊的隊友們也知道大事要發生了。

「我的老天兒啊。」魯伊斯說。

「你知道差不多有機會了。」沃斯說。「棒球界有此一說，你不能在比賽進行的時候討論完全比賽或無安打比賽，第三局、第四局、第五局過去，如果你是個活人，你就聞得到那個味道了，你不會想當那個搞砸的烏鴉嘴。」

費城人隊的休息室經理菲爾．楔里丹（Phil Sheridan）以球迷的身份和他的小孩們坐在三壘側的觀眾席看這場比賽。他到球場的時候已經遲到了，在第三還是第四局的時候，他問前面的球迷有沒有人上壘。那位球迷剛好是普拉西多．波蘭柯（Plácido Polanco）的親戚，他說有人上一壘，但是被牽制出局。

第七局的時候，楔里丹傳簡訊問人在記者室的費城人隊球團媒體公關凱文．葛瑞格（Kevin Gregg）。

「現在是完全比賽還是無安打？」

「完全比賽。」凱文．葛瑞格回訊。「不要煩我。」

八局下，荷黑．坎圖在一好兩壞時擊出三壘方向的強勁滾地球，一個彈跳後，三壘手卡斯楚撲下去，雙膝跪在紅土上，球進到卡斯楚的手套，他起身後墊步，傳一壘，一出局。那球是當晚哈勒戴被擊出最強勁的一球。「我撲下去，然後傳一壘。一壘手再把球繞傳內野手一圈，最後我把球給大夫，他好像有向我致意。」卡斯楚說。「他不太說話，但我知道他的眼神在說什麼。」

老哥，幹得好。

卡斯楚有點喘不過氣。費城人隊總教練查理．曼紐爾那天派卡斯楚先發守三壘，是因為普拉西多．波蘭柯右手肘酸痛，而替補三壘手葛瑞格．道布斯在上次哈勒戴先發的時候發生比賽後段的致命失誤，讓原本應該形成雙殺的球火車過山洞，從雙腿中間過去。曼紐爾表示他有把道布斯的失誤放在心上，他希望給哈勒戴最安定的守備，所以那晚才做這樣的調度安排。不過，那天是卡斯楚整季第一次守三壘，而他上一次守三壘已經是二〇〇七年的事情了。

下一棒阿格拉在兩好兩壞時看著外角伸卡球進到好球帶，三振出局，這是哈勒戴本場的第十次三振，兩人出局。第三位打者羅斯擊出游擊後方的高飛球，瓦爾狄茲接殺，三出局。哈勒戴用球數來到一百零三球。

「我當時就像在馬展的馬一樣。」布蘭蒂說。「小朋友在我哥那邊，離我們家不遠。我們去朋友家烤肉，邊烤肉邊看比賽，雖然電視上在播，但我們沒專心看，偶爾關注一下，『喔，好像不錯喔』，到第六局的時候我在想如果我開始認真看會不會搞砸，所以我分心去做其他事情，我就到處晃，像馬展裡的馬一直走來走去。我不敢坐下來專心看，我怕我會害了他。」

比賽來到第九局上半，哈勒戴站在打擊準備區，在等打擊區裡的魯伊斯擊出安打的話，他就要上場打擊。魯伊斯擊出內野滾地球出局，哈勒戴回到休息區，脫下他的打擊手套和頭盔，把球棒放回球棒槽裡。他拿了手套和帽子，走上場時全場歡呼。那天因為有賽後演唱會，才有三萬五千名球迷進場的盛況。即便如此，這些球迷還是知道場上要發生大事了。

馬林魚隊在九局下半派出連續三位代打，要給哈勒戴一些新鮮感，讓他多想一點點，也許就能幸運地擊出安打或是得分。麥克・藍伯（Mike Lamb）代替捕手海斯打擊，他在一好兩壞時，把一顆卡特球掃到中外野警戒區，中外野手謝恩・維克托里諾就定位把這記高飛球接殺。

一出局。

「我希望有陣風幫忙吹一下。」藍伯說。

「我每球都好緊張啊！」維克托里諾說。「但其實另一方面，我也希望每球都打到我這個方向，拜託打過來，我想要製造出局數。但其實你還是很緊張，因為還是有可能出差錯。要達成完全比賽可是不能出任何差錯的。」

代打魏斯．荷姆斯（Wes Helms）接替梅賓的打擊，兩好一壞時，卡特球塞內角，荷姆斯看著好球進來，三振出局，哈勒戴本場第十一次三振。

兩出局。

「差不多就是九局下半兩出局的時候，我閃過完全比賽這個念頭。」哈勒戴說。「那時候你覺得有點可能，正常情況下你覺得這不太可能發生，不過到了兩出局的時候，我覺得快到了，有機會。」

馬林魚隊換上羅尼．保利諾（Romny Paulino）來代打李歐．努涅斯（Leo Núñez）。保利諾在二〇〇九年春訓時還是費城人隊的一員，之後他被交易到舊金山巨人隊換來左投手傑克．塔施納（Jack Taschner）。艾馬諾忍不住想到該不會是保利諾毀了哈勒戴的完全比賽。

「如果是他毀掉的話……我就……算了，我就是白癡。」艾馬諾說。

保利諾走進打擊區，卡斯楚脫下手套，看了一眼計分板，都是零。

「我的手開始流手汗。」卡斯楚說。「這大概是我第一次在守備時覺得緊張。但我記得當時我必須調整心態，我抓了一把土，然後把手放回手套裡，說了一句：『打過來吧！』」

面對第一球，保利諾把伸卡球打成界外球，然後放掉下一顆變速球，球數來到一好一壞。他再把變速球打成界外，兩好一壞。哈勒戴看了看捕手的暗號，捕手要曲球。哈勒戴開始繞臂，準備投出當晚第一百一十五顆球。保利諾擊中球，球打向三游之間，卡斯楚往他的左側移動。

「我知道這球不好處理。」卡斯楚說。「我的第一時間反應我必須要往球的方向移動，然後接球，我必須先把球攔下來。」

他攔下來了。現在他必須快傳一壘，他的動能是往二壘方向，必須轉圈才能把球快速地傳到一壘。

「這動作是要學的。」他說。「當你打到職業之後，教練開始教你根據不同的情境用最輕鬆的方式處理球，像是這球往左邊移動，然後傳一壘，必須要停下來墊步之後才能傳，對我來說，在三游之間轉一圈比較容易。如果我停下來墊步，可能傳一壘會來不及，但因為我是伸展身體去接球，所以我能夠控制我的軀幹，轉身傳向一壘比較輕鬆一些。」

哈勒戴也跟著轉身，看著這球被攔下來。在學習哈維．多佛曼的諄諄教誨之後，他花了九年時間學習理解投手在出手之後就無法控制任何事情，場上可能發生任何事情。球從卡斯楚的右手離開，哈勒戴緊盯著球，進到一壘手霍華德的手套裡，牢牢接住。

比賽結束。

這是一場完全比賽。

哈勒戴的右手重重地拍了一下手套，他張開雙臂，露出了微笑，擁抱衝上來的捕手魯伊斯。霍華德和卡斯楚也加入行列，所有人也都衝了上來。

伊巴涅斯從左外野衝向隊友們。「我記得那段奔跑過程，中外野手維克托里諾跑超快，我跟不上，那時像是十歲小孩一樣興奮。」他說。「那時好像回到十歲那年。我們像是贏得世界大賽冠軍一樣慶祝，他值得這樣的成就，他的認真、他的努力、他的專注、他做足準備和徹底執行。他做了每件事情都是為了棒球。」

「當我看到霍華德接到球，我的靈魂好像離開了身體。」卡斯楚說。「沒錯，很多人問我當時的感覺，有時候你得親身經歷才知道我在說什麼。對我來說能夠在這樣偉大的成就中有所貢獻，實在太開心了。在第三個出局數之後，我如釋重負。『耶！我有幫上忙！他投出完全比賽了！我們一起做到了！』我像小朋友一樣開心，很多人傳影片給我看，這是永垂不朽的回憶，感覺很棒。未來某一天，我不在了，我的徒子徒孫會看這場比賽的影片說：『這是我爺爺！』」

布蘭蒂和孩子們也在家裡慶祝。

「我不敢相信我所看到的！」她說。「這不過是歷史上第二十次而已，也是我的第一次。超棒的！當下我不知道這有多厲害，直到之後我才了解。球員通常不會去想『我想要投一場完全比賽』，沒人會把這個當作目標，不可能有人這樣想。投出完全比賽的人比名人堂球員還要少，我們都知道這有多難，真的別具意義，太開心了！」

霍華德用手套拍了哈勒戴好幾次，要引起他注意，他手套裡握著球，示意哈勒戴要他保存好。哈勒戴沒有注意到這個動作，他嗨翻了。哈勒戴後來終於注意到霍華德，霍華德把球塞進他的手套，他們相擁而笑。

艾馬諾在觀眾席上大叫，和他的弟弟擁抱，然後衝到客隊休息室，遇到魯伊斯。

「太猛了吧！太猛了吧！他真的是猛男！」魯伊斯用西班牙語大叫。

費城人隊轉播單位的主播蓋瑞．麥修斯（Gary Matthews）賽後在場上訪問完哈勒戴，球場關燈，放煙火，演唱會開始了。哈勒戴回到休息室。

「對大家講幾句話吧！」幾位球員大喊。

哈勒戴走到魯伊斯旁邊，然後指著魯伊斯，笑著說：「他才是英雄。」

「他笑了！」維克托里諾大聲說。

大家都笑了，鼓譟著慶祝。

「我整場都聽他的話。」哈勒戴說。大家還在鼓譟著。「我對天發誓，我⋯⋯」哈勒戴舉起雙手。「我不知道該說什麼了。」

他再指向魯伊斯，說了一些話，然後就離開現場。

哈勒戴去做賽後手臂治療，之後再去記者會。

「他就像時鐘一樣。」維克托里諾說。「典型的哈勒戴。賽後的一成不變的規律成就了他的偉大。」

「如果他沒有照著規律來，就不會達成這些成就。」布蘭蒂說。「因為他毫無懈怠地訓練，才造就了他。他不是為了贏球才做的，他是為了應付所有情況才準備。如果他沒有在賽前一天和賽後一天做他該做的事情，他就覺得自己沒有準備好。他一直以來都是維持這樣的訓練模式。有人說他太執迷了，但這就是他面對工作的方式。」

為了讓哈勒戴可以留作紀念，馬林魚球團把投手板挖出來送給哈勒戴。副總統拜登（Joe Biden）*也致電恭喜哈勒戴。最後哈勒戴和布蘭蒂與孩子們通上電話。

「你是史上第二十位投出完全比賽的投手！」布藍登尖叫著說。

哈勒戴被逗笑了。

「顯然他有認真聽電視上在說什麼。」哈勒戴說。

杜比後來問哈勒戴為什麼面對保利諾要連投兩顆變速球，變速球是哈勒戴第四擅長的球路，而他在完全比賽的最後一個打席居然丟了兩次。

「我篤信一個道理，你就算被擊敗，你也要拿出你最好的武器來對決。」杜比說。「他說：『當下我覺得變速球就是對付他最好的球路。我知道我如果投到對的位置，他就會出局。』他對他要投出的每一球就是這麼有信心。」

晚上十點四十五分，哈勒戴上了往飯店的巴士。隔天早上八點四十五分，他回到球場，繼續訓練。

「我之前有兩三次投到八、九局還是無安打的比賽。」哈勒戴說。「我後來培養出一種心態是

『反正不會發生，用不著擔心啦。』我認為根本不可能發生在我身上。後來投出完全比賽之後，我想：『嗯，還真的有這回事。』我後來跟大家說，在完全比賽後慶祝過後，回到休息室，就有種『現在要怎麼辦？』的奇妙感覺。在場上投球，對決打者很刺激好玩，可是比賽結束後，刺激感就沒了，消失殆盡。雖然對我來說很容易向前看，但回想起來感覺還是很奇特，以為這樣的感覺會跟著我一輩子。而實際的情況是是，當時的我只想趕快回家睡覺。」

* 拜登是費城人隊球迷。

第十七章　越來越爽

哈勒戴想要用特別的禮物來紀念他的完全比賽成就。他想到可以買手錶給大家。

「大家包括誰啊？」寇本鮑格問。

「嗯，總教練、教練團和隊友們。」哈勒戴回答。

「還有……其他人嗎？」寇本鮑格繼續問。

「你啊！還有其他休息室的工作人員和肌力與體能教練們。」

「那坎米斯歐利呢？」寇本鮑格接著問。

「當然要。」

「那幫忙坎米斯歐利的馬克．斯格斯孟多（Marc Sigismondo）呢？」

「也要。」

「那總經理小魯本和總裁大衛咧？」

「要啊，我希望他們也有手錶。」

「要不要給球僮？」

「當然。」

哈勒戴也把布蘭蒂、大兒子布藍登、小兒子雷恩、哈維・多佛曼、「巴士」坎貝爾、他的爸爸、葛瑞格・蘭卓、財務經理、朋友史蒂夫・崔克斯（Steve Trax）和布蘭蒂的兄弟們，算一算總共有六十七只手錶。寇本鮑格對於精品有他的品味，之前他也參與過費城人隊二〇〇八年世界大賽冠軍戒指的設計委員會。他也認識當初大衛・孔恩（David Cone）在一九九九年在洋基隊時期投出完全比賽之後，那個負責幫孔恩採買手錶的人。哈勒戴最後決定買成立於一八三〇年瑞士的名士（Baume & Mercier）手錶，每只手錶售價大約在美金三千元到四千元之間，不過哈勒戴只付二千八百元。他總共花了近二十萬在手錶上。手錶是銀色的，底部是黑色，錶面則是白色。黑色的部分刻上收禮人的名字、那場比賽的比數，和「完全比賽」與當天日期二〇一〇年五月二十九日。手錶裝在用櫻桃木做的盒子裡，襯著紅色絨布錶枕。盒子頂部是一片玻璃，上面刻著「完全比賽二〇一〇年五月二十九日」，前端則是有一片金牌，上面寫「我們一起做到了。感謝你。羅伊・哈勒戴。」

寇本鮑格曾經和哈勒戴討論那面金牌要寫什麼，還向他保證這會是令人永生難忘的禮物。

「三、四十年後，他們會從書櫃上拿下來，告訴他們的孫子孫女們，『嘿，偉大的羅伊・哈勒戴在投出完全比賽之後送我這只手錶。』」寇本鮑格說。

「你真的這麼想？」哈勒戴問。

「我百分之百確定。」寇本鮑格回答。

哈勒戴很喜歡回饋他人，但是不喜歡獲得關注。八月下旬，手錶到貨了，楔里丹問他要怎麼發給大家，要不要在賽前打擊練習前親自給呢？「天啊，絕對不要。」哈勒戴說。哈勒戴請楔里丹把手錶放在每個人置物櫃前的椅子上就好。打擊練習結束後，球員下場回到休息室，看到放在椅子上的手錶，眼睛都亮了。哈勒戴這時候躲了起來，躲在小房間裡不讓大家找到他。

「他們當時就像『哇！看看這玩意！』」楔里丹說。「這盒子跟我們拿到世界大賽戒指的好像！」

每個收到的人都想感謝哈勒戴，不過他選擇低調。

「搞得好像他送給大家簽名球一樣。」楔里丹說。

當哈勒戴在六月十五日，洋基球場先發面對紐約洋基隊時，費城人隊正陷入低潮，近二十場比賽輸了十四場，他們需要止血。哈勒戴生涯對上洋基隊先發三十五場，繳出十八勝六敗，防禦率二點八四的成績，其中在洋基球場先發十八場，八勝四敗，防禦率三點一八。但是哈勒戴那晚不夠專注，投六局被打八支安打，失掉六分，最終球隊以三比八輸球。哈勒戴單場挨了三發全壘打，追平生涯單場最差紀錄。他在六局下退場時還忍不住怒吼。

「你試著在場上撐住，撐得越久越好。」哈勒戴說。「不過那時你只能算了，隨它去。」

李奇・杜比一直等到隔天下午才去找哈勒戴。他通常會先去看前一天的比賽影片，有時候他會看到投球動作裡一些不對勁的地方，有時候就只是心理方面的問題。這次杜比認為是後者，他知道哈勒戴壓力太大了。

「你有找他聊聊了嗎？」杜比問。

「有啊，昨晚比賽結束我就打給他了。」哈勒戴指的是哈維・多佛曼。

第二局的時候哈勒戴丟了兩分，他不是很開心，他知道球隊陷入低潮，他在第三局上場前，希望那前一局掉的那兩分消失不見，不過事與願違，他反而多掉了三分，讓他對自己更失望。多佛曼一針見血地指出問題所在。

「哈維不會說好聽的話。」杜比說。「哈維了解人類行為，如果他感覺某個人行為有問題，他會直接點明。」

哈勒戴到總教練查理・曼紐爾的辦公室道歉，向總教練解釋當時的情況，為自己不當的行為道歉。

「你給我滾出去！」曼紐爾說。「我才不管你行為是不是恰當，無論什麼時候我們都需要你。」

下一場在六月二十五日的先發在主場市民銀行球場，哈勒戴生涯第一次對上多倫多藍鳥隊。原本這個系列賽要在多倫多打，不過因為G-20高峰會的關係，被改到費城進行比賽。場上的情況變得很奇特，藍鳥隊穿地主隊球衣，而且後攻，費城人隊穿著灰色的客場球衣在自家主場先攻，而且比賽還採取指定打擊制*。哈勒戴主投七局，沒有失分，三振六名打者，球隊以九比零贏球。

哈勒戴首次面對老東家，沒有受到干擾，依舊拿出水準表現。

「你就照著計畫走。」他說。「還有避免眼神接觸。」

整個六月，哈勒戴先發六場，投出二勝四敗，防禦率三點二七的成績。六月三十日，他在客場面對辛辛那提紅人隊被敲了十三支安打，吞下完投敗，成為自二〇〇六年以來，第一位單場被打至少十三支安打還完投的投手。比賽結束後，他在休息室小房間待了五十分鐘才出來接受記者們的訪問。他還在氣八局下丟掉領先的那兩分。有一位記者問哈勒戴是不是因為打者都知道他會攻擊好球帶，所以比較好抓球打，對他造成傷害，哈勒戴狠狠地瞪了那位記者一眼，像是要殺了他一樣。

時間來到七月，哈勒戴先發五場，三勝一敗，防禦率一點五四，並且獲選國家聯盟明星隊投手代表。他在七月二十三日時面對科羅拉多洛磯隊，八局無失分，開啟了一路到季末的優異表現。球季的最後十三次先發，他的成績是十一勝二敗，防禦率二點五一，幫助費城人隊從落後

---

* 因為在規則上，這場比賽是美國聯盟球隊主場進行。

七場勝差的劣勢，追上分區龍頭亞特蘭大勇士隊。哈勒戴享受著他的高檔表現。九月十九日，傑森・沃斯的再見兩分砲擊敗華盛頓國民隊，讓費城人隊保持三場勝差，領先勇士隊。

「我沒看過休息室這麼嗨的球隊，球員和教練真的是用尖叫的方式在慶祝。」哈勒戴說。「當時我因為有點暈眩而坐在椅子上，那時候開始安靜下來，直到傑森結束場上賽後訪問後走進休息室，歡樂氣氛又一觸即發，傑森本身也是嗨咖，他根本瘋了。那氣氛的真的很棒，我永遠都不會忘記那時的感覺。」

九月二十一日，哈勒戴在主場面對勇士隊的比賽投七局，失掉三分，拿第二十勝，拉開與勇士隊的勝差到五場，而且球季只剩十場比賽。比賽結束後，他在往休息室階梯上迎接隊友們，負責第八局無失分的萊恩・麥德森（Ryan Madson）站在他後面，謝恩・維克托里諾、勞爾・伊巴涅斯和切斯・阿特利退場時和他們兩人握手致意。

「恭喜！」傑米・莫伊爾說。莫伊爾在二〇〇一年贏得二十勝，當年他三十八歲；二〇〇三年他又拿下二十一勝，那時他已經四十歲。

拿下救援成功的布萊德・李吉跟在他後面，也說了聲恭喜。

「兄弟，恭喜啊！」普拉西多・波蘭柯說。

「二十場欸！」吉米・羅林斯說。

「幹得好，小子！」查理・曼紐爾說。「恭喜！」寇本鮑格已經準備好冰鎮的香檳放在哈勒戴的置物櫃前，銀色的冰桶和八個高腳香檳酒杯，香檳酒標上是哈勒戴的照片，照片下方還寫著「哈勒戴二十勝，二〇一〇年」。放進去前還彎腰撿查了一下有沒有錯，寇本鮑格露出微笑。

「我可不想打開它。」他向坐在旁邊的凱爾．坎卓克和布萊恩．史奈德說。

哈勒戴的隊友們開始慢慢地向他的置物櫃靠過來。寇本鮑格臉上藏不住微笑。

「我才不要致詞。」哈勒戴說。

「魯伊斯你來說。」李吉說。

「這樣我要講西班牙文版和英文版的。」魯伊斯開玩笑地說。全場一片安靜。

「大家聽好，我想說聲恭喜，而且…這是重要的一勝。」魯伊斯說。

魯伊斯和哈勒戴握手並且擁抱，隊友們在一旁鼓掌。

「現在換英文版了吧？」維克托里諾在一旁起鬨。

大家笑了，但沒人離開，他們希望哈勒戴說些話，不然可不會離開。

「真的要我說嗎？」哈勒戴說。「呃，天啊，我沒什麼可以說的欸。好吧，我真的很喜歡跟你們一起打球，這就是我想說的。二十勝對我來說是次要的。今年能走到這一步，而且有機會打進季後賽，對我來說就已經是美夢成真了，真的很謝謝大家，我衷心感謝。」

大家再度鼓掌。這對於費城人隊來說，是重要的一刻，但不是哈勒戴來到費城人隊的的真正原因。下一場比賽，九月二十七日面對華盛頓國民隊的這場比賽才是他來的原因，那場比賽如果贏下來，費城人隊將在國家聯盟東區完成四連霸。哈勒戴只被擊出兩支安打，投出完封勝，幫助球隊以八比零贏球。他三振六名打者，包括最後一個打席兩好一壞的變速球讓丹尼．艾斯皮諾薩（Danny Espinosa）揮棒落空的再見三振。魯伊斯脫掉捕手面罩，手指哈勒戴，在投手丘前和哈勒戴擁抱，隊友們一湧而上，抱住哈勒戴，拍他的背慶祝。

費城人隊的球員湧進休息室慶祝，啤酒和香檳已經堆好等待他們，還有蛙鏡，蛙鏡是用來避免香檳噴到眼睛裡灼傷眼球的。但在加入大家之前，哈勒戴得先接受費城人隊電視轉播單位主播蓋瑞．麥修斯的訪問。哈勒戴在二〇一〇年先發三十三場，投出二十一勝十敗，防禦率二點四四的成績，在二百五十又三分之二局中，三振二百一十九名打者，保送三十次。三十三場先發只有三十次保送，他又完成了一項壯舉。

「感覺很棒吧，羅伊？」麥修斯問。

「太爽了，但是會越來越爽！」哈勒戴微笑著說。

越來越爽！

哈勒戴回到休息室，以為大家會把香檳噴得到處都是，甚至從天花板上滴下來，地毯弄得超濕之類的，結果他發現大家都在等他。哈勒戴、史奈德和麥克．史威尼（Mike Sweeney）三位老將在大聯盟征戰合計四十年，從來沒有打進過季後賽，隊友們要他們開第一瓶香檳。

「幾週後我們聊到這件事，這個舉動對我們三個來說意義重大。」哈勒戴說。

「我記得吉米・羅林斯對我說：『過去！過去那邊！』」史奈德說。「史威尼已經站在那邊了，然後吉米說：『你們負責開第一瓶香檳，但我們要先等大夫回來。』」我記得我把蛙鏡戴上，然後大夫就來了。現在回想起來還是很不真實，這支球隊這幾年已經打了兩次世界大賽，眾星雲集，居然還會等三位沒打過季後賽的老將。他們跟其他球隊很不一樣，至少我不知道有其他隊會這樣做。」

哈勒戴戴好蛙鏡。

砰！砰！砰！

「我們都想看到羅伊第一次開香檳的時刻。」沃斯說。「我們想要看到這傢伙放鬆的樣子，對我們來說這一刻很特別，我們之前經歷過了，我們打進過季後賽，也拿下世界大賽冠軍，我們想要和大夫一起享受這個榮耀時刻。我們很喜歡他也很珍惜他，他付出了努力和時間，我們希望與他分享這特別時刻，這可不是所有人都能經歷的，特別是像他這麼強的球員還是第一次打進季後賽，我真的很想親眼目睹這一切。」

哈勒戴大多數時候就像個機器人一樣，在這時卻像個三歲小孩拿著水槍在休息室跑來跑去，他把香檳和啤酒噴向隊友，他笑得很開心，左手握著百威啤酒，右手拿著雪茄，看著大家，享受這個時刻。

「他大概心想什麼時候結束，他要去訓練了。」維克托里諾開玩笑地說。

哈勒戴聽到維克托里諾說的話，看了他一眼。

「你聽到我說什麼了。」維克托里諾大聲說。

哈勒戴點頭微笑示意，他說得沒錯，事實上哈勒戴跟記者說在他離開前他要去訓練。想到這裡，哈勒戴又笑了。

「這是我經歷過最棒的事了！」他說。「而且才只是剛開始呢！」

在國家聯盟分區系列賽第一場，哈勒戴面對辛辛那提紅人隊投出無安打比賽之後，他告訴隊友：「今天就不講話了，再贏兩場下來吧。」楔里丹問哈勒戴哪些東西需要交給他認證，用來提供給紀念品使用，這可是一個很大的產業，現在所有人都想要哈勒戴在國家聯盟分區系列賽第一場投出無安打時穿的實戰球衣。大聯盟甚至聘請了未在執勤的執法人員做為承包商，來處理簽名和實戰用品的認證工作，這些商品都會被三百六十度的掃描作為認證紀錄。

「有一個人在待命，等你說哪些東西要拿去認證。」楔里丹說。

「不用了，我沒有想要留下任何東西。」哈勒戴說。「我下次先發還要穿。」

哈勒戴把衣物都脫下來，直接去休息室後面開始賽後訓練。楔里丹很迅速地把所以東西收起來：球衣、鞋子、手套、球帽之類的東西，然後到洗衣室把所有東西都認證過一遍。楔里丹把東西都放回哈勒戴的置物櫃裡。因為上面都用隱形墨水做了記號，哈勒戴並不知道到底發生什麼事情。

隔天下午，哈勒戴說：「嘿，我太太說我應該要把那些東西認證。」

「沒問題，我已經搞定了。」楔里丹說。

哈勒戴從沒有把自己當作一個大人物。在球季之前，他和耐吉簽下代言合約，對方希望他穿上繡有「羅伊」的釘鞋，哈勒戴拒絕了，他認為太花俏了。

「他穿一般市售的釘鞋就可以了，像是在體育用品店可以買到的那種。」楔里丹說。

哈勒戴後來答應耐吉把「三十四」繡在他的釘鞋上。

「他連這樣都覺得有點太過頭了。」楔里丹說。

球季結束時，哈勒戴的置物櫃裡大約有十雙實戰釘鞋，他問楔里丹小聯盟球員會不會需要他的釘鞋。

「如果你不介意的話，你可以在上面簽名，然後我發送給休息室的工作人員一人一雙。」楔里丹說。

「他們會想要嗎？」哈勒戴問。「當然！」楔里丹說。「我很確定。」

費城人隊在國家聯盟分區系列賽最終橫掃了紅人隊，將在聯盟冠軍系列賽對上舊金山巨人隊。哈勒戴要在眾所矚目的第一戰先發，面對巨人隊王牌「怪胎」提姆．林瑟肯。

大夫對上怪胎（The Freak）的戲碼。

這個對決組合令人想到一九九一年世界大賽第七戰，明尼蘇達雙城隊的傑克．莫里斯技壓亞特蘭大勇士隊的約翰・史莫茲（John Smoltz）。莫里斯完投十局，最終以一比零拿下勝利，是棒球史上最偉大的投手表現之一。就連莫里斯本人也很期待他們兩人對決的戲碼。畢竟，哈勒戴是今年國家聯盟賽揚獎熱門人選，而林瑟肯包辦了前兩年的賽揚獎。

「我要來做個大膽預測。」莫里斯說。「如果哈勒戴投出連續兩場季後賽無安打比賽，像強尼・范德・米爾（Johnny Vander Meer）一樣，我也不會太意外。他有這樣的實力。我知道聽起來很扯，但每次他上場投球，他都有機會投出無安打比賽。」

第一戰，哈勒戴在第三局和第五局都被寇迪・羅斯敲出陽春砲，巨人隊取得二比一領先。羅斯在今年開季時還效力於馬林魚隊，在那場完全比賽中繳出三支零的成績，生涯則是十六個打數敲出三支安打。六局上，兩人出局，一壘有人，哈勒戴面對前費城人隊外野手派特・布瑞爾（Pat Burrell），取得兩好球沒有壞球的球數，但是主審戴洛・卡森斯（Derryl Cousins）把第三球的偏低卡特球判成壞球，那球其實有進到好球帶，應該是三振出局的，布瑞爾逃過一劫。結果下一球布瑞爾掃出左外野方向深遠飛球，進到左外野手伊巴涅斯的手套，但最後彈了出來，形成二壘安打，攻下第三分。哈勒戴走下投手丘向主審卡森斯大聲咆哮。此時哈勒戴需要找回專注，他必須忘掉剛剛發生的事情，專注在下一球。胡安・尤理貝（Juan Uribe）再追加一支安打，布瑞爾回到本壘得分，比數來到四比一。

「（誤判）這是比賽的一部分。」哈勒戴說。「你下一球必須要投好一點。」

哈勒戴吞下敗投，費城人隊在系列賽一開始就處於落後。

「這當然不是你所想要的結果。」他說。「但這就是比賽的一部分，你知道你自己的實力在哪。」

五天後，十月二十一日，費城人隊面臨淘汰邊緣，哈勒戴在客場舊金山再度對上林瑟肯，巨人隊只要再一勝就可以打進世界大賽。哈勒戴打電話給多佛曼，在賽前問問他的建議。

「你有什麼建議可以給我嗎？」他說。

「有兩點。」多佛曼說。「當你害怕時，就積極進攻；當你擔憂時，積極進攻；當你充滿自信時，還是積極進攻；當你覺得一切都結束時，積極進攻。另一點是你如何處理你的行為是一種試煉，不論結果好壞，你如何處理自己的心態，決定了你今天是勝者還是輸家。」

多佛曼告訴哈勒戴，即便處於逆境，仍要不停地戰鬥。

第五戰開局並不順利，哈勒戴先保送了安祖斯・托雷斯（Andrés Torres），然後又被佛雷迪・桑切斯（Freddy Sanchez）擊出安打，形成無人出局，一三壘有人的情況。投手教練杜比走上投手丘安撫他的隊上王牌。

「我覺得不太舒服。」哈勒戴說。

此外他沒多說什麼。哈勒戴用四球就收拾掉布瑞爾，化解了危機，只掉一分。被三振出局的布瑞爾和主審傑夫・尼爾森（Jeff Nelson）吵了起來，布瑞爾注意到哈勒戴盯著他看，大罵了幾句髒話，哈勒戴冷處理沒回應，但從休息區的角度看過去，哈勒戴看來很生氣的樣子。他在第二局的時候沒有失分，不過在面對第一名打者羅斯時，投卡特球時拉傷了右側鼠蹊部。投手教練杜比察覺到不太對勁，因為通常哈勒戴局間下場休息時，都會坐在鋪有毛巾的地方，不管是在板凳上或是往休息室的通道裡。杜比看到哈勒戴的毛巾遺留在板凳上，可是他的人卻在室內打擊籠旁的通道。

「我的鼠蹊部拉到了。」哈勒戴說。

「有多嚴重？」杜比問。

「嗯，還好啦。」哈勒戴回答。

「我來叫其他人準備熱身。」杜比說。

「不行，你不可以去。」他說。「我還要上去投。」

杜比向總教練曼紐爾回報這個消息，隊上王牌在客場背水一戰的第二局拉傷了鼠蹊部，不過王牌投手還想繼續投。他們必須做最壞打算，柯爾・漢默斯開始在打擊籠裡熱身。

「我從來沒有腎上腺素飆到這麼高過。不只是因為我要從牛棚出發，而是我要接替羅伊投球，我可不想讓他失望，讓球隊輸球。」漢默斯說。「我想為了他贏下這場比賽，而且他才不會這麼輕易放棄，不管他身體狀況多差，他都會努力地撐下去，把他該做的事情搞定。他是世界上最堅強的硬漢之一。」

三局下，哈勒戴先解決掉了林瑟肯，下一棒托雷斯擊出一壘方向滾地球，打到一壘手萊恩．霍華德的手套反彈，哈勒戴跑向一壘準備補位接球，跑動的時候他看起來是拖著他的腳。

「查理，他該下課了，看起來不太妙，這樣下去會受傷。」杜比說。

哈勒戴順利解決接下來兩名打者。第三局時，他的卡特球平均球速只有時速八十九英里，在例行賽的平均是時速九十二英里。伸卡球今天也只有平均時速八十九點二英里，例行賽則是九十三點三英里。哈勒戴在局間騎著飛輪保持雙腿熱度，這時杜比走到他身邊。

「你差不多了吧？」杜比說。「踩飛輪有幫助嗎？」

「我還沒，我要回去。」哈勒戴說。「這件事我做得到。只要避免投某些球路就好。」他可以把卡特球和伸卡球投到右打者內角，曲球和變速球還可以，他只是不能把伸卡球或卡特球丟到右打者外角的地方，因為腳會不舒服。

「好吧，你就避開它。」杜比說。「就投你舒服的位置，看看能投幾局吧。如果你覺得不舒服，就對我使個眼色，我會叫其他投手開始熱身，我們可以爭取一點時間之類的。」

「好。」哈勒戴說。

四局下，哈勒戴連續被布瑞爾和羅斯敲了兩支二壘安打，讓費城人的領先幅度縮小，比數來到三比二。五局下他讓巨人隊留下一三壘殘壘，六局下則是一二壘殘壘，安全下莊。六局投完，哈勒戴用了一百零八球後退場。牛棚投手荷西．康崔拉斯（José Contreras）、J．C．羅梅洛（J.C. Romero）、麥德森和李吉輪番接力投完三局無失分，最終贏下第五戰，把戰線拉回費城進行第六戰。

「當時情況並不理想。」哈勒戴說。「我們還是照著計畫走，只是我要換個方式完成目標。」

「這大概是我看過最有膽識、最勇敢的表現了。」杜比說。

費城人隊回到費城主場，按表操課，為第六戰做準備，不過哈勒戴缺席了。他下午去看醫師，接受注射，幫助他的鼠蹊部止痛。治療結束後他回到球場，告訴杜比醫師怎麼說。

「醫師說我的鼠蹊部受傷很嚴重。」他說。「但我跟你說，我們接下來兩場都要贏，因為不管如何，我都要投世界大賽第一戰。」

費城人隊最終以二比三輸掉了第六戰，巨人隊的尤理貝在八局上從麥德森手中擊出致勝的全壘打，粉碎了哈勒戴的世界大賽夢想。

哈勒戴在十一月獲得國家聯盟賽揚獎殊榮，但這並不是他所要的。

「往前看吧。這個球季中有些部分是很令人享受的，一輩子都不會忘記的。」他說。「但我也會記得我們差一點就可以贏得冠軍，接下來的休賽季我都會一直想這件事。假設我們贏得冠軍，我可能就會直接高掛球鞋退休了。」

他是在開玩笑的。應該是吧。

第十八章　最強輪值

雖然沒有他們兩個人沒有談過，但哈勒戴知道哈維．多佛曼生病了，因為他們的對話開始有點不同。哈勒戴覺得事情不太對勁。以前他們都聊前一場比賽和下一場比賽，要如何改進哈勒戴的思維策略，但最近多佛曼開始回顧他曾經教過哈勒戴的事情，還有聊到未來。

記得這件事。

別忘了那個。

多佛曼還請哈勒戴幫忙。

「我最近在幫助這個小朋友。」他說。「我想要請他跟你聊聊，你可以幫我打電話給他，跟他聊聊嗎？」

「為什麼你找人跟我聊啊？」哈勒戴問。「這是你的工作吧。」

哈勒戴注意到他跟多佛曼的關係開始發生變化，不再是師徒關係，而是老師和老師的關係。在二〇一一年春訓開始時，哈勒戴很擔心多佛曼的狀況。

多佛曼在兩週後的二月二十八日過世，享年七十五歲。從來沒有缺席過任何一天工作的哈勒戴，為此請了一天假，飛到北卡羅萊納州參加多佛曼的喪禮。

有幾位費城人隊球員和多佛曼合作，除了哈勒戴之外，還有勞爾．伊巴涅斯、布萊德．李吉和凱爾．坎卓克。多佛曼逝世的隔天，哈勒戴把消息告訴凱爾．坎卓克，坎卓克當時正在休息室中央吃早餐，聽到噩耗之後，只能強忍住淚水。

「他看得出來我很悲傷，說完就直接離開。」坎卓克說。「我知道多佛曼對於羅伊來說有多重要，我心情很差，我看得出來他也很不好受。哈維就像他第二個爸爸一樣，認真的，他每天都打電話，隨時都在講電話。哈勒戴說還好多佛曼對我說的每字每句都有寫下來。」

每次先發日，多佛曼會寄給他的客戶一封信件。多佛曼離開一陣子後，哈勒戴開始把他和多佛曼往來電子郵件都存下來。信件的內容都很簡單，像是：

今天加油
要主動攻擊
搶第一顆好球

打者沒有你想的那麼強

打爆你的對手

「他幫了很多。」坎卓克說。「因為當你上場投球的時候，你會擔心東擔心西，擔心媒體會怎麼說？球迷會怎麼看？隊友們會怎麼想？我希望我能回到過去，很多隊友們對我提點過的事情，如果以我現在所知道的事情，再回到過去上場投球的話會怎樣。當時我只會擔憂，不想被送回小聯盟，不想要球迷噓我，不想要看到媒體把我寫得很爛，還想要教練喜歡我、信任我。」

多佛曼過世的隔天早上，哈勒戴站在他的置物櫃前，試著把多佛曼的一生事蹟寫下來。

「這幾年，我一直找不到方法好好感謝他。」哈勒戴說。「如果沒有和他相處的那段時光，我不知道我會在哪裡，我絕對不會有現在的成就。不管是在專業上和個人成長上，那段時光都大大地幫助了我，改變了我。他能夠很快地識破你的偽裝，他讓人學會對自己和對他負責任。你不會感覺到他是個心理醫師，他給人的不是溫暖的感覺，而是『我們一起來看看是什麼問題吧！』的那種。你不會覺得你對他傾訴煩惱之後，他就給你解方。他是教你自己解決。」

情人節這天，費城人隊的春訓營開訓士氣高昂。去年十二月，球隊管理階層把克里夫・李伊簽回來，震驚了棒壇。李伊和費城人隊簽下五年一億二千萬美金的合約。費城人組成大聯盟最具實力與天份之一的先發輪值，哈勒戴、李伊、羅伊・奥斯華特（Roy Oswalt）和漢默斯這四位先發投手，總共合計獲得三座賽揚獎，十次賽揚獎票選前五名、六個二十勝球季、十三次明星賽、一座世界大賽最有價值球員獎以及國家聯盟冠軍賽最有價值球員。值得一提的是，十二個月前，費城人隊才因為球隊政策，拒絕開給哈勒戴超過三年的延長合約，在經紀公司CAA的爭取下才開出平均年薪二千萬美金的合約。費城人隊總經理小魯本・艾馬諾在和李伊談約進入尾聲時，曾經打電話給哈勒戴。

「我知道我跟你說過，我們不會開三年以上的合約給球員。」他說。「但我有個機會可以用五年合約簽回克里夫・李伊。」

哈勒戴的回覆讓艾馬諾安心不少。他說他不在乎李伊的合約內容，而且鼓勵艾馬諾去簽下他。艾馬諾掛電話之後更有決心要把李伊這張合約簽下來。

「這就是大夫令人欣賞的地方。」艾馬諾說。「他就是這樣的人，一心一意想要戴上冠軍戒。」

費城人隊的球迷給哈勒戴、李伊、漢默斯和奧斯華特四個人取了「王牌鐵支」（Four Aces）的封號，其他人則稱他們為「最強輪值」。他們四人是當時大聯盟的頭條新聞，球迷想要進場看他們，記者們想要訪問他們，攝影師想要捕捉他們的畫面，但不可能一次滿足每個人的願望，於是費城人隊媒體公關部門就開始想方設法。費城人隊公關事務部門總監葛瑞格・卡斯特雷歐托（Greg Casterioto）想起一九七一年的巴爾的摩金鶯隊，當時他們的先發輪值有四位二十勝的先發投手：吉姆・帕爾默（Jim Palmer）、麥克・奎亞（Mike Cueller）、帕特・道布森（Pat Dobson）和戴夫・麥克奈利，卡斯特雷歐托想說如果把他們的四位投手也找來，一起開個記者會應該會很酷，想像費城人隊這四張王牌也能和前輩一樣，穿著費城人隊球衣，在媒體面前談談他們能夠寫下歷史，直指世界大賽冠軍。這根本是公關部門的夢寐以求的畫面，同時為費城人隊的第一百二十九個球季揭開一個難忘序幕，寫下歷史性的一頁。

卡斯特雷歐托現在只需要這四位投手點頭答應。一月的某個傍晚，他在回家的路上打電話給哈勒戴，他知道如果大夫答應的話，其他人也都會說好。

畢竟誰會對老大說不呢？

哈勒戴接了電話，卡斯特雷歐托向他解釋這個想法，讓大家可以在一次公開的場合談論自己的理想，球團會把逐字稿發給媒體，好讓記者們可以在春訓時聊聊這些事情。

「我們需要你們四個人答應出席。」卡斯特雷歐托說。

「你說四個人是什麼意思？」哈勒戴問。

「你、克里夫、羅伊（奧斯華）和柯爾啊。」卡斯特雷歐托回答。

「不對。」哈勒戴說。「我們是五個人。」

喔，對啦，還有喬。喬・布萊頓是「最強輪值」裡的第五號先發投手，他在二〇〇八年到二〇一〇年期間，包括季後賽，先發七十八場，繳出二十七勝十四敗，防禦率四點三八的成績。他也幫助費城人隊拿下二〇〇八年世界大賽冠軍，甚至在面對坦帕灣光芒隊的世界大賽第四戰大勝中，敲出全壘打。說真的，布萊頓最多就是中段輪值的料，但球隊需要這樣的投手，真正的強隊需要這樣類型的投手，但有了「王牌鐵支」後，布萊頓就被遺忘了，像是披頭四樂團的第五個成員（披頭四樂團其實只有四個人）。卡斯特雷歐托向哈勒戴保證，布萊頓也會受邀參加記者會。

「好啊。」。

其他人也都說好。

超過七十位媒體記者擠在春訓的明屋球場（Bright House Field）記者會現場。李伊坐在中間位置，哈勒戴和布萊頓坐在他的右手邊，奧斯華特和漢默斯則在左手邊。「最強輪值」在記者會上談著他們帶領費城人隊拿下隊史第三座世界大賽冠軍的願望，還有在歷史留名的機會。

「對我來說，費城人隊擁有史上最強投手陣容不是最重要的，而是有絕佳的機會打進季後賽，還有拿下世界大賽冠軍的機會。」哈勒戴說。「每個球員都想要效力強隊的機會。我記得五、六年前，我想要去奧克蘭運動家隊，和馬克・穆德、貝瑞・齊托與提姆・哈德森（Tim Hudson）並肩作戰，我想每位投手都想要身在其中，想要在強隊打球。這就是我來費城的原因，和一群聯盟頂尖的隊友一起打球。這支球隊真的很有實力，但我想這只是增加打進季後賽和贏得冠軍的機率而已。這也是為什麼我還想繼續打球，我想成為冠軍隊的一員，對我來說是最重要的事情。當然，如果我們又是差那麼一點點的話，那可就不好受了。」

在記者會結束之後，全國的媒體還是不停地湧入清水市。《紐約時報》把四位王牌投手放在《週日》雜誌的封面，《運動畫刊》的記者蓋瑞．史密斯（Gary Smith）在費城人隊春訓基地花了一週的時間，寫出五千字的專文，刊登在雜誌每年的季前預測專刊。《運動畫刊》向名攝影師華特．伊洛斯（Walter Iooss）致敬，模仿了他在二〇〇七年為魔力紅樂團（Maroon 5）拍攝《滾石雜誌》（Rolling Stone）封面作品，將「最強輪值」五個人放在專刊封面。《運動畫刊》把李伊放在照片的正中央，而不是選哈勒戴，並不是因為李伊比較強，而是因為他的回歸掀起了話題。

春訓營結束了，四位王牌投手也調整到位，準備開始新球季。新球季將會是費城人隊史以來最備受期待的一年，有人說這盛況只有一九七九年彼得．羅斯（Pete Rose）加入費城人隊的第一年可以相比。

「我光看費城人隊的先發輪值，就足以被他們可能達成的成績給嚇到了。」名人堂投手唐．薩頓（Don Sutton）說。「我知道球季就像一本書，現在我們只有大綱而已，我知道我們直到看完最後一頁前，都不能評斷書的好壞，但我很期待接下來會發生什麼事情，對於其他大聯盟球隊來說應該只有羨慕的份。如果你不想要這四張王牌在你隊上，你大概有毛病。費城人隊的先發輪值大概是全大聯盟最好的，甚至是史上最強的組合之一。」

六月底，哈勒戴在十七場先發中，拿下十勝三敗，防禦率二點四零的成績，六月的最後一場比賽對上運動家隊，他以完投勝作收。這已經是他這個球季第五場完投，費城人隊生涯的第十四場，同時也是生涯第六十三場。費城人隊在七月一日作客多倫多，是哈勒戴在藍鳥隊把他交易後第一次回到加拿大。喬治・普里斯收到來自費城人隊的一只信封，他以為是哈勒戴的病歷還是什麼的，結果打開來是瑞氏（Reese's）的花生巧克力，裡面還附上一張紙條。

「親愛的喬治，我希望你已經找到那個偷吃鬼了。愛你的羅伊・哈勒戴。」

幾年前，哈勒戴、喬治・普里斯和唐納文・桑塔斯約定好要吃有機食物，規定每個人都得遵守承諾。但在球季中實在很難吃得健康。在某次特別漫長的比賽中，普里斯離開板凳區，走進休息室找點零食來吃，他被一包三顆的瑞氏花生醬巧克力給吸引住，他撕開包裝，拿了兩個，跑到X光小房間，大快朵頤一番。

「我沒有要躲喔，只是找一個絕佳的地方可以享用而已。」普里斯說。

他咬下第一口的時候，糟糕，羅伊出現了。普里斯把整顆巧克力塞進嘴巴裡，另一顆放進口袋裡，他嘴巴還很用力地咬著巧克力。

「嘿，喬治，你在幹嘛？」哈勒戴問。

「檢查X光啊。」普里斯回答。「我們要幫某人拍X光片。」

「真的嗎？那你嘴巴裡是什麼？」

「一根香蕉。」

「真的嗎？你剛剛吃香蕉？」

「對啊，我剛吃。」

「那香蕉皮咧？」

「你問我這個問題讓我覺得被冒犯了，我不知道你在說什麼。」

「好吧。我站在這裡看到一條被打開的瑞氏巧克力，裡面還剩一顆，我在想是不是你吃掉了。我們說好都不能破戒的。」

「大夫，我真的是吃了一根香蕉，但我也知道休息室有老鼠的問題，我想應該是老鼠把包裝咬破了，以前也發生過。一定是老鼠幹的。」

哈勒戴說好吧，然後就離開。普里斯從口袋裡把另一顆拿出來吃掉，再回到休息區。他坐在哈勒戴和桑塔斯附近，近到可以偷聽到的距離。

「嘿，你知道我剛剛看到什麼嗎？」哈勒戴說。

「啥？」桑塔斯說。

「我想喬治在騙我。」哈勒戴說。「我剛剛走進休息室的食物間，我看到喬治在嚼東西，他說他在吃香蕉，附近根本沒有香蕉皮，至少我沒看到。但我看到瑞氏巧克力包裝被打開，他說是老鼠把包裝咬破了。」

「喬治，你說謊嗎？」桑塔斯問。

「桑哥，我沒說謊。」普里斯回答。「我沒吃巧克力。」

「大夫，喬治說話算話。」桑塔斯說。「如果他說沒吃就沒吃，我相信他。」

「你沒錯。」哈勒戴說。「我也相信喬治，我甚至可以把家人交付給他。」

幾分鐘之後，普里斯坦承他撒了謊，根本沒有香蕉，也沒有喜歡吃花生巧克力的老鼠，其實是他吃的。哈勒戴和桑塔斯笑到肚子痛，桑塔斯告訴普里斯說本來他們相信他的說詞的，因為他們真心地相信他。

回到多倫多的感覺很好，藍鳥隊也這麼覺得。他們希望能在加拿大國慶日七月一日這天表揚大夫，但他們知道因為哈勒戴隔天要投球，不可能參加表揚典禮，於是他們問費城人隊球團，請他在比賽前拿著打序表到本壘接受表揚，同時播放他生涯在藍鳥隊的精彩片段影片，讓球迷可以向他表示感謝之意。影片播完，全場起立歡呼，哈勒戴得向觀眾致意兩次才夠。

哈勒戴在七月二日登板先發，巧合的是，正好是他從但尼丁市一A球隊重返大聯盟的日子十週年。

「時光飛逝啊。」他說。「生涯頭幾年好像是很久以前的事情了，直到你回到多倫多，你開始想那些往事，那些經歷過的事還有生涯的起點。你甚至不記得已經多久了，還有當時有多苦，回到這裡讓我想起很多事情。」

在第一局上場前的暖身時，哈勒戴受到全場起立鼓掌歡迎，他原本想要致意回禮，但想到這樣可能對藍鳥隊不太尊重。

中外野旅館窗外還掛著一面床單，上面寫著：「歡迎回來，大夫。跪求輕虐。」

哈勒戴連續兩場投出完投勝，費城人隊以五比三打敗藍鳥隊。

「我永遠不會忘記這天。」他說。

明星賽前，哈勒戴累積十九場先發，投出十一勝三敗，防禦率二點四五的成績。他不只和隊友李伊、漢默斯、謝恩．維克托里諾以及普拉西多．波蘭柯一起入選明星賽，他還擔任國家聯盟明星隊的先發投手。費城人隊在上半季取得五十七勝三十四敗，勝率六成二六的佳績。他們打得很好，但也有隱憂。奧斯華特背痛的問題越來越糟，牛棚傷兵越來越多，打線也很掙扎。阿特利在球季頭兩個月因為慢性膝蓋問題掛免戰牌，五月回到球場也找不回過往身手。球隊也懷念起強打右外野手傑森．沃斯，他在去年十二月離隊和華盛頓國民隊簽約。

費城人隊需要援兵，哈勒戴試著說服艾馬諾去找一些幫手來。

「我知道我在這只有這幾年，所以我可以出清小聯盟農場。」艾馬諾說。

七月十八日，下半季的首場先發，哈勒戴在瑞格里球場（Wrigley Field）出戰芝加哥小熊隊，當時溫度是攝氏三十二點八度（華氏九十一度），但高濕度讓炎熱指數突破一百。哈勒戴在炎熱的天氣下通常表現都不理想，費城人隊每次在他先發時總會準備兩件球衣，還有幾件紅色袖子的內衣給他。這場比賽他每兩局都會換一件乾的球衣和內衣來穿。

「他要換很多套球衣。」菲爾．楔里丹說。「他會到室內吹涼一下，特別是天氣比較熱的時候。有件事很有趣，他特別要穿耐吉的某款停產T恤，所以我們剩下的所有都留給他，他把每件都穿破了。我沒看過有人穿破這麼多衣服，他下場的時候連釘鞋都在滴水，他流超多汗的。」

但那天晚上他的狀況不太一樣。開賽時哈勒戴的臉漲紅，一直舉手過頭要把濕透的內衣撥開。他辛苦地投完前兩局，第三局他用了三十一球。他彎了兩次腰，想要讓自己鎮定一點。阿特利看到這個情況，知道隊友需要幫忙，於是吹了聲口哨，向二壘審示意暫停。

阿特利正假裝綁他鬆掉的鞋帶，這時哈勒戴蹲在地上。

「那天很熱。」阿特利說。「站在那邊不動很難受，我無法想像他當時有多不舒服。你只知道他每場比賽前很認真準備，而且在場上拿出表現。但身為他的隊友，你希望他成功，也希望自己能夠幫他，所以我總是覺得如果我可以幫隊友爭取一點喘息時間的話，他可以表現得更好一點。」

三局投完，哈勒戴換掉他的球衣和內衣，防護員拿冷凍的毛巾幫他降溫。李奇．杜比問哈勒戴需不需要下場休息，哈勒戴拒絕。哈勒戴熬過第四局，第五局他投了一顆時速八十七英里的卡特球（根據Brooks Baseball統計，通常他的卡特球均速在九十一點八英里），他退下投手丘，和捕手卡洛斯．魯伊斯咬耳朵，杜比和首席防護員史考特．謝里丹也到場上加入他們。哈勒戴覺得頭暈目眩，看不清楚魯伊斯的暗號。於是他退場休息。

兩名醫師看了哈勒戴的狀況，他們說哈勒戴是中暑和脫水而已，隔天哈勒戴就恢復正常。

「我以為我挺得過去，但最後一局我好像在玩旋轉咖啡杯一樣。」哈勒戴說。「在局間休息時，我躲不掉炎熱的天氣，感覺越來越熱，怎樣都無法消暑。」

七月二十九日，哈勒戴主場面對匹茲堡海盜隊，主投七局無失分，幫助球隊以十比三擊敗對手。在比賽中，卡斯特雷歐托離開市民銀行球場的記者室，好方便寫他的新聞稿。費城人隊和休士頓太空人隊完成交易，費城人將得到杭特・潘斯（Hunter Pence）。艾馬諾把新秀強納森・辛克頓（Jonathan Singleton）、傑洛德・克札特（Jarred Cosart）和喬許・澤德（Josh Zeid）以及一名日後指定球員*，送到太空人隊。對於費城人隊來說，這筆交易的代價很高，但他們需要把握機會拿下另一座世界大賽冠軍獎盃。

九月十七日，費城人隊連續五年奪下國家聯盟東區冠軍。他們雖然為此慶祝，派對卻擇日再辦，因為他們著眼更高的目標。

「這只是完成其中一塊拼圖而已。」總教練查理・曼紐爾說。

費城人隊最後贏了隊史最多的一百零二場勝利。「最強輪值」合計繳出七十六勝四十二敗，防禦率二點八六的成績。根據FanGraphs數據網站的資料，「最強輪值」的WAR值高達二十七，是自一八七一年以來，先發輪值的最高紀錄。同時也是自一九八五年以來最低的防禦率；輪

---

* 後來指定球員為多明哥・山塔納（Domingo Santana）。

值總共吃掉一千零六十四又三分之二局，則是一九八九年以來第九多的；三振四壞保送比四點二二也是自一九〇〇年以來第四佳；每九局被上壘率（WHIP）一點一一是一九七五年來第五低的。投手獨立指數（FIP）*則是一九七二年以來第三低。費城人隊先發輪值沒有任何一位二十勝投手，但這不表示他們的成績遜於一九七一年的金鶯隊先發輪值。

「他們應該比我們更強。」一九七一年效力於金鶯隊的二壘手戴維・強森（Davey Johnson）說。「我們有奎亞和麥克奈利，他們很強沒錯，但我不知道有沒有比漢默斯和李伊更厲害。哈勒戴跟帕爾默一樣是具有宰制力的王牌，等級差不多。那麼奧斯華特跟道布森相比呢？那年道布森特別強，但奧斯華特已經強很久了。費城人隊的輪值真的夭壽強。」

哈勒戴整年先發三十二場，八場完投，連續五年在完投場次上領先全聯盟的投手，而且還拿下十九勝六敗，防禦率二點三五的成績。他在二百三十三又三分之二局的投球中，送出二百二十次三振，只保送三十五名打者。在國家聯盟賽揚獎票選中，他只輸給洛杉磯道奇隊左投克萊頓・柯蕭（Clayton Kershaw），屈居第二。柯蕭繳出二十一勝五敗，防禦率二點二八的成績。柯蕭值得獲獎，但哈勒戴的宰制力又一次被低估了。根據Baseball Reference網站計算，哈勒戴單季的WAR值是八點八，而柯蕭則是六點七。

李伊在賽揚獎票選中排在第三名。他的成績十七勝八敗，防禦率二點四零，WAR值八點五；漢默斯排在票選第五，十四勝九敗，防禦率二點七九，WAR值六點四；奧斯華特則是先發二十三場，九勝十敗，防禦率三點六九，而且在季後賽開打前看起來很健康。菜鳥凡斯・沃利（Vance Worley）繳出十一勝三敗，防禦率三點零一的成績，和坎卓克的八勝六敗，防禦率三點二二，補上了奧斯華特和布萊頓因傷缺陣的缺口。布萊頓因為手肘受傷，只投了八場先發。

哈勒戴在國聯分區系列賽打頭陣，出戰聖路易紅雀隊。費城人隊球迷很緊張，因為紅雀隊本季例行賽對戰費城人隊取得六勝三敗的優勢，在最近的二十一場比賽中，贏了十六場，而費城人隊在最近的十二場比賽中只贏了四場。

哈勒戴沒在怕的。

「我來這裡是要埋葬凱薩的，不是稱讚他的。」哈勒戴在賽前引用了莎士比亞的句子。「我認為就是這樣，我們知道紅雀隊有多棒，我們尊敬他們的實力和成績，但我們得保持信心，相信我們能擊敗他們。我和隊友都保持信心，這非常重要。我們不會小看他們，但我也不是要自大，我相信我們能夠打敗他們。」

哈勒戴在第一局就被藍斯・柏克曼（Lance Berkman）敲了一發三分砲，全場費城人隊球迷鴉雀無聲。

---

* 和防禦率意義相近的一種數據，但僅計算投手能夠掌握的四項數據：全壘打、三振、四死球（包含觸身球）和投球局數，比防禦率能夠反映出投手真實的表現。

「我想不到比這更糟的開局了。」哈勒戴說。

他想起多佛曼說的：忘掉已經發生的，照著計畫走，好好地執行下一球。

「花了我很久時間才懂得該怎做。」哈勒戴說。「你不能收回已經發生的事情。做為一名投手你得學會，學會把事情拋到腦後，然後專注前方，身為投手、打者，你不能夠失去希望，你不能失去動力和想要獲勝的念頭。」

費城人隊最終絕地大反攻，以十一比六拿下第一戰勝利。哈勒戴投了八局，沒有再失掉任何分數。

第二戰，費城人隊在前三局取得四比零領先優勢，但是李伊搞砸了，最後以四比五輸球。費城人隊再拿下第三戰，輸掉了第四戰，把戰線拉回費城。費城人隊和他們的球迷非常緊張，原本以為他們能夠一路順利挺進世界大賽，結果現在他們逼到一戰定生死的第五場，派出哈勒戴對上紅雀隊的克里斯．卡本特。

在聖路易時，哈勒戴和卡本特還聊到系列賽可能打到第五場。不過一旦當球隊抵達費城時，他們的友情暫時放一邊，不打電話、不傳簡訊，當然也沒有共進晚餐。

「只有一個方法能夠贏球。」卡本特說。「他的心智和我一樣堅強，我知道壓力很大，這是重要的舞台，但對他一點影響也沒有。我必須要認真準備，好讓這些事情也對我毫無影響。」

「我們的確有聊到可能有第五戰。」哈勒戴說。「我們從沒有機會同場對戰，如果要有第一次，就是現在了。」

紅雀隊開路先鋒拉斐爾．佛考（Rafael Furcal）在第五戰首打席就把哈勒戴的伸卡球掃向中右外野全壘打牆，維克托里諾的回傳球沒有被內野手攔截下來，讓佛考攻佔三壘，形成三壘安打。下一棒史其普．舒馬克（Skip Shumaker）耗了哈勒戴十球，最後在兩好球的球數下，把一記曲球打到右外野形成二壘安打，佛考回到本壘得分。哈勒戴在第一局沒有再失掉任何分數，紅雀隊以一比零領先。

然後⋯⋯就完了。

第二局投完某一球之後，哈勒戴感覺到下背部有啪的一聲，當下他不知道發生什麼事了，靠著腎上腺素撐完接下來的七局，一分未失，只再被擊出四支安打。他送出一次保送，三振七名打者，他完成他的任務，但是卡本特表現更好。

「我知道哈勒戴不會再失分了。」卡本特說。「我在休息區裡想，我得一局一局投，一球一球投，這是我的心態，我從哈維身上學到的。」

費城人隊打者只從卡本特手上敲出三支安打。四局下半，兩出局時曾經攻佔一三壘，伊巴涅斯在滿球數時把一記卡特球掃向右外野，柏克曼接殺，離全壘打牆只有幾英呎的距離。

阿特利在九局下半面對第一球，咬中一記伸卡球，飛往費城人隊牛棚，紅雀隊中外野手強．傑（Jon Jay）往後退，接到這球之後往後跑動的動能還讓他直接撞上了全壘打牆。一出局。

「我有咬中那顆球，而且我知道天氣很冷，風還在吹。」阿特利說。「我以為那球有機會幸運地飛出去。」潘斯滾地球出局，兩出局。萊恩・霍華德走進打擊區，費城人隊命懸一線。霍華德在費城人隊生涯擊出許多中意的全壘打，或許這個時候他也能擊出一支全壘打。但是他在兩好兩壞時，把一記曲球擊成滾地球，直朝二壘手尼克・邦托（Nick Punto）而去，霍華德擊球後跑向一壘，這時他扯斷了左腳阿基里斯腱，整個人跌到在地，邦托接到球之後，把球拋給一壘手艾伯特・普荷斯（Albert Pujols），比賽結束。

紅雀隊贏了，球員衝進場內慶祝，全場費城人隊球迷鴉雀無聲。霍華德被抬出場。

費城人擁有了「最強輪值」，也在七月完成了重要的交易，寫下隊史新高的單季一百零二勝。關鍵第五戰有大夫先發，還是輸了，費城人隊球員慢慢地走回休息室，阿特利在走廊經過了獨自坐在一旁的哈勒戴。

「他坐在那邊沈思。」阿特利說。「不像悲傷的樣子，也不快樂，就是在沈思。那個畫面烙印在我的腦海裡。我感覺糟透了，因為他投得那麼好，而我們卻無法為他得到任何分數，他不想要球季就這麼結束。」

哈勒戴起身，在置物櫃前坐下，就這樣盯著他的置物櫃看了二十五分鐘，才開始脫下球衣，換上短褲和T恤，在休息室接受記者的訪問。

這才不是他心中想像的訪問。

「很難受。」他說。「你想到一整年的努力，你想到今天這麼重要的比賽，然後突然一切都結束了。很難接受這樣的結局，你總是希望有快樂的結局。」

卡本特坐上紅雀隊的巴士，傳了簡訊給哈勒戴。他現場看到好友在場上投球，覺得很開心，他知道哈勒戴生涯初期多麼掙扎，然後破繭而出的過程，他也知道好友多希望拿下世界大賽冠軍，他告訴哈勒戴他為他感到驕傲，這場比賽表現得很棒。把當時的張力和先發投手的故事性算進去的話，這場可能是季後賽史上最精彩的投手戰。

「即便我贏了，我還是很感激能有這個機會對到他，還有和他一起經歷這段人生旅程。」卡本特說。「因為我知道我們最初的起點。」

哈勒戴在置物櫃前收到那封簡訊，他回覆而且恭喜他的好友。他也很感恩有這樣的機會可以和他同場較勁。他說如果他非得要認輸，他很感激他是輸給了卡本特。

「這就是他。」卡本特說。「我們的關係就是這樣，我們知道上場就沒有朋友，但內心深處的我們，沒有那些擁抱和親吻，我們還是深深地在乎著彼此。當然，比賽很重要，結果很重要，但我們的人生更重要，沒有什麼家人和朋友更重要的了。」

哈勒戴洗完澡，換上衣服，然後離開球場。

「那場比賽，」布蘭蒂說。「真的徹底改變了我們的人生，也讓他的職業生涯開始走向尾聲。」

第十九章 終究是凡人

十二月的某天，就在兩人第五戰交手幾週之後，哈勒戴和卡本特坐在亞馬遜河上的一座四層船屋頂樓。哈勒戴之前計畫好要去巴西中部捕孔雀鱸，他邀請卡本特一起來。

同行的還有職業競技釣手史基特．瑞斯（Skeet Reese）和前藍鳥隊終結者B．J．萊恩（B.J. Ryan）。釣魚的過程不太順利，中途下起暴雨，鱸魚不在河面，都躲進樹林叢中。在行程最後一天，哈勒戴捕到一隻大魚，不過讓牠逃跑了。卡本特和萊恩捕了一對鱸魚，而哈勒戴和瑞斯與其他團員則幫助當地漁民對抗巨蟒的攻擊，那位漁民專門抓特殊的異國魚種賣給水族館。他們發現那人全裸，獨自一人坐在岸邊旁的一棵樹上。裸男在巨蟒的攻擊下安然掙脫，但屁股上有幾個咬痕，巨蟒把他的獨木舟引擎扯掉，甩進河裡，哈勒戴和瑞斯幫助那人逃脫，把獨木舟翻正，撿回散落的用具，把船拖回他的家。

在船屋的那幾天晚上，他們都在聊這個故事。大家在第一天晚上都還在討論棒球。後來當年世界大賽打得非常精彩，聖路易紅雀隊最終在第七戰打敗德州遊騎兵隊，卡本特在休息天數不足的情況下先發，投六局失兩分，最後紅雀隊以六比二贏球，拿下世界大賽冠軍。但是哈勒戴和卡本特沒什麼興趣聊國聯分區第五戰或是世界大賽，他們飛來巴西是為了放空，為了釣魚。

不過卡本特還是忍不住。

「大夫，我沒辦法讓你耳根子清淨，我要聊聊我那支安打。」卡本特說。

第五戰八局上半，卡本特從哈勒戴手中擊出中外野方向安打。他在一壞球時，把一記卡特球打向費城人隊的休息區，那球讓他手有些震到，他在打擊區外甩甩手，做做樣子給哈勒戴看，表示自己接下來大概不會揮棒了。下一球他放掉，是好球。在兩好一壞時，哈勒戴投了一顆紅中球，卡本特掃成中外野平飛球，落地成為安打。他上到一壘後看了哈勒戴一眼，當時哈勒戴正把止滑粉袋丟到地上。

「我永遠都記得那一幕。」卡本特告訴哈勒戴說。

哈勒戴罵了幾句髒話，要他閉嘴不要再說。大家都笑翻了。

不過，這趟旅程最後笑著回家的是哈勒戴，他問卡本特要不要一起跳進亞馬遜河裡游泳。

「你他媽的真的瘋了。」卡本特說。

「我知道啊。」哈勒戴說。「來嘛！小卡，現在爆熱的，我汗流得像下雨一樣。而且我們可以炫耀我們在亞馬遜河游泳過，我們周遭沒有人這樣做過吧？」

他說的的確有道理，但這是好主意嗎？他們的嚮導講葡萄牙語，只能說一點點英語，而哈勒戴和卡本特完全不會說葡萄牙語，但是哈勒戴想要游泳，他混著英語、一點基礎西班牙語和手勢，詢問是不是能到河裡游泳。河裡有巨蟒、鱷魚和食人魚游來游去。你可以想像費城人隊和紅雀隊在春訓開訓時，宣布他們的王牌投手因為被食人魚咬了，而進到傷兵名單嗎？

「我們當時想確認下水時，河裡有沒有那些生物會把我們吃掉。」卡本特說。

當船到了釣魚點時，哈勒戴和卡本特還在問嚮導能不能下水。

「游泳？」

「不能游泳。」嚮導每次都一口拒絕。

在午餐後，他們到了另一個釣魚點。

「可以游了。」嚮導說。

一聽到嚮導說好，哈勒戴立刻正面朝下跳進河裡，翻過身游著仰式，等著看船上的卡本特打算怎麼辦。不知道卡本特聽到嚮導說河水「乾淨的像一杯咖啡」一樣能不能說服他跳下水。

「老哥，上來了啦。」卡本特對哈勒戴說。「你等下會被吃掉的。」

「來都來了嘛，下水！」他說。

卡本特跳下水，他們游了一下子然後回到船上，開了幾罐啤酒喝，慶祝他們在亞馬遜雨林中完成人生待辦清單中的一項壯舉。

「這就是大夫本色。」卡本特說。「私底下的羅伊就是愛玩愛笑的一個人。我和他相處印象最深刻的時候都是釣魚、打高爾夫球和球場以外的事情，遠離那些壓力山大的事情和其他人對我們的期待。」

「我可沒有有跟蛇打架喔。」哈勒戴說。「我超怕蛇的。」

拯救裸男和巨蟒的故事在旅程結束後幾週傳開了。瑞斯在他的部落格上寫到這段故事，後來又有一張裸男坐在岸邊的照片曝光，費城人隊的球迷都把哈勒戴當作超級英雄在拜，腦補哈勒戴跳進河裡打敗巨蟒救出漁民，可能還殺了牠之類的情節。

更經典的是，後來還有球迷惡搞「我想要跟羅伊・哈勒戴一起去動物園」的部落格，裡頭寫著：「費城人隊王牌羅伊・哈勒戴是個堅韌的人道主義者、訓練魔人和此部落格所崇拜的神，休賽季的時候他在亞馬遜雨林裡打敗一條巨蟒。我現在根本無法停止寫部落格的衝動，你說是吧？此時亞馬遜當地的原住民，正困惑地看著一條被打到面目全非的巨蟒在水裡游來游去。」*

當然，二〇一二年春訓開始時，哈勒戴還是被迫要跟記者聊聊這些事情，他也說到新球季的展望。在他加入費城人隊的頭兩年，都離世界大賽冠軍差了一小段，不過二〇一一年一百零二勝的陣容幾乎全員回歸。羅伊・奧斯華特、勞爾・伊巴涅斯和萊恩・麥德森離隊，然後傷了左腳阿基里斯腱的萊恩・霍華德不知道什麼時候可以回來。強納森・派伯邦（Jonathan Papelbon）加入球隊，球隊期待大物新秀多明尼克・布朗可以勝任左外野手的工作，還找來準名人堂球員吉姆・

湯米來提供板凳火力。

「我發現我越來越不年輕了。」哈勒戴說。「我深刻體會到，我可以算是打一天少一天了。但我得說，能來到費城人隊已經是我生涯最棒的事情了，我沒有什麼好後悔的，如果我未來再也沒有機會拿冠軍，我也不會後悔了。」

哈勒戴並沒有提到他在第五戰比賽中出現的背部疼痛感，還有到底從何而來的。他深信海豹部隊的格言「默默承受」（Suffer in Silence）。在沒有做功課時，他常常在飛機上看海豹部隊的影片。在多倫多藍鳥隊時期，他還曾經做了好幾頂遮陽帽，帽簷上寫上「默默承受」，放在球隊重量室裡，最認真訓練的隊友可以拿走。

「他受不了聽到有人抱怨或是痛苦呻吟。」喬治．普里斯說。

但是哈勒戴的背痛不像是腿後肌（hamstring）痠痛、腳扭到或是手斷掉這樣，他的疼痛是慢性累積的嚴重症狀。他有椎弓骨折（pars fracture）的情況，造成第一級的腰椎滑脫。如果你看他的腰，你在他往前走的時候會看到一個突出的點。他的第四和第五節椎間盤和幾節椎間盤有不同程度的退化情況。健康的椎間盤像是填滿奶油的甜甜圈，讓它能夠有吸震的效果。當奶油消失，椎間盤退化，就會產生不同程度的疼痛感，從輕微疼痛到失去功能都有可能。布蘭蒂說哈勒戴的

＊這個部落格的匿名作者Zoo with Roy後來在二〇一四年八月真的跟哈勒戴去了動物園。

椎間盤磨損和受到壓迫，甚至身高還矮了一兩吋。哈勒戴向《紐約時報》的記者泰勒·凱普納透露背痛大多因為是跑步造成，他跑步的量比重量訓練和深蹲還多。

「他記得小時候也有背部啪的一聲這種情況。」布蘭蒂說。「後來去看背部專科醫師，他說椎弓骨折是小時候就有的，在癒合之前椎骨就已經變硬。脊椎骨在小時候還是軟的，所以只要休息，妥善照顧就能癒合。他的職業生涯中，脊椎不斷旋轉和承受壓力，跑步、跳躍和壓力都會對背部造成傷害；騎腳踏車和游泳則是比較合適的運動，不過他在準備比賽的時候沒有辦法做這些事情。他可以跑步跑個三到六英里，而騎腳踏車要騎三十英里才有同樣的效果，卻需要花三倍的時間，這樣行不通。」

球探們幾乎馬上就注意到異狀。其中兩位球探向資深記者肯·羅森索透露消息。羅森索在福斯體育的網站（FoxSports.com）寫了一篇關於哈勒戴球速下滑的報導，文中寫到他投球的手臂角度變低，他的第二武器球尾勁變差。這篇報導暗示了哈勒戴可能有傷在身。即便哈勒戴球速真的變慢，他真的改了動作，他的第二武器球尾勁真的變差，他還是對於報導氣炸了，他可不想示弱。別忘了，哈勒戴曾經在二〇〇五年德州的那場高中比賽拖著一隻腳下場。

「當你年紀越大，丟了越多球，你就會需要更多時間開機。」哈勒戴解釋說。「我剛上大聯盟的時候，我可以丟時速九十八英里，去年我差不多是九十二到九十三英里，所以這也沒什麼好奇怪的。年紀越大，開機時間越長；每多丟一局，你就需要更多時間恢復。」

「那個傷勢讓他無法有效地把重心從雙腳轉移到上半身，反覆地做出投球的延伸動作。」史考特．謝里丹說。「我認為他很難舒服地做出那些動作，每次投球都像有什麼抓住他一樣。在我們交易他來的時候，我們不知道他有椎間盤滑脫的情況。後來他開始有背痛的問題，我們照了X光之後才發現，我的天啊，椎間盤突出的程度比我們預期的嚴重。」

哈勒戴在春訓比賽投了二十二局，雖然他三振二十七名打者，只送出三次保送，但防禦率高達五點七三。這代表了什麼嗎？或許有，或許沒有。有些時候春訓的表現就是一年好一年不好，哈勒戴在二〇一一年的春訓比賽投了二十一又三分之二局，防禦率零點四二；二〇一〇年，他投十八局，防禦率四點零零。或許哈勒戴是對的，他需要更多時間開機。

他在例行賽開幕戰對上匹茲堡海盜隊的比賽中，主投八局無失分，帶領球隊以一比零獲勝。在開季的頭五場先發，他的防禦率只有一點九五，讓大家鬆了一口氣。五月十七日時，他九場先發的成績是四勝三敗，防禦率三點二二，不是非常好，但就算是如此，哈勒戴還是能投出完封勝。

然而，他的球速真的一去不復返了。五月的時候，他的伸卡球平均時速是九十一點六英里（約一百四十七點四公里），二〇一一年的時候是九十三英里（約一百四十九點七公里），二〇一〇年是九十三點三英里（約一百五十點二公里），很明顯有落差。但對他來說還過得去，畢竟他也不是強力型投手，他靠的是球的尾勁、控球和積極攻擊好球帶。

接下來哈勒戴在五月二十二日面對華盛頓國民隊的比賽中，投六局失掉五分；下場比賽五月二十七日在客場對上聖路易紅雀隊，他只投了兩局就因為右肩膀背部酸痛退場。

「這問題一直揮之不去。」李奇．杜比說。「有時候看起來沒問題，最近和今天他看起來就不太對勁。我知道他不會輕易退場，我就只是告訴他這樣夠了。」

哈勒戴在二〇〇四年就有過肩膀問題，讓他那年只先發二十一場。他堅稱說這次的問題跟那時候不一樣。

「二〇〇四年那次，我開季每場先發都覺得不太對。」他說。「這次跟那次不一樣。我希望大家可以安心，然後繼續上場比賽，我真的很希望可以上場。我投球的時候其實並沒有非常痛。在二〇〇四年之前的兩年，我投了超過五百局的比賽，還不包括在冬天休賽季操死我的牛棚練習。我當時不懂得保護自己，現在我變得更聰明了。我確定現在有問題，但我們可以不用管它。」

費城人隊把哈勒戴放到傷兵名單，理由是背闊肌拉傷。哈勒戴在七月十七日從傷兵名單出來，面對洛杉磯道奇隊，投五局失掉兩分。在離開傷兵名單之後的十場先發，他投了六十五局，三振五十三人次，投出十一保送，看起來沒什麼大問題。不過在球季的最後四場先發，他在十九局的投球中，失掉十九分。九月二十二日對上亞特蘭大勇士隊的比賽，他只投一又三分之二局就狂失七分，是自二〇〇六年九月十一日以來最短的先發，那次他在安納罕因為強襲平飛球擊中手肘，只投了三分之二局。這次哈勒戴說是肩膀背部抽筋的原因。

「我不覺得是什麼大問題。」他說。「我只擔心會一直持續下去，我已經做了一些改善，像是少丟一點，或是出手的手肘角度等等，我能夠避免就避免。當你還年輕的時候，沒有這些困擾，我必須找到方法來調適。」

球季結束時，哈勒戴獲得十一勝八敗，防禦率四點四九的成績，是他自二〇〇〇年來最高的防禦率。他暗示背部的問題困擾著他，他在休賽季的時候需要加強核心訓練。

「年紀變大，你得做點不一樣的訓練。」他說。「跑步的訓練要調整，投球的訓練也需要改變，柔軟度要再加強。」

二〇一二年，費城人隊以八十一勝八十一敗的戰績結束賽季，自從二〇〇六年以來，第一次沒有打進季後賽，也是自二〇〇二年以來，首次沒有超過五成勝率。但費城人隊全隊上下相信二〇一三年會更好，哈勒戴也一樣相信。

「無庸置疑，我相信我們會更好。」他說。

十二月時，哈勒戴和卡本特又相約旅行，這次是去阿根廷。距離當年第五戰已經超過一年，許多事情都發生了變化。二〇一二年，哈勒戴被背部和肩膀的問題困擾著，卡本特因為動手術修復他右肩的神經問題，只投了三場例行賽和三場季後賽先發。兩個人都希望在二〇一三年能有所反彈。

哈勒戴在出發前打了通電話給卡本特，問他要帶什麼東西去，他們聊到釣竿、捲線器和魚餌，也聊到了棒球。哈勒戴打算帶上他的手套和TRX懸吊帶，可以幫助他做懸吊訓練，加強核心肌群。他請卡本特也帶手套和五磅重的加重腕帶。哈勒戴把TRX懸吊帶綁在他們下榻的農場樹枝上，他們每天都做全身的訓練，他們也跑步和傳接球。其實對哈勒戴來說也很正常，他以往跟布蘭蒂和小孩出去旅行時，也都會帶加重腕帶、手套和彈力帶。布蘭蒂準備出門遊玩的時候，往往會看到她的老公在旅館地上做手臂訓練。

「這傢伙對於訓練停不下來。」卡本特說。「看到他全心投入在目標上，驅使了我要跟上他的動力。」

二〇一三年春訓開訓時，哈勒戴終於重視背部問題。他表示背部才是去年造成問題的原因，而不是肩膀。他開始有新的訓練菜單，雖然看起來不太容易，但他希望能有所幫助。

「那些傷害是不可逆的。」布蘭蒂說。

春訓的六場先發，哈勒戴投出防禦率六點零六的成績，在十六又三分之一局的投球中，三振十六名打者，送出九次保送。保送的問題讓大家警覺到他的狀況，因為他之前幾乎不會投出保送的。另外還有一個問題，他的伸卡球球速落在時速八十五到八十九英里之間。

三月下旬，作客的藍鳥隊小聯盟球員們在清水市的費城人隊春訓基地把哈勒戴給打爆了。哈勒戴投了八十一球，只解決十八名打者中的七位而已，總共只有三次揮棒落空。他在比賽中嘗試用二〇〇八年馬里安諾・李維拉教他的卡特球握法。他在賽後說到，他的球路和他的身體狀況一起在進化：「這不是拳擊賽，不是力量的強碰，是像下棋般的鬥智對決。看的是鬥志和執行力，還有比對方更聰明、準備更充足。」他聽起來像是資深的拳擊手，對上一位更年輕、更快、更強壯、鬥志更高昂的拳擊手之後，解釋他其實沒有被打得那麼慘一樣。

四月三日，哈勒戴在球季的第一場比賽，客場對上亞特蘭大勇士隊。他面對十九位打者，三振九位，但也讓九位打者上壘，其中還包含三次保送和兩發全壘打。

「我會改善這個問題。」他堅持地說。「我要搞定這個問題，它會被解決的，之後會更好。」

四月八日，他面對紐約大都會隊，四局投球就失掉七分，吞下敗投。他的防禦率來到十四點七三。他的兒子布藍登在賽後傳簡訊來。

「你是我的英雄。」

「當你越想越得到它，你就越難得到。」哈勒戴說。「棒球是工作，也是遊戲，你要享受其中。你之所以從事這行，是因為你喜歡它。你有多喜歡，就必須有多享受。如果你不享受其中，你非常難成功。我必須要找回打棒球的初衷。」

哈勒戴引用了哈維・多佛曼的譬喻，他說當你要抓住一隻鳥的時候，你第一次總是手忙腳亂。

「你必須把手張開靜止，讓牠停在你的手上。」哈勒戴說。「這跟投球一樣。」

哈勒戴很想念多佛曼，他知道多佛曼會說一些有幫助的話。在哈勒戴下一次先發預定日四月十四日客場面對邁阿密馬林隊之前，他去翻二〇一〇年賽季之前，多佛曼寄給他的電子郵件，他找到幾封，都是跟關鍵的比賽有關。一場在四月中面對馬林魚的比賽，跟二〇一〇年季後賽國家聯盟分區系列賽第一場面對辛辛那提紅人隊，還有二〇一一年國家聯盟分區系列賽第五場對上聖路易紅雀隊。雖然重要性完全不能相提並論，但是在受到傷勢困擾的二〇一二年，新球季兩場大爆炸之後，接下來這場比賽顯得格外重要。

「我專注去證明那些原本不需要去被證明的事情。」他說。「我必須重新調整，找回對於每一球的專注度，當下的球數，還有簡化整個過程。這些原本是我賴以生存的武器，但現在我找不回來。我想因為去年的傷勢之後，我被放大鏡檢視，所以大家有很多疑惑，我有點因此分心了。我現在要做的就是回歸投球本質，把事情簡化。」

面對馬林魚隊，他投了八局，只失掉一分，費城人隊以二比一擊敗馬林魚，哈勒戴拿下生涯第二百勝。他笑了，他上一次露出笑容已經是好久以前的事情了。賽後，他走進客隊休息室，吉米・羅林斯拿起原本在休息室中央桌上的一大瓶香檳，隊友都團團圍著。

「還有人不知道的話，這是大夫的第兩百勝。」羅林斯說。「他今天挺過來了，恭喜！終於！讓我們繼續連勝下去。這段時間，大家好奇你到底有沒有受傷，追逐兩百勝的壓力也很大。所以真的辛苦了，恭喜！我相信在場其他白人也想說點話。」

「我想我可以代表大家說話。」切斯．阿特利說。「應該有資格吧。」

他接過羅林斯手中的香檳，讀著酒標上面的字，上面寫著第二百勝。

「我想要上面寫世界大賽冠軍的。」阿特利說。

接下來的兩場比賽哈勒戴表現也不錯，但是他需要有人幫他一把。他還是會感覺到疼痛，疼痛改變了他投球的方式，疼痛使得他無法正常表現，也讓他陷入絕望。為了要找回過往的表現，他開始鋌而走險；害怕自己讓大家失望，他陷入憂鬱。大約在二〇一二年開始，他開始請醫師開給他止痛藥。

二〇一三年時，他成癮了。就像繞著安大略湖跑步，像賽前玩飛盤一樣，吃止痛藥變成他的日常。

「為了拿出表現，為了被大家喜歡，為了成功，他開始鋌而走險。」布蘭蒂說。「為了工作，他幾乎什麼做了。他並不是只為了麻痺疼痛感覺，才請醫師開處方，好讓自己可以不用面對現實。他不是這樣的人。他只是想做到以前可以做到的事情，可是他卻不知道該如何才能恢復身手。問題就在於他已經無法做到了，他不應該繼續下去。」

「表現不好讓他覺得很丟臉，他想要東山再起，拿出優異的表現，然後再退休。他想要證明他對得起這紙合約，他不想要當薪水小偷。但令我不解的是，他現在做的事情根本對不起這份合約。我就好奇『只因為吃止痛藥能幫助你，你就去做，那麼你要怎麼合理化這些行為？但只因為你也不喜歡被這樣想，所以你打算視而不見嗎？』他不想聽到我唸這些東西。他只在乎表現如何，還有其他人怎麼看他。但我難過的是，他不在乎我們怎麼看他。」

哈勒戴和布蘭蒂聊過這些事情，她希望哈勒戴退休。她去年就希望他退休了，但沒人說得動哈勒戴，布蘭蒂無法，費城人隊也不能，醫師也不行，誰來都沒辦法。哈勒戴覺得他對於隊友、球團和球迷有一份責任。他希望自己對得起這份合約。

「我們存的錢夠多了。」布蘭蒂說。「十年前我們就衣食無虞了。即便他不再打球我們也不缺錢，可以過一輩子了。我在乎的是這兩年他根本不應該再打球了，不能再上場了。這讓我感覺到很受傷，我一直無法理解。我不懂為什麼棒球對他來說這麼重要，比家庭看得還重？大家可以看到他英雄的那一面，但我們只能得到他剩下的痛苦。他晚上回家痛到不行，連跟小孩去外頭玩耍都不行。因為他開車或坐飛機坐個半小時就會不舒服，我們也無法全家出遊了。可是他卻選擇治標不治本的方法來處理問題。」

哈勒戴在球季中還掉了幾公斤。他說這是遺傳性疾病，但其實只是為服用止痛藥而撒的謊。哈勒戴說話開始變慢，開始語無倫次，像是在八月換上新任總教練萊恩・桑柏格（Ryne Sandberg）時，哈勒戴公開批評前總教練查理・曼紐爾。止痛藥並沒有讓哈勒戴投球表現變得更好，他找不回以前的投球機制。新的投球動作讓他的右肩出現扭傷的情況，產生旋轉肌群輕微撕裂傷，還有因為骨刺產生的關節盂唇磨損。五月的時候，他去看洛杉磯名醫尼爾・艾爾崔許

（Neal ElAttrache），艾爾崔許建議他做關節鏡手術，哈勒戴當下覺得情況還算樂觀。

「我不像之前那麼迷惘了。」哈勒戴說。「我得到可能的答案了，有可能解決的方案，我很樂觀，我們有機會修好這個問題，然後我可以找回過往的自己的投球實力。對於我現在狀況，如果他們檢查沒錯的話，醫師看起來也很樂觀，他們說可以讓我回到兩三年前的水準。或許做完手術，我今年還有機會上場投球，重振雄風。」

費城人隊球團可沒有這麼樂觀。除了好萊塢那些醫美手術之外，世界上還沒有手術可以讓人回春的。在手術的前幾天，哈勒戴在洛杉磯打電話給費城人隊的隨隊記者們，當時這些記者們人在鳳凰城的大通球場（Chase Field）。新聞發布後，有些球迷對於哈勒戴一直忍痛投球感到難過，他們不懂為什麼。當然，他們不懂世界頂級的運動員那股心中不服輸的鬥志，也不懂是什麼驅使著哈勒戴繼續上場投球。

「這很難啊。」哈勒戴說。「對於球團、隊友和球迷，你覺得自己有一份責任要上場投球，特別為了是一支主場常常爆滿的球隊。對我來說這很重要，如果我在墊底球隊的話，我可能會直接說出因為我受傷了不投球，但我們是有機會拿下世界大賽冠軍的球隊，球迷對我們有很高的期待，所以才場場爆滿。你想要盡你所能幫助球隊贏球，真的，這是我繼續堅持下去的原因。我很想跟球迷說，謝謝他們的支持，和那些第二局才來就看到零比九落後的球迷說聲抱歉。我因為將缺席三個月而感到抱歉，我知道有些人會因為這樣覺得難過，但這沒關係，球員生涯就是這樣。

我不會批評他們，如果他們不喜歡我這樣做，就隨他們吧。這些球迷對於球團來說很重要，對於費城這座城市很重要，沒有這些球迷花錢進場看球的話，就不會有我們。有時候大家會忘掉這一點，球迷才是職業運動的衣食父母。」

接下來的幾個月，哈勒戴從肩膀手術後回復中度過。他在八月二十五日回到球隊陣容中，投六局失掉兩分，帶領球隊以九比五打敗亞歷桑納響尾蛇隊。他表現還算過得去，但術後回歸的頭五場先發他的防禦率四點二八，在二十七又三分之一局的投球中，他送出驚人的十七次保送，只三振掉十六名打者，這樣的數據不言自明。

哈勒戴還在尋找那個不存在的解方。某天下午，他打電話給二〇〇一年和二〇〇二年曾經帶過他的前藍鳥隊投手教練馬克・康納，他們好幾年沒說過話了，電話接起來的那刻，哈勒戴甚至沒說喂。

「我的卡特球怎樣？」哈勒戴說。

「什麼？」康納回應。

「我的卡特球投得怎樣，我現在找不到感覺了。」他接著說。康納給了他幾個建議，電話只維持了幾分鐘而已。

「聽起來有道理。」哈勒戴說。「謝啦。」

最後一個月看起來是到了盡頭。大家都心知肚明，只有大夫還在掙扎。

「簡直不忍心再看下去了。」連展東說。「他把自己的身體逼到極限，身心靈都是。對我來說實在不好受，因為你希望他們永遠都在巔峰狀態。像他這樣的偉大的球星並不常見，當你有機會幫助他的時候，你希望他們處在高峰狀態。他根本是超人，超人不會退化的。你給了他超人這個標籤，但他終究是凡人，不凡的凡人。」

然後就這樣結束了。

九月二十三日晚上七點二十五分，哈勒戴在邁阿密的馬林魚球場投出生涯最後一球。他下場時臉部漲紅，而且全身濕透，看起來氣力放盡了。馬林魚球場是有開闔式屋頂的球場，溫控系統控制在攝氏二十五度（華氏七十七度），可是哈勒戴看起來就像是在二〇一一年七月在炎熱的芝加哥瑞格里球場投球。

他投了十六球，只有五顆好球。沒有任何一球超過時速八十三英里（約一百三十三點六公里）。哈勒戴連續四顆壞球保送了首名打者唐諾文．索拉諾（Donovan Solano），第四球還失控打到本壘後方擋板。他對下一棒打者艾德．盧卡斯（Ed Lucas）投到滿球數之後，讓他擊成一壘界外區飛球，被二壘手阿特利接殺。哈勒戴接著用了五顆球保送克里斯．耶律奇（Christian Yelich），第四顆壞球只有時速七十六英里（約一百二十二點三公里）。

「你看得出來他受傷了。」耶律奇說。

「我們看不出來那顆是什麼球種。」桑柏格說。「是變速球嗎？我不知道。」

杜比慢跑上投手丘，捕手卡洛斯・魯伊斯也跟上來，杜比跟哈勒戴說了幾句，哈勒戴搖了幾次頭。杜比說：「好了。」然後看向費城人隊休息區。桑柏格和助理防護員尚恩・弗卡斯尼（Shawn Fcasni）來到場上。吉米・羅林斯、寇迪・艾許（Cody Asche）和戴倫・瑞夫（Darin Ruf）也靠過來。他們交談的時候，哈勒戴彎腰低著頭。

「我沒力了。」他說。

杜比走上投手丘的兩分鐘後，哈勒戴退場，然後消失在通往休息室的走廊中。哈勒戴為棒球付出那麼多，影響了這麼多人，他希望留下一個完美的句點。這樣的結局對他來說很殘酷。

「我知道他是怎樣的人，知道他的自尊心很高，這樣的結局我真的看不下去。」謝里丹說。「你知道那個情況就是『我沒子彈了』，我不記得那天他到治療室做了什麼，就像是『我沒戲唱了』那種感覺。」

「你看到那些偉大的球星因為傷痛，職業生涯戛然而止的樣子，實在令人不忍卒睹。」杜比說。「對於大夫來說或許更加難受。因為他付出了這麼多，他的敬業精神無人能及。我的意思是，每個球員敬業的程度都不同，每個人都希望自己表現到更好的等級，可是這傢伙超越所有等級，他是我看過最敬業、最有決心的人。」

哈勒戴在賽後表示，他不知道未來打算如何，他在休賽季會成為自由球員，他希望能夠重返球場，而且在費城人隊結束職業生涯。

「其實他心知肚明，」布蘭蒂說。「他告訴自己所有事情都會好轉的，他會找到短期的方法讓他安然地走向退休。他說合約走完就要回家了。『我想做個普通人，我不想在鎂光燈下，我想要遠離人群，我想做回我自己。』但當他有機會退休時，他卻無法放手，這不是他想要的結局。」

第二十章 退休生活

離開馬林魚球場的那個晚上，哈勒戴不知道自己還不能繼續投球，他的身體已經不行了，已經沒有辦法修好了。但是不管機率多低，狀況多艱難，他如熊熊烈火般的鬥志還在心中燃燒。要澆熄那把火可不容易。

「我現在可以做什麼？」他思考著下一步。「該做什麼才能改善呢？」

費城人隊以七十三勝八十九敗的戰績劃下例行賽句點。球季結束後，哈勒戴回到家，思考他心中的兩個選項，第一個是繼續投球，第二個則是退休。不管選哪個，他的背都還是會痛，但是他投球的話會更不舒服，他的脊椎可能要焊上金屬才能投球。他也已經三十六歲了，值得冒這個風險嗎？他擔心他會把自己投到殘廢，餘生都要坐輪椅的情況。這又是為了什麼？在大聯盟再投一季嗎？

醫師告訴哈勒戴說，如果他能減緩對身體的壓力，他們可以針對疼痛的部位進行注射，搭配物理治療來處理。

最重要的是，醫師能夠更有效地幫助他處理疼痛，不需要再靠止痛藥來度日。這樣一來，他或許能過正常人的生活。

「這不是什麼選擇題。對我來說，就是我們能不能趕快接受？」布蘭蒂說。「對他來說，他很難承認他已經不行了，理解他自己已經不能再上場投球的這個事實。這對他來說很難，他不會放手。答案擺在眼前，其實很清楚了，但我不覺得他能接受沒有棒球之後的人生。」

十二月九日，哈勒戴在佛羅里達州布埃納文圖拉湖市（Lake Buena Vista）舉辦的冬季會議上宣布退休。前一天，他到坦帕擔任但尼丁黑豹隊當一日投手教練，指導一群十三歲的棒球員，其中包括他的大兒子布藍登。布藍登在雙淘汰的錦標賽決賽中，在延長賽面對趨前防守時敲出再見一壘安打，他到一壘時把頭盔甩向天空，他爸從腳把他抱起，握住腳踝，把他翻了一圈。布藍登興奮地狂吼，哈勒戴喜形於色，露出球員時期少見的微笑。這個時刻，他是一位教練，也是一位驕傲的父親。

「我想參與他們追尋夢想的過程。」他說。

哈勒戴記者會上情緒激動，哽咽到說不出話來，但他也有放聲大笑的時候。布蘭蒂、兒子布藍登和雷恩坐在第一排，現任和之前擔任過藍鳥隊與費城人隊的總經理們高德・艾許、J・P・瑞希阿爾迪、艾力克斯・安索波洛斯和小魯本・艾馬諾都受邀出席。哈勒戴坐在台上，宣布和藍鳥隊簽下一日合約，以藍鳥隊球員的身份退休。桌上的麥克風在他正前方，藍鳥隊的球帽在他右手邊，費城人隊的在右手邊，他兒子球隊的球帽放在旁邊，代表將邁向下一段人生篇章。

「我會幫忙指導他們，希望不會漏氣。」哈勒戴說。

他在記者會上回答了三十分鐘的問題，聊到家庭，感謝布蘭蒂、布藍登、雷恩、他的父母和妹妹。他也聊到在多倫多與費城的日子，還有他追尋世界大賽冠軍的夢想。他也重申了不是肩膀的關係，而是背部的傷勢，迫使他選擇提早退休。

「我們無法解決這個問題，」他說。「我還希望繼續投，我希望延續我所享受的事情。我也希望陪伴我的家人。對我來說最好的選擇就是退休，不再繼續給我的身體壓力，然後讓我調整到可以在打擊練習時當餵球投手的程度。」

他說不用擔心。

「我還有很多想做的。」他說。「雖然棒球是我人生重要的一部分，還是有其他事情我想要去做，現在是個好時機去開始做，我很期待，我的家人也很期待。我的太太今天早上還想開香檳慶祝，被我阻止了。我們對於未來迫不及待，我們很幸運有這樣的生活。棒球給了我們很多，這趟旅程是很棒的經驗，我永遠都不會忘記。」

哈勒戴寫下生涯二百零三勝一百零五敗，防禦率三點三八的成績，曾經兩度獲得賽揚獎殊榮，和在兩個聯盟都獲得過賽揚獎的蓋洛・佩瑞、佩卓・馬丁尼茲、藍迪・強森和羅傑・克萊門斯四人齊名*。另外，他還有五次是在賽揚獎票選前五名。哈勒戴入選過八屆全明星賽，曾經三度單季拿下至少二十勝；投出過一場完全比賽，和一場季後賽無安打比賽；還有七度單季聯盟最多完投場次、五度最佳三振四壞保送比，投球局數和完封場次則是四度年度最多。根據Baseball Reference網站統計，他在二〇〇一年到二〇一一年累積六十五點五的WAR值，是那段期間最高的，羅伊．奧斯華特獲得五十一點二的WAR值，排在第二。

包含季後賽，哈勒戴生涯投了二千七百八十七又三分之一局，總共投了四萬一千一百四十一球。沒人知道他到底跑了多少公里，沒人知道他訓練了多少個小時，沒人知道他在影片室待了多久，也沒人知道他花多少時間在球隊專機上做功課。太多了，根本數不清。

「某個時間點，你會知道一切該結束了。」哈勒戴說。「我覺得很幸運，我試著享受每一刻時光。我沒有任何後悔了，我想這很重要。雖然我還有懷念的事情，但我沒有後悔。」

記者會告一段落，哈勒戴家族擺好姿勢給大家照相，布藍登和雷恩很開心地向鏡頭揮手。

「我想他給了棒球他最好的一面。」布蘭蒂在那天說到。「但我覺得他也給了我們他最好的一面。」

退休生活的開始的頭幾週，哈勒戴每天早上都問布蘭蒂她在做什麼，還有什麼他可以幫忙的。布蘭蒂要他不要再問，可以自己安排自己的事情，如果她有需要幫忙的，她會開口。

這樣的生活好不習慣。

「生活型態改變了，需要適應，還有改變做事情的方式，很不一樣。」他說。

他想起最後跟哈維·多佛曼說過的話，哈勒戴想到一些可以做的。或許真的是因為他想到那段話，也可能是他想找點事情做，他後來在二〇一四年春訓時，跑去擔任費城人隊的客座教練。「我從哈維身上學到很多。」哈勒戴說。「我想那些東西是棒球季需要的，我想我幫得上忙。像是心智鍛鍊、察覺自己以及自身的額外優勢。哈維教的東西很有價值，我覺得我有責任分享給大家。因為他過世了，沒有人可以把他所教導的原則分享出去。這些是基本功，也是武器，是一項絕對可以好好利用的武器。」

哈勒戴在春訓時向大家自我介紹時，自嘲是自己是名符其實的「宅爸」。他和幾位年輕的費城人隊投手一起訓練，包含大物新秀傑西·拜多（Jesse Biddle）。費城人隊在二〇一〇年選秀會上，第一輪選進了拜多。二〇一三年，他在二A的瑞丁市（Reading）先發二十七場，投出五勝十四敗，防禦率三點六四的成績。在一百三十八又三分之二局的投球中，他保送八十二名打者。哈勒戴記得當年自我懷疑的那位藍鳥隊年輕投手，他可以幫得上忙。

---

* 後來麥克斯·薛澤（Max Scherzer）在二〇一六年也加入行列。薛澤在二〇一三年效力於美國聯盟的底特律老虎隊時拿下賽揚獎，二〇一六年和二〇一七年在國家聯盟的華盛頓國民隊拿下兩座賽揚獎。

「我試著幫助他們建立心理層面的東西，幫助他們準備每一次先發。」他說。「幾乎是用洗腦的方式告訴他們要一直保持什麼習慣，就一直做，直到真的成為習慣。就連我自己也是這樣。」

「這就是哈維厲害之處，他常常告訴我要一直做，然後就能掌握它。對於我的新工作我也是這樣，我要一直重複那些心理學的詞彙，表達出很有自信的樣子，直到我能夠對於工作駕輕就熟。」

某天早上，拜多在實戰練習中面對切斯・阿特利、萊恩・霍華德和巴比・阿布瑞尤（Bobby Abreu）。他搭配的捕手是卡洛斯・魯伊斯。三位打者不停把球打到外野深處，不管是速球、曲球還是其他球種，每一球都像是被打爆了。

「嘿，你投得不錯啊。」哈勒戴跟拜多說。

「你在說什麼啊？」拜多說。

「你丟得不錯。」他說。

「你有看到嗎？我剛剛被打爆了欸。」拜多說。

「喔，因為魯伊斯告訴打者你接下來要丟什麼球啊。」

「喔喔喔喔喔喔！」

「他當時說：『你丟得不錯喔。我很喜歡看你投球，球威很棒。』」拜多回憶起當時。「因為我上一季有幾個月表現很糟糕，那時真的很需要聽到鼓勵。」

哈勒戴給了拜多一本《投手的心靈密碼》。他們通了幾次電話。拜多和其他投手一樣，都聽過哈勒戴的故事，這讓他們感覺到眼前的掙扎，其實真的沒什麼那麼難克服。

哈勒戴在二〇一五年的四月，寫電子郵件給南佛羅里達大學（University of South Florida），他希望能進去旁聽課程。

「在哈維．多佛曼十年來的指導下，我對於運動心理學算小有研究。」他寫到。「因為我認為許多運動員陷入低潮，是由於缺乏或是沒有正確的自信和自我認知，所以我想要去旁聽一些心理學概論相關的課程。」

哈勒戴後來沒辦法去花時間上課或是其他工作，因為瑞希阿爾迪的關係，他準備去接紐約大都會隊的工作。瑞希阿爾迪在二〇一〇年的時候，加入大都會隊管理階層。哈勒戴和大都會隊總經理桑迪．阿爾德森碰面，阿爾德森也是第一個給多佛曼球團工作的人，當時一九八三年阿爾德森在運動家隊服務。不過哈勒戴最後一刻決定不去了，他跟瑞希阿爾迪說他和藍鳥隊有簽下個人服務合約，讓他不能效力於其他球團。哈勒戴計畫在二〇一六年做為心智訓練的義工教練，但同樣在最後一刻選擇放棄不去。哈勒戴在家也不好受，背痛的問題還是困擾著他，他同時對抗憂鬱症，也服用憂鬱症藥物，他試圖戒掉止痛藥和抗發炎藥。他希望擺脫這些抗焦慮的藥物。他知道戒掉藥物會讓他更痛，但他必須要試試看。

「我想他不知道退休之後要幹嘛，加上他的背痛，又因為某些原因不想去動手術，這幾個情況和更多外在因素混在一起，讓情況變得很糟。」他的妹妹海瑟說。「全部混在一起就難處理了，如果一個一個來的話，我想他還可以應付得了。」

哈勒戴想要處理他背部的問題，但是醫師告訴他，他不適合做椎間盤手術。對他來說這感覺無助又絕望。他有超過十年的時間，是聯盟裡體能與身體素質的模範生。現在他連舒服地坐在椅子上都是種奢求。

「他的椎間盤有變形的、破損的、碎裂的和膨脹的。」布蘭蒂說。「有太多情況要處理。那時他才知道他傷得那麼嚴重，幾乎殘廢了。當他開始停用止痛藥物時，身體就像突然被卡車撞到一樣疼痛。」

他曾經想要戒掉止痛藥，但是這反而讓他生病。他因為疼痛無法運動，他無法健康地飲食，體重增加，開始需要安眠藥才能入睡。哈勒戴在球員生涯時，先發前一天就因為焦慮症而有睡眠障礙，而現在他則是因為疼痛而無法安然入睡。

事情就像滾雪球一樣，越來越糟，一發不可收拾。

「對於眼前問題，羅伊總是見林不見樹。」布蘭蒂說。「他無法停止關注疼痛，去感恩那些他所擁有的東西。他的一生都在乎工作，現在沒有了工作，他就迷失了，他徹底迷失自我，於是得了憂鬱症。」

球員生涯結束後，哈勒戴覺得很空虛。他也不是第一位職業運動員遇到這樣的情況。職業運動是個瘋狂的產業，有名有利還有阿諛奉承；什麼都有專人服務，搭的是一流的專機，住的也是五星級旅館；頂尖球員惺惺相惜的故事和完成一生夢想的故事隨時上演。職業運動有它的架構和提供大家一個目標，當工作變成如此重要的時候，家庭和工作就難以平衡。對於哈勒戴來說，棒球非常重要，甚至是他的全部。

然後，呼的一聲，什麼都沒了。

哈勒戴討厭他已經遠離棒球的事實。他在二〇一三年生涯最後一年留下十三場先發四勝五敗，防禦率六點八二的成績，是他自二〇〇〇年以來最差的成績。他曾經長達十一年的時間是大聯盟最強的投手，這樣的結局不是他期望的，那種感覺揮之不去，一點一滴啃食著他的心靈。

「他無法承受那種感覺，無法接受他的結局，也不能欣賞他曾經擁有過的好成績。」布蘭蒂說。「他總是想要填補那種空虛感，但其實解答一直都在他身邊。他其實最需要的是家人的陪伴，他需要一個家，和有一個可以讓自己平靜的防空洞。他一直以來都無法了解到這個事實。」

「他之前想要找個地方去帶小孩的棒球隊。我就跟他說不用什麼都你來做，可以貢獻一部分就好，拿捏一下。但他做不到，對他來說要嘛就是全心投入，要嘛就是完全不管。」

這段時間，哈勒戴教小孩打棒球，也考到了飛行駕照，還到多倫多和費城開球。他被選進科羅拉多州運動名人堂（加入他的恩師「巴士」羅伯特．坎貝爾的行列）還有加拿大棒球名人堂。一家人去了義大利、澳洲和阿拉斯加州。他們計畫弄一個收容流浪狗的地方、開餐廳和其他事業。他曾經想過去報名安柏瑞德航空大學（Embry-Riddle Aeronautical University）學修理飛機。當然還有去南佛羅里達大學修習心理學課程，延續多佛曼的志業。他也想回到棒球圈。

「有好多事情我們想去做。」布蘭蒂說。「然後他就可能因為疼痛中止一切，把所有時間花在讓自己舒緩疼痛上。」

哈勒戴曾經到勒戒所兩次。第一次因為有人認出他來，他只待了幾週。那個人手上拿手機，哈勒戴怕他的照片外流到網路上，他只能慌張地離開。他回到家，答應要認真勒戒，他也真的做了。他還去了物理治療所，開始改變飲食習慣和服用草藥，也試過按摩，最後還是回到了止痛藥。

「看到他這樣，令我傷心欲絕。」布蘭蒂說。「成癮不只發生在街上那些用二手針頭施打毒品只想要嗨的流浪漢身上，這也不是勒戒該有的樣子。成癮是一種對於化學成分莫名產生依賴的情況。他在服藥一段時間的時候就感覺到了，他的身體停止分泌多巴胺，開始依賴藥物。」

後來哈勒戴第二次去勒戒，那是給名人、公司執行長和其他專業人士去的勒戒所。他在那邊待了三個月，中間有幾度想要離開，他很討厭那裡。每次布蘭蒂都得說服他為了自己和家人，要待在那裡，勒戒所能夠幫助他用健康的方法處理戒斷症狀。哈勒戴開始寫日記，幫助他抒發心情，也回憶過去。

當哈勒戴回到家時，雖然狀態不是完美，但也有所進步了。他開始能找到生活的節奏，他知道醫師可以幫他處理疼痛的問題，他也深知自己需要長期保持健康的方法。哈勒戴不知道自己能不能完全擺脫藥物，但他的目標是希望不在依賴讓他成癮的物質。他希望找回人生的方向盤，就像他在投球的時候一樣掌控全局。

「他努力地試著回到健康的生活，」布蘭蒂說。「但這並不容易。」

第二十一章　第二人生

哈勒戴努力地讓自己回到正軌，但當他掙扎時，他還是需要幫助。他接受了費城人隊的邀請，在二〇一六年一月參加球隊於主場舉辦的年度新秀座談會。他在筆記本上寫了一些東西，大概花一小時的時間和大家分享。他對於要講的內容很熟悉，而且和費城人隊新秀尼克．威廉斯（Nick Williams）、安德魯．納普（Andrew Knapp）、艾都布瑞．雷莫斯（Edubray Ramos）、馬克．艾波（Mark Appel）與其他新秀球員演講時，看起來很自在。

不難想像他退休後做這份工作的樣子。

「我不知道這是不是我的天命，但對我的經驗獨一無二，因為我經歷過幾乎所有波折。」哈勒戴說。「從小時候被逼迫練習和後來的低潮，不只是一點痛苦而已，而是非常多。然後開始了解事情是怎麼一回事，開始了解哈維所說的，開始把這些聽到的東西內化，成為我這個人。能夠經歷過這些，是一趟獨特的旅程，最後淬煉出知識養分。」

哈勒戴和新秀們分享什麼是新秀該做的，什麼是不該做的；什麼是身為隊友該做的，什麼又是不該做的。他覺得這些內容對於新秀們會有幫助。

「如果你今天沒有要上場投球，」哈勒戴說。「球隊要你留在休息區，在場邊看比賽。這傳統在棒球界很流行，但就像傳染病一樣不好。」

哈勒戴開放提問，球員們好奇他是怎麼克服生涯早期的低潮。

「我沒有宗教信仰。」他回答說。「我的信仰就是我爸教的、學校教練教的、投手教練教的、球隊總經理教的還有副總經理教的。這就是我的信仰。如果他們覺得我投得好，或是他們在走廊遇到我跟我打招呼，我就突然變成很有自信。我剛上大聯盟的時候投得很掙扎，我在走廊遇到教練，他會轉頭走開。我的價值變成由其他人來決定，當時我並不是在為自己投球，他們把我送回到一A，再回到大聯盟的路非常漫長。那時我下定決心，要為我自己投球，還要盡我所能地去努力，如果還是不行，那就真的不行。我如果盡了全力，結果不如意，我可以開心地離開，但我如果知道自己不夠努力，我不會甘心地離開，而且我永遠不知道我可以做到多少。所以我承諾自己未來無論如何，都要盡可能地去做。」

哈勒戴也提到當時在但尼丁市有過要跳樓的念頭，還好布蘭蒂剛好看到多佛曼的書，改變了他的一生。

「因為這本書，讓我感覺到自己有義務把這些東西分享出來。」他說。

哈勒戴大力地宣導他「專注在下一球的哲學」，以及賽前準備與培養規律的重要性。

「在場的所有人，如果你被拉到大聯盟上場對決基恩卡洛．史坦頓，就只能投一球，你會怎麼做。這樣想才對。」哈勒戴說。「但通常你不自覺會想到，要面對馬林魚隊投滿七局，想辦法把失分壓在三分以內，這樣去思考就會讓你感覺到喘不過氣。」

「我相信藍斯．阿姆斯壯（Lance Armstrong）* 的賽前準備比我還充分，但我就是做到我能力範圍內的最好。這樣我上場的時候，我覺得自己是全場準備最充分的。你想，當你準備的比對手還充分的時候，對方要怎麼贏你？很難吧。這就是我自信的來源。我向你們保證，如果你有正確的信念，你為了自己去做這些，你會有同樣的感覺。這是額外的付出，這是一種投入。我總是說：『人之所以有不同的成就，就在於他們有多想贏，願意付出多少代價。』」只有一次機會，你會付出多少代價換取上大聯盟的機會，或是在大聯盟站穩的機會，甚至是入選明星賽，有一個長久的職業生涯呢？」

哈勒戴曾經說過，他原本想要寫一本書的。

「他想要改變其他人的人生。」克里斯．卡本特說。「他知道自己有料可以分享，想回饋給大家。」

---

* 美國前職業公路自由車賽車手。

哈勒戴因為想要募款幫助清水市的兒童癌症關懷活動，他在二〇一四年三月申請了一個推特（Twitter）帳號。他很享受跟球迷互動的經驗，因此就繼續使用推特，他在推特上分享開飛機、釣魚、家庭、冷笑話、流浪狗救援和指導兩個兒子布藍登和雷恩的棒球技術。

哈勒戴很愛當教練，讓他有機會和兒子們相處，也和棒球的距離更近一些。

「他還是很愛棒球。」布蘭蒂說。「他想念和隊友的相處，在休息室的那種充滿活力的氣氛很有傳染力，你會想要幹大事，一件很棒的大事。他退休以後，這對他來說是最難忘懷的部分，但這也是他投入在指導學生棒球的原因。我想這幫助了他回歸家庭，找到生活的重心。」

其實也還有別的原因驅動著哈勒戴。

「學生棒球的亂象，真是令我大開眼界。」他說。

哈勒戴希望能改變生態。他在一支青棒巡迴球隊「佛羅里達火燒隊」（Florida Burns）指導，同時在布藍登就讀的清水市髑髏地天主教高中（Calvary Christian High School）擔任教練。他也在「正向教練聯盟」（Positive Coaching Alliance）幫忙，這個非營利組織主要的精神在創造正向的學生運動環境。除此之外，他也協助清水市的公園與休閒部門、在少棒開幕典禮演說，以及在清水市青年會幫助經濟環境較差的孩童參與運動。

望子成龍的家長們常常來找哈勒戴幫忙，想知道該怎麼做才能讓孩子出人頭地，有什麼訓練的撇步嗎？或是教幾招投球的訣竅？他看到有些家長在觀眾席大小聲，逼得孩子喘不過氣，其他家長稱之為「棒球虎爸」。哈勒戴看不下去，他告訴這些家長，要先讓孩子喜歡棒球。如果孩子們真心喜歡，才有可能表現卓越。

哈勒戴也是這樣教兩個兒子布藍登和雷恩的。每場比賽後，哈勒戴一定會稱讚他們哪方面做得好，哪些可以再進步。他希望能夠鼓勵兒子們的表現，同時促使他們更上一層樓。

「最近幾年羅伊開始有些改變，他開始接受自己的本性，開始指導小孩。」布蘭蒂說。「希望小孩子能夠認真訓練，他總是這樣盼望。同時他也希望他們愛上棒球，享受打球的過程。」

這樣的精神不只感染了火燒隊的球員，也包括球員的家長們。他讓球員和家長們訂下公約，得遵守球隊的規矩，請大家都要用正確的方式來看待比賽，不管是球場上還是觀眾席上。如果家長們不能配合，就不能到現場看球，或者是他的小孩就不能上場比賽。

他們不是指導棒球選手而已，而是在教育年輕男性，只是這些人剛好在打棒球而已。

清水市的公園與休閒部門員工麥克．拉克伍德（Mike Lockwood）的小孩也和雷恩同樣在火燒隊。拉克伍德說：「這是家庭教育和學習團隊精神。羅伊有時候會在週日清晨天還沒亮，還很冷的時候，帶一盒甜甜圈來和大家分享。他想要創造一種正向的文化和經驗，像是分甜甜圈來吃這種小事也是學習的一環。對於教育，他想得很深，都是出於自發性的，而且做的每件事情都是有系統性的。」

哈勒戴麾下的球員們形容他是「領袖」、「很照顧人的」、「謙虛」、「會激勵人的」、「大方的」，還有「溫柔的巨人」。或許他會覺得訝異，原來他的球員們是這樣看他的，但真的是如此。「這真的太狂了。」髑髏地天主教高中棒球隊投手強尼・邦那（Jonny Bunner）說。「我以前在家玩MLB The Show電動遊戲是用他當投手，現在居然是他來教我投球，還教我人生的大道理。」

哈勒戴在二〇一六年秋天加入髑髏地天主教高中棒球隊教練團，擔任助理教練。隔年，髑髏地天主教高中拿下二〇一七年度州冠軍。

「我想他自己都認為，職業生涯任何的成就都比不上帶領球隊拿到那座冠軍。」布蘭蒂說。「顯然這個過程高度投入又刺激。是他幫助球隊站上更高的舞台，看到他們的付出有了成果，真的很棒。」

哈勒戴的生活在二〇一七年開始漸入佳境，雖然還有很長的路要走，但他有進步了。在三月的時候他接受了費城人隊的工作邀請。四月開始，他在費城人隊所在的清水市卡本特訓練基地二樓有自己的獨立辦公室，門上的名牌寫著「運動心理教練羅伊・哈勒戴」，下方還有他的手機號碼。

他買了家具、設備和文具用品，還有一台上萬元的零重力按摩椅，好讓他的辦公室對球員更有吸引力。哈勒戴在休息室佈告欄貼了兩張表單，一張讓球員可以預約一對一的面談，另一張則是登記使用按摩椅。他辛勤地安排面談，練習在平板電腦上做筆記。哈勒戴準備一大疊多佛曼的書還有一堆空白筆記本發給球員，球員的功課就是讀多佛曼的書，然後用筆記本做筆記，之後面談的時候再來看看筆記寫了什麼。

他計畫要開自己的飛機，從佛羅里達州飛到賓州、紐澤西州，和紐約的費城人隊辦公室。費城人隊事前聲明不會付他的飛機燃料錢，但他完全不在乎。

「那並不是『我只是覺得這份工作很酷』而已，」費城人隊運動心理教練傑夫．米勒（Geoff Miller）說。「而是真的幫助到球員。哈維讓我知道，如果我想像他幫助我一樣去幫助其他人，我該怎麼做得更好。哈勒戴很有潛力，他雖然沒有受過正規訓練，但當我和他坐下來聊天，我知道他的直覺和洞見的等級是非常高的。他與生俱來的觀察力、同理心和善良個性，將會是運動心理領域的明日之星。」

米勒跟哈勒戴說明年要找一個會講西班牙語的運動心理教練。

「嗯，那如果明年春訓前我把西班牙語學起來呢？」哈勒戴說。

他認真了。

「你看得出來他的動力。」米勒說。「這就是他面對困難的精神，他會認真地去學，直到克服困難。」

哈勒戴也開始和球員建立關係。在賽後，他傳簡訊、寫電子郵件或是打電話給球員。他因為有幾次聯絡不上球隊的右投手傑克伯．瓦格斯派克（Jacob Waguespack），有一天晚上特別開車去球場，因為那天瓦格斯派克坐在本壘後方觀眾席負責記錄，他就去跟瓦格斯派克聊天聊了幾局；又有一次下午，他租了禮車，帶了一堆披薩，帶幾位球員去純品康納球場去看坦帕灣光芒隊的比賽；他也會帶球員去釣魚、載球員們去機場看他喜歡的飛機；他常常獨自一人坐在訓練基地的用餐區中央，吃著三明治，看有沒有人會來跟他聊天。

「我不知道他是無聊，還是只是想要告訴大家歡迎找他聊天。」在二〇一五年選秀會上，在第七輪被費城人隊選走的右投手路克・萊夫特威區（Luke Leftwich）說。「有那種『我在這喔，我坐在房間裡，歡迎大家現在來找我聊天』的感覺。」

哈勒戴和萊夫特威區聊過幾次，他們聊到如何處理壓力。哈勒戴分享了討好爸爸而產生壓力的故事，這對萊夫特威區有幫助。

「當他開始探索內心時，改變了他自己對人生的看法。」萊夫特威區說。「我為什麼在這裡，因為我喜歡棒球所以我在這裡。我不是為誰打球，我是因為我愛棒球，我想這樣過我的人生。我們也聊到排除外在壓力，專注在提升自己上。」

春訓時，哈勒戴和右投手傑洛德・艾克霍夫（Jerad Eickhoff）聊到變速球，艾克霍夫怎麼也投不好變速球。艾克霍夫還希望多多向他討教。哈勒戴也看了傷後復出的右投手查克・艾弗林（Zach Eflin）幾次實戰練習，聊如何向打者進攻和把局數投長，也給了艾弗林一本《投手的心靈密碼》。

哈勒戴特別註記了他特別喜歡的幾個章節：逆境、焦慮、信仰、信心、情緒、愉悅、不懈和鬥士，另外也特別註記了幾篇，像是觀點、壓力和裁判。

「他聊到在投手丘上要像鬥牛犬（bulldog）一樣，面無表情，不能讓其他人看出你在想什麼。」艾弗林說。「像他這樣等級的投手，心智是另一個檔次的。」CAA經紀人傑夫・貝瑞說。「他很樂於分享他的經驗，並不是因為這些球員會上大聯盟，也不是這些球員會賺很多錢。就算是在社區大學打球的還上不了場的年輕人，他也會分享一樣的內容。他一視同仁，不會大小眼。我想這就是他的熱情所在。並不是只有幫助你在場上有更好的表現，而是讓你成為更好的一個人。」

十一月六日，哈勒戴在卡本特訓練基地（Carpenter Complex）分享，對象是參加肌力與體能訓練營的球員們。他準備了簡報投影片，但大多數時候他都是憑記憶信手捻來。

「我看得到他感覺自己有幫助到球員時，容光煥發，滿足的樣子。」米勒說。「有趣的是，以前他當投手的時候，沒人知道他在想什麼，但在這裡你可以聽到。他也絕不藏私，甚至很自豪，對於球員們越講越興奮。從他的表情看得出來他很享受，而且很在乎和他互動的每一個人。」

布蘭蒂好奇球員們是不是也幫助了羅伊，就像羅伊幫助他們一樣。

「他繼續用不同的方式在棒球界貢獻，試著填補內心的空虛，讓自己感覺有價值，還是一號人物。」布蘭蒂說。「我希望有球員因為和他聊天之後，真的有所改變。每個人都會遇到低潮，即便你是職業運動明星也逃不了，所以不要去管其他人怎麼想。我想和他聊天，對於球員真的會有幫助，他敞開心胸去聊低潮，需要其他人幫助的時期，對於他自己也是一種療癒的過程。球員聽到他的經驗，可能會覺得『連羅伊・哈勒戴都經歷過這些，我也不算太差嘛』。這很重要，告訴大家其實哈勒戴也有凡人的一面。」

「我們的情況終於好轉了。去年我們還在努力地解決問題，我覺得他有進步，我們找到不錯的醫生可以幫助他控制疼痛，有些資源可以幫助他有效地規劃處理疼痛的問題，讓疼痛不再影響他的日常生理和心理。抗憂鬱藥和止痛藥兩者交互作用，彼此的副作用無法取得平衡，所以得找到對的方式來處理。我想現在算是找到對的方式了。」布蘭蒂說。

第二十二章　我也愛你

哈勒戴從小就熱愛飛行，如果他不打棒球的話，他可能成為飛行員。但因為他後來以棒球維生，飛行成為一種消遣，一種尋找心靈平靜的方式。當哈勒戴感覺到迷失時，他會跳上飛機，離開地球表面，尋找自己。

「當羅伊面臨低潮，覺得沮喪時，他就會去開飛機。」布蘭蒂說。「這能夠幫助他釐清思緒。就好像聽恩雅的歌一樣，飛到雲端，忘卻煩惱，想想自己該怎麼做，然後再回家。飛行對他來說就像是一個心理上的時間停止器，我能理解他需要這樣的時刻，他真的需要，就像我會去騎馬一樣，有時候你需要把腦袋關機，然後去做你想做的事情，對他來說就是去開飛機。他很愛那種感覺，就像在場上投球那種充滿腎上腺素、刺激的感覺，充滿挑戰。這就是他喜愛飛行的原因，我懂，我能理解。」

但是布蘭蒂搭羅伊的飛機，卻從來沒有感覺到自在過，不是因為覺得危險，事實上她覺得很安心，而是她知道意外總會來到。在一起飛行時，她總是會想到布藍登和雷恩。如果出了什麼意外，他們就成了孤兒。這很正常，父母總是會擔心，但羅伊從沒有這麼想過，因為他從小就開飛機，甚至可以說他在飛機裡長大，他讀了很多報章雜誌中飛機失事的新聞，他甚至會和隊友和機組人員討論，這些故事並沒有嚇跑他。他知道自己不會那麼倒楣。

「有更多人因為騎馬而受傷，你還是去騎了。」哈勒戴跟布蘭蒂這樣說過。

或許這是事實，但她提醒羅伊，世界上有因為車禍和騎馬而受傷的，但飛機意外可不是受傷而已，是墜毀，很少人能夠在墜機中生還的。他說她不懂，應該要去上飛行課程了解更多安全相關的知識。

「我們常常討論這件事。」她說。「這是不必要的風險。年輕的時候我毫不遲疑就騎上摩托車，但現在你就算付我錢，我也不會騎。我不喜歡飛行，但我在半空中也不會害怕，只是我更開心能夠平安降落。」

在哈勒戴退休之後，布蘭蒂希望她的老公在面對低潮時，能夠停飛一陣子。

「他需要找回生活的控制權，專注在其他事情上。」她說。「不要再多花錢去找樂子，不能再隨心所欲。在確保他回到正軌之前，我真的不希望他再去開飛機。」

二〇一五年尾聲，哈勒戴聽說了ICON A5這台二十三呎的輕型水上飛機，它看起來就像會飛的跑車一樣，而且跟跑車一樣要價不菲。「這台飛機把運輸變成了運動，飛行本該如此。」飛機製造商的網站上這麼寫著。飛機的駕駛艙很精緻，操控桿是軍機的樣式；可以在陸地上起飛，在水面上降落；還可以拆掉側窗，讓駕駛和乘客就像坐在兩人座的敞篷車裡。降落在水面後，還可以爬上機翼休息，或是把機翼當作跳水板。

哈勒戴很想要一台。但是經銷商告訴他，如果他付美金三十八萬九千元的話，飛機要二〇一八年才會到貨。他不想等那麼久，所以他到推特上尋求幫忙。然後飛機製造商的執行長克爾克．霍金斯（Kirk Hawkins）隔天就回覆他：「我們可以聊聊。」

飛機在二〇一七年十月十日到貨。

哈勒戴要不就是把它停在家後面的湖上，不然就是停在附近的飛機場。哈勒戴和布蘭蒂很喜歡這架飛機，他們會帶著午餐，飛到墨西哥灣的三鴉島（Three-Rooker Bar），這個新月型的島就在清水市的北邊。飛越海灣的時可以看到鯊魚和魚群。他們在水上降落，把飛機拖到沙灘上，然後享用午餐。吃完後再飛回家去接小孩們下課。

「好像在中午跑去度假。」布蘭蒂說。「真是太棒了。不過我們也有幾次卡在沙灘上啦，在海灘上也不能叫道路救援，只好跟它耗到漲潮再拖吧。在那邊也發生一些糗事和拍了不少美照。」

二〇一七年十一月七日，哈勒戴一家人在週二早晨醒來，就跟平常的上學日一樣。小孩準備出門，羅伊開車載他們上學，然後下午羅伊和布蘭蒂再去學校看他們的樂團演出。布蘭蒂在中間的空檔時間要去幫她媽媽跑腿，她問羅伊要不要一起，順便去吃午餐。羅伊說他有其他事要做，就不一起去了。他心情起伏還是還大，這個早上他看來心情不好。

「他還是為憂鬱症所困。」布蘭蒂說。「他有社交焦慮症。他總覺得自己不夠好、不夠幽默、不夠受歡迎。他生性悲觀，但我不希望因為他的狀況，就否定我們曾經有過的美好時光。」

布蘭蒂開了車離開，羅伊傳簡訊給他，說他要從家旁邊的湖飛到機場，再開停在那的吉普車到表演場地。

大約一個小時後，他又傳了一封簡訊。這時他還沒離開家。

「我很抱歉。」他說。「我覺得妳在生我的氣，我應該跟妳一起去的。」

「我沒有生你的氣，」布蘭蒂說。「我只是失望。」

羅伊在十一點四十七分起飛。這時他已經累積了七百零三點九個小時的飛行時數，其中包含駕駛ICON A5的五十一點八小時，還有他自己的ICON A5的十四點五小時。他攀升到超過一千九百英尺的高度，往北飛了四英里之後他轉西向，往墨西哥灣的方向飛了十英里。他發現他來不及在下午一點前從離家車程四十分鐘的機場降落並開車抵達學校。他在空中傳簡訊給布蘭蒂，說他會直接飛回家，從家裡開車過去。

「我愛你，快來吧。」布蘭蒂回傳。

「我也愛妳，對不起，我應該要跟妳一起去的，我又虛度了一天。」

哈勒戴飛過沿著墨西哥灣的十九號公路，這時大約六百英尺高，他下降到三十六英尺，飛越水面，然後往南。他飛過綠鑰海灘（Green Key Beach）時，高度在十一英尺，然後做了一個三百六十度的右旋轉，爬升到一百英尺，然後繼續往南，經過住宅區時下降到七十五英尺，已經低於美國聯邦航空總署（FAA）的下限。飛機最後的資料記錄哈勒戴在二百英尺的高度，以時速一百英里（八十七節）的速度飛行。影片顯示飛機最後往以傾斜四十五度方式轉彎左飛，然後保持在離水面十尺的高度低空飛行，然後再攀升到三百英尺到五百英尺的高度，再以四十五度的角度往下俯衝。

飛機在十二點零四分墜落海面。

布蘭蒂到了雷恩的學校，傳簡訊給羅伊，告訴他坐哪裡，他們幫他留了個位置。快到一點鐘的時候，她又傳了一封簡訊。

「你在哪？五分鐘後就要開始了，你應該要提早到的。」

演奏會開始了，她又傳了一次。

「你在哪？」

演出開始後的三十分鐘左右，布蘭蒂的朋友傳了一封簡訊：「拜託告訴我妳今天沒飛。有架飛機在妳家附近墜毀了。」

「羅伊前幾個小時有飛，但他現在沒有。」布蘭蒂回覆。「是什麼型號的飛機？」

她的朋友不知道。飛機在水面上是整個翻過來的，他以為是更大的機型，不是比較小的ICON A5。「不是羅伊。」布蘭蒂告訴自己，他已經平安降落了，或許正在停車，正要走進來。

她再傳了一次簡訊。

「我的天啊，我聽到墜機的事情。你到底在哪？」

她開始擔心，但表面上看起來很鎮定，她知道不會是她老公。不可能。演奏會結束了，羅伊還是沒出現，布蘭蒂開始慌了，但她也知道她老公很健忘，常常找不到手機。她猜他的手機掉在飛機上了，然後就開著吉普車出發趕路，可能沒空回頭去拿。她相信羅伊等會就出現了。

布蘭蒂的兄弟打電話來，他就在她家。

「警長來了。」他邊哭邊說。「他要跟你說話。」

布蘭蒂尖叫，她知道事情不妙。

「幹！」

她回到家，然後打給學校，留言請孩子們盡快回到家，家裡有急事。沒人能確定那是哈勒戴的飛機，但是畢竟他是名人，消息很快傳開了。布蘭蒂和警長確認了機尾的編號。接下來就是和時間賽跑。

布蘭蒂必須是第一個把消息告訴兒子的人。

當地的電視新聞台比布藍登和雷恩還早到了家門前，她要求記者離開，但是記者冷血地回應：「小姐，節哀順變，但我們必須要工作。」布藍登的朋友早一步先傳了一封簡訊。

「我看到一則推特上的貼文，你爸死於墜機，是真的嗎？」

當小孩們回到家，他們已經知道最糟的事情發生了。

「我當時甚至無法在第一時間親口告訴他們這件事情。」她說。

親友們陸續到哈勒戴家幫忙，布蘭蒂試著冷靜下來，但她無法。布藍登的朋友也來了，雷恩則是想要一個人靜靜。布蘭蒂想要陪兩個兒子，但家裡擠滿了人，她不知道如何是好。

「我不知道該怎麼辦。」她說。

當喬治．普里斯傳訊息給他的時候，克里斯．卡本特人在新罕布夏州一家賣咖啡和冰淇淋的店。普里斯說羅伊的飛機可能墜毀了，但沒人能確定。卡本特傳訊息給他在曾經在新罕布夏州警局工作，現在在坦帕灣的朋友，對方說他要查查。十五分鐘後他回訊，說還沒有確定，也沒有公告，但他說是哈勒戴的飛機。卡本特回到家，搭開電視看了新聞。好幾天他都失魂落魄。

「太難過了。」卡本特說。「我不知道能去哪，該做什麼。」

卡洛斯．魯伊斯人在巴拿馬，早上起來看到天空暗暗的。「今天感覺很差。」他跟他兄弟說。一通電話打斷了他的午覺，他的經紀人馬克．克林格曼（Marc Kligman）打電話來，他有不好的預感，克林格曼跟他說要告訴他一個壞消息，準備好了嗎？魯伊斯說準備好了，克林格曼就直說了。

「當下我覺得身體怪怪的。」魯伊斯說。「我從來沒有想像過會有這種感覺。」

大羅伊接到女兒海瑟的電話，海瑟從布蘭蒂那知道了壞消息。大羅伊無法接受，他認為一定有什麼搞錯了。

在哈勒戴二〇一一年那場完全比賽中守下最後一個出局數的胡安．卡斯楚，當時他人在鳳凰城，接到來自墨西哥的記者的電話，問他對於這件事的看法，他忍不住哭了。

在二〇一四年接受哈勒戴指導的傑西．拜多後來有在電話上聊過幾次天，但好幾年都沒有聯絡了。他看到手機上的推播訊息，他想這會是真的嗎？他覺得這像是電影劇情，於是打電話給在費城的爸媽確認。

哈勒戴把派特．亨特根當作職業生涯最重要的導師之一。每年秋天，亨特根會在安大略舉辦為期兩週打獵營。當前藍鳥隊隊友保羅．史波爾加瑞奇傳訊息來時，他人在狩獵場的觀景台上。他掏出手機，在推特上看新聞。從前藍鳥隊總裁保羅．畢斯頓到前總經理艾力克斯．安索波洛斯都打電話來，亨特根這輩子從來沒有在一天內接過這麼多通電話和簡訊，之後也沒有。

「每個人都無法接受。」他說。

曾經在藍鳥隊和哈勒戴搭檔三十場比賽的肯．哈可比當時人在亞歷桑那的秋季聯盟，他收到克雷．貝林傑（Clay Bellinger）的簡訊。

「你聽說大夫的事了嗎？」

哈可比在收到訊息時就有不好的預感。他打電話給貝林傑，回到家時，他看到太太也在哭。

在哈勒戴的職業生涯中，唐納文．桑塔斯和哈勒戴相處的時間是數一數二多的。他的太太在他開車時打電話給他，問他最近有沒有和大夫聯絡，他說前幾天還收到哈勒戴的訊息，問他能不能到布藍登的高中去分享，教一些訓練的東西。哈勒戴認為這些小孩很有潛力。桑塔斯的太太說她晚點會再打電話，她後來再打了一通電話，跟他說新聞報導哈勒戴的飛機墜毀了，但是無法確定他有沒有在飛機上，或許可能是其他人駕駛的。桑塔斯知道事情不妙了。

「我知道不可能有人開他飛機。」他說。「他不可能問朋友『你要不要開我的飛機？』不管是誰都不可能，只有他可以開那架飛機。我當時手足無措，我不需要新聞告訴我到底是不是他，我無法接受。」

吉米．羅林斯從萊恩．霍華德的簡訊知道了這個消息。當下他沒有太大的情緒反應，直到晚上就寢時，他的太太喬哈里（Johari）踢了他一下時，他才被打開開關。「我想到布蘭蒂可能再也沒有枕邊人了。」他說。「她沒機會說過去一點、給我枕頭之類的，他們的兒子們也無法在門邊聽到爸爸的聲音。想到這些讓我很難受，讓我覺得很沈重。」

李奇．杜比接到電話時，人正在和太太打高爾夫球。接下來他整晚都在家裡看著電視新聞。

J．P．瑞希阿爾迪和太太人在飛機上，飛機降落時，他打開手機，訊息排山倒海而來。連展東收到來自前費城人隊員工的訊息。「太悲傷了。這不可能是大夫，他可是超人。」

小魯本．艾馬諾看到電視新聞，他傳了幾封訊息給哈勒戴。「我嚇傻了。我從來沒有這麼悲傷過，無法言喻。贏得世界大賽的感覺也同樣無法言喻，對我來說實在無法用文字形容當時我的感覺有多麼差，即便到現在也是如此。」

切斯．阿特利和他的太太珍（Jen）當時瑜伽課程正結束，他從前隊友布萊恩．史奈德的簡訊得知消息，他希望這搞錯了，他馬上就想到布蘭蒂、布藍登和雷恩。

傑森．沃斯從電視上看到新聞，他傳了簡訊給凱爾．坎卓克，坎卓克還有跟哈勒戴保持密切聯絡，而且也住在佛州。沃斯從坎卓克的回覆中，感覺得出來坎卓克難以平復情緒。

「你不希望這種事情發生在你的隊友和朋友身上，更何況是羅伊⋯」沃斯說。「我們付出了這麼多，我們全心投入在棒球比賽上。當你退休了之後，好像有時間可以做自己想做的事情了，一想到這種事就無法再想下去了。真的很難受。即便是現在，你還是有時候會想要打電話給他，但是我其實不能，想起來真的有點誇張。」

除了魯伊斯之外，葛瑞格．佐恩和哈勒戴搭檔過最多場比賽。他和亨特根一樣，得知消息時人在打獵，他打開手機時，手機簡訊和語音留言灌爆。當他回到營地時，他傷心到整個人癱軟。

「這件事改變了我的人生。」他說。「改變了我和朋友相處的方式。男生都是這樣的，有時候半年沒講話，突然一通電話『嘿，我這幾天要到你的城市，我們出去玩吧。』我有八個月還是一年沒和羅伊說話了，我很後悔我沒和他聯絡。現在我每週都會和朋友打個招呼，表達關心。」

一週後，所有人都到了清水市的費城人春訓基地光譜球場（Spectrum Field），參加哈勒戴的

「歡慶人生」（Celebration of Life）告別式。大約有兩千人參與這個九十分鐘的告別式，其中包含許多費城人隊和藍鳥隊前隊友。現場還播放費城人隊老闆約翰．米德爾頓（John Middleton）、查理．曼紐爾、阿特利、柯爾．漢默斯、瑞希阿爾迪、卡本特和普里斯的致詞影片。

大羅伊和布蘭蒂各自分享了和哈勒戴的故事。

「我們懷念他。」布蘭蒂看著十七歲的兒子布藍登和十三歲的雷恩。「我們家裡還有一百萬條充電線和平板電腦，家裡的雪茄都可以開一間店了。我們的車庫堆滿了模型飛機，還有他以為他藏得很好的冰淇淋三明治。最令人感到開心的是，因為有你們，我每天都還可以看到他。如果這就是我必須承受的，有你們陪伴一切都值得。」

沒人真的知道那天到底為什麼墜機。在看到國家運輸安全理事會的調查，還有皮尼拉斯──帕斯克郡（Pinellas-Pasco）的法醫驗屍報告後，每個人都有自己的一套說法。在墜落墨西哥灣之前，哈勒戴不尋常地駕駛著他的ICON A5，之後上下翻轉地落在水深四尺半的地方。法醫說死因是鈍器創傷，加上溺水。他的體內檢查出有嗎啡、安非他命（amphetamine）和安眠藥唑吡坦（zolpidem）。體內也有微量的麻醉藥物二氫嗎啡酮（hydromorphone）、抗憂鬱藥物氟西汀（fluoxetine）和酒精。美國聯邦航空總署明文禁止飛行員在飛行前服用以上多數藥物，如果違反將會被起訴。

哈勒戴的藥物都是醫生開的處方，但家人們知道實際的形況不是如此。

「驗屍報告說這些處方藥物不是致死的原因。」布蘭蒂說。「對我來說，這表示他體內沒有超量的藥物，但他體內的確有。對我和對我的孩子們來說這是最難受的，因為大家都會認為是藥物的關係，會懷疑他有濫用藥物的問題。事實上，當他服用這些藥物時，我們也無從得知，永遠不會知道。難過的是，他再也無法說明這一切。」

除了驗屍報告之外，布蘭蒂知道大家都會疑惑羅伊生前最後一刻在飛機上做了什麼？她不知道，但她說有時候哈勒戴會做蜻蜓點水的花式飛行，這是一種練習。她說曾經因為跑道太短，而且時間不夠讓飛機停下來，做過一次蜻蜓點水。她說和他飛行時有做過，她在想會不會是同樣的情況。

「會不會是他太大意了？」他說。「的確有可能，但我不認為他是刻意這樣去做，他不是這樣的人，他不是那種魯莽的人。他喜歡爬升和下降的飛行感受，但他不會單純這樣上上下下，很難知道到底是實際情況是怎樣。我知道他這樣做的確很魯莽，我也知道他曾經這樣練習過，所以我想他可能只是練習蜻蜓點水，如果他俯衝太快，高度不夠之類的，機鼻接觸到水面，海浪可能讓飛機翻過來，有可能是這樣。有太多可能性導致墜機。」

大羅伊也是飛行員，是他教他的兒子飛行。對於飛行的愛好是父子關係的重要元素。他也想當天到底發生什麼事了。

他跟很多人請教，非常多人。當他知道自己永遠不會知道真相後，他後來不再尋求答案了。

「我只知道他跟我說過的事情，可是他沒有說過事件真相。他已經走了。」他說。

至少布蘭蒂很確定一件事。非常確定。

「我覺得他是自殺嗎？」她說。「百分之一百五十不是。有任何人會這樣想的話，一定不認識羅伊。如果真的認識他，就會知道他不會這麼做，他不會就這樣拋下孩子，不會尋短。而且當時狀況還不錯，我們正在解決很多問題，而且看起來一切都很順利。他還為費城人隊工作，很愛他的工作，他和孩子們一起訓練，建立感情。孩子的球隊贏了州冠軍，很多事情都很順利。尋短的念頭不可能發生，就是不太可能。」

當時，布蘭蒂還是接受了人們有他們自己對於事件的想法。墜機是事實，無法改變，她什麼也無法改變。她知道全家人都很愛羅伊，羅伊也愛他們。家人們都很想念他。

「感覺不像他離開了。」她說。「這不像他因為生病或是車禍之後在醫院，然後離世。像是我們去學校，然後他沒回家而已。這是最難接受的，好像沒有結局。感覺一下子能接受，一下子又拒絕承認。因為我們習慣了他常常不在家，也不會覺得奇怪，感覺就好像他去打客場比賽打很久。直到三、四週之後，我開始感受他真的不會再回家了。現在我還是做夢夢到他，想說他就在枕邊。『這有可能嗎？你不在了，但感覺還是活著。』感覺我們還是會對話，一點也不像他已經走了。」

第二十三章　傳奇謝幕

二〇一九年八月二十二日，布蘭蒂和孩子們在等一通電話。美國棒球作家協會（Baseball Writers' Association of America）將會在這天宣布最新一梯進到棒球名人堂的球員。哈勒戴需要獲得百分之七十五的選票才能入選，但每個人都會認為他會進到名人堂。即使布蘭蒂從沒有去看過萊恩・提伯多（Ryan Thibodaux）在推特上密切關注的名人堂票選出口調查，親友們也會告訴她。

「每個人都在臉書上分享。」她說。「『媽，別看了！』你知道接下來這應該十之八九跑不掉了。」

不過她還是在擔心，如果哈勒戴進了名人堂，別人會怎麼說他？哈勒戴有這個資格成為第一年就入選的名人堂成員，但現實是，輿論可能很殘酷，特別在社群媒體上。推特上會不會有人口出惡言？媒體從業人員會不會說什麼或是寫什麼蠢東西，或是傷害人的言論？布蘭蒂很擔心布藍登和雷恩。

「我不想要讓人認為他是因為過世才入選名人堂的。」布蘭蒂說。「我希望他入選是因為他應該入選，不是因為他人生的戲劇性轉折，這是我唯一擔心的。在沒有需要面對當事人的情況下，很容易說出一些傷害人、沒有禮貌的話，我懂，而且百分之九十九點九的媒體都是很正面的，但還是有一些感覺非常傷人。因此我很緊張，當我成為公眾人物，受到大家某種方式的監督和評論。我不想再回到那樣的生活。」

布蘭蒂在過去的十四個月都是這樣過的，她無處可逃。

「當你不停回頭看，你很難往前走。」她說。「並不是你想忘掉那些回憶，我想記得那些好笑的故事和我們對話的點點滴滴。不是哪些『最近如何？』『小孩怎樣啦？』『很好，我們很好啦。』大家都假設你過得如何，『我知道這段時間不好過。』我當然知道啊，我知道我失去了什麼，不用一直提醒我。這也是為什麼我會擔心名人堂票選結果。輿論風向會怎麼說？是值得開心的事情嗎？又或是『我們很難過他無法出席』呢？其實兩種都有吧。但我已經聲明，我只做正面的事情，我不可以讓孩子們再度陷入悲傷。我不能這樣做。」

美國棒球作家協會的秘書傑克・歐康乃爾（Jack O'Connell）會親自致電給每一位入選名人堂的球員或是教練。無論是年度最有價值球員、賽揚獎、新人王還是年度最佳總教練。他在二〇〇三年哈勒戴獲得美國聯盟賽揚獎時打電話給哈勒戴過，還有二〇一〇年的國家聯盟賽揚獎時。他在一月二十二日打給布蘭蒂，告訴她大夫入選了，獲得四百二十五張選票中的三百六十三張，得票率百分之八十五點四。

「（打電話時）我會很明確傳達訊息。」康乃爾說。「我都會讓對話簡短，除非我跟對方很熟。一般來說，就是『恭喜！棒球作家們推舉你進入名人堂。』而這次我打給她時也決定這麼說。我跟你說，她接到電話時非常興奮、非常開心，你可以聽到她的孩子在身旁，聽到背景的歡呼聲。我跟她說，我因為賽揚獎和大夫通過兩次電話。我想我還說了：『布蘭蒂，我希望我現在可以親自和他說話。』她回答：『我也是。』但是她聽起來非常喜悅。」

透過美國棒球作家協會票選，哈勒戴加入了馬里安諾．李維拉、艾格．馬丁尼茲（Edgar Martinez）和麥克．穆西納這個名人堂梯次；此外，資深球員委員會擇選出了李．史密斯（Lee Smith）和哈洛．拜恩斯（Harold Baines）兩位球員。將在七月於紐約州古柏鎮舉辦入龕儀式。

布蘭蒂、布藍登和雷恩在想哈勒戴會想在名人堂匾額上戴藍鳥隊還是費城人隊的球帽。這很重要。葛瑞格．麥達克斯和湯尼．拉．魯薩（Tony La Russa）是唯二沒有隊徽的名人堂成員。麥達克斯無法從亞特蘭勇士隊和芝加哥小熊隊中選出一個；拉魯薩則是在聖路易紅雀隊和奧克蘭運動家隊兩者中難以抉擇。名人堂也讓他們這麼做，不過有時候名人堂則是堅持拒絕。名人堂認為這是要還原歷史真實性，它並不想要有球隊遊說球員選擇他們，而不選另一支球隊；蓋瑞．卡特（Gary Carter）因為在一九八六年效力於紐約大都會隊時贏得冠軍，情感上更有認同感，但名人堂要他戴蒙特婁博覽會隊的球帽進到名人堂，因為他十九年的職業生涯有十二年是在博覽會度過的；安卓．道森（Andre Dawson）想要以小熊隊球員的身份入選，但名人堂也要他選擇博覽會，因為他打了二十一年職業棒球，其中十一年是效力於博覽會隊，道森當時說這個決定讓他心如刀割；另一方面，職業生涯長達二十一年的瑞吉・傑克森（Reggie Jackson）在運動家隊打了十一年，但他以紐約洋基隊的球員身份入選，因為他在紐約贏得了「十月先生」的綽號；再來是諾蘭・萊恩，他到四十二歲之前都沒為德州遊騎兵打過球，但他的匾額上，卻是戴著代表德州遊騎兵的T字隊徽；哈勒戴則是在藍鳥隊效力了十二個球季，在費城人隊則是待了四年的時間。

「我想要以藍鳥隊的球員身份進到名人堂。」二〇一六年八月哈勒戴曾經在藍鳥隊主場羅傑斯中心告訴過記者。「我也想要戴藍鳥隊的球帽退休，單純是因為我在這邊待了更久。」

但布蘭蒂和孩子們決定匾額上不要有任何隊徽。對於那些記得哈勒戴在二〇一六年那段訪問的球迷來說，感到非常沮喪。布蘭蒂當然清楚記得那段訪問，但他們對於那段話有不同的解釋。

「以藍鳥隊球員身份退休是合理而正確的。」布蘭蒂說。「我認為那是他真心想要的，他想要戴著藍鳥隊球帽進到名人堂。一點問題也沒有。當你要二選一的時候，你選哪一個呢？當然大家都有各自的理由，我尊重。但我知道，如果他還有其他選項，他不會二選一。我其實不知道還有其他選項，我很快地就決定了，名人堂那邊說你確定嗎？你要不要再想想？我說：『我會跟孩子們聊聊，但我很確定。』孩子們也說不要隊徽。」

費城人隊老闆約翰・米德爾頓派出私人飛機到佛羅里達州去接布蘭蒂和孩子們到紐約州，參加在入龕儀式前一天的名人堂成員記者會。哈勒戴一家人和李維拉搭同一班電梯到達記者會會場。李維拉告訴布藍登和雷恩說要好好享受這個時刻。

布蘭蒂並沒有與李維拉、馬丁尼茲和穆西納等人一同坐在舞台上，會後她才接受媒體記者提問。記者問她如果哈勒戴在這裡的話會怎麼想。

哈勒戴曾經在二〇一七年，在清水市時公開談到名人堂的事情。他說到：「這是至高無上的殊榮。老實說，我其實沒去想過它。你看到很多應該進去的人入選了，你也看到很多該進去卻事與願違的。這很難選。但當然，我很樂意入選，我認為每個球員都想入選，這可是至高的殊榮。我懷抱期待。」他的妹妹海瑟也問過他幾次，他從沒有坦承他想過入選這回事。海瑟認為他是不想烏鴉嘴，她也說「如果真的有機會，他當然會希望入選，他一定會很興奮的。」

「我想入選名人堂這件事其實超越了…我是說大家都想要，但不會期望它真的發生，當它實現時，真的感覺很不真實。」布蘭蒂說。「我們一家人每年看著他辛勤工作，這是他努力的成果。對我來說，最美好的就是看到這樣的結果。」

「那些認識羅伊的人，就會知道他其實不曾專注在結果，而是過程中的每一步，這在他的職業生涯中是很重要的一部分。當他被下放到小聯盟時，他把步調放慢，每次只專注在下一顆球上，他不會去想遙不可及的事情。當他高掛球鞋後，他也沒有動過『你覺得我可能會入選名人堂嗎？』的念頭，而是『你覺得我盡力了嗎？』他總是在想，而答案就是『你盡力了。』他做得很棒，我想他因此覺得安心。」

七月到了。在古柏鎮的克拉克運動中心（Clark Sports Center），布蘭蒂和五十三位名人堂成員，以及五位和她老公同梯入選名人堂的男子一起在後台，等待二〇一九年名人堂入龕儀式開始。大聯盟聯播網（MLB Network）的主持人布萊恩・肯尼（Brian Kenny）一一介紹成員上台，包括了漢克・阿倫（Hank Aaron）、山迪・柯法斯（Sandy Koufax）、史提夫・卡爾頓、強尼・班區（Johnny Bench）、小葛瑞菲（Ken Griffey Jr.）和小瑞布肯（Cal Ripken Jr.）。然後他開始介紹新進的名人堂成員，先從穆西納和拜恩斯開始，再輪到布蘭蒂。

介紹每一位成員時，台下的球迷以熱烈掌聲回應，但是他們為了阿倫拍了更久的手，阿倫上台時一手拿著拐杖，旁邊還有重砲一壘手吉姆・湯米攙扶；李維拉吸引了數以萬計的洋基隊球迷來觀禮。而布蘭蒂坐在法蘭克・湯瑪士（Frank Thomas）旁邊。二〇〇七年到二〇〇八年，湯瑪士曾經在多倫多藍鳥隊打球，他和哈勒戴成為好朋友。法蘭克・湯瑪士在一旁讓布蘭蒂有熟悉感，給了她友情上的支持，幫助她在五萬五千名觀禮球迷前發表演說。

穆西納講完之後輪到布蘭蒂。名人堂主席珍・佛布斯・克拉克（Jane Forbes Clark）走上台，請大家將目光轉移到大螢幕上，觀看哈勒戴的致敬生涯影片，由他的朋友克里斯・卡本特擔任影片旁白。

「在他的時代，他是棒球界最強的投手。」卡本特在哈勒戴影片開始時說到。

卡本特重述了哈勒戴的棒球故事，從哈勒戴在天空巨蛋的生涯第二次先發開始，到被下放到小聯盟一A，再到他傳奇的敬業精神，最後成為棒球史上最強的投手之一。

「我們是來歡慶棒球史上其中一位最偉大的投手生涯。」他說。「我們用這部影片表揚他對棒球界帶來的貢獻、在比賽時帶來多少歡樂、帶給周遭的人多少歡笑還有感動了多少人。他是一個很棒的隊友、朋友、父親、丈夫和兒子，你把這些角色合在一起，他不只是名人堂投手，他是名人堂的真男人。」

「事實是他無法站在這裡為自己演說，但我們都知道他聽得到，而且他心知肚明。同樣很棒的是，他的兒子們和孫子孫女們，還有所有人，都能在這裡看到羅伊．哈勒戴對於棒球界的意義。」

大聯盟主席羅伯．曼佛瑞（Rob Manfred）朗讀哈勒戴匾額上的文字：

哈利．李羅伊．哈勒戴三世

「大夫」「羅伊」

美國聯盟多倫多藍鳥隊一九九八—二〇〇九；國家聯盟費城費城人隊二〇一〇—二〇一三

耐操的王牌加上剛猛的伸卡球，還有精準的控球，幫助他在美國聯盟和國家聯盟都贏得了賽揚獎；入選八屆明星賽，生涯勝率六成五九，累積二百零三勝，還有三次二十勝球季；四度在單季三振保送比和局數上領先聯盟其他投手；七度在單季完投最多，比任何一位在第二次世界大戰以後生涯初登板的投手還多；曾經在二〇一〇年兩度投出無安打比賽，一場是例行賽的完全比賽，另一場則是在國家聯盟分區系列賽第一場，投出史上第二次季後賽無安打比賽。

「我知道我會哭。」布蘭蒂在講台上說。「我不知道什麼時候會無法自已。那部影片我完全看不下去。如果有人可以寄給我一份副本的話，我會非常感謝。」

羅伯特・克萊門提（Roberto Clemente）是最近一位在生後透過美國棒球作家協會投票入選名人堂的成員。一九七二年，他從波多黎各到尼加拉瓜參加地震賑災前，墜機身亡。他的遺孀薇拉・克萊門提（Vera Clemente）在那年名人堂儀式中發表演說，不到一分鐘，大部分時間都在感謝記者投票給她的先生。

「這是羅伯特最後的榮耀。」她顫抖地說。「如果他在這裡，他會把這個殊榮歸給波多黎各的人民、匹茲堡的民眾，還有他全美國各地他的球迷。謝謝大家。」

布蘭蒂思考演說講稿想了好幾個月，試著把她在沖澡、開車或是任何時刻的靈感記錄下來。很多人問她，她的老公如果可以上台的話會說些什麼，可是沒人真的知道。她最後盡力地完成了近七分鐘的演說。她盡可能地感謝那些曾經幫助過哈勒戴進到名人堂的恩人；她感謝身後的名人堂成員們；她感謝藍鳥隊和費城人隊一起幫助她的家人慶祝哈勒戴的成就。

「這不是我的演說。」她對台下觀禮群眾說。「如果把曾經影響過羅伊棒球生涯的人都列進來，感謝的名單可以講好多天。像是球探、教練、導師、總經理、隊友、家人、朋友和球迷。言語無法完整地表達感謝來自你們的友誼、支持和指導。羅伊與生俱來的天賦當然很重要，但沒有你們每一個人無條件而且長久的支持，他不可能把自己變成最好的的棒球選手。我說過很多次，這些都得靠大家的幫忙，真的幫了很大的忙。」

「我想，羅伊寧可被大家記得的是他這個人，而不是他在棒球場上的成就。他很低調，注重隱私，通常很安靜而內向，但是他很大方而且很照顧人。這樣的人會豪賭、會為朋友兩肋插刀、會在口袋裡放錢請妹妹去洗衣服而且不用找錢。其實我也是，他口袋裡的東西都算我的。他也是一名很好的教練、容易緊張的丈夫和爸爸，因為他真的很想要做一個成功的好先生、好爸爸，就像他在棒球場上一樣成功。」

布蘭蒂比誰都清楚。

「我想，羅伊也希望大家要知道人非聖賢。」她說。「我們在某方面都有缺點，也都有優點。我們會遭遇低潮，努力不懈、保持謙虛和全心投入，不完美的人也能有完美的時刻。羅伊這一生何其幸運，擁有一些完美時刻。但我相信，之所以這些時刻能夠成真，是因為他自己的努力、做一個好隊友，還有感恩隊友在球場上給他的支持。我心懷感激地向今年入選的成員們表達祝賀，代替羅伊向你們說聲謝謝。」

她離開講台，回到座位上。後來，她被問到她說人不完美是什麼意思，其實答案顯而易見，但她從來沒有提過哈勒戴過世後的任何事情。

當下可能是一個尷尬的時刻，不過其實不然。

「我是憑記憶來說的，」她說。「羅伊是一個凡人，在做一件不凡的工作。那些擁有傑出成就的名人堂成員們，他們也是普通人，也有情感，也有家人，他們也會遇到低潮。」

「我所認識棒球圈裡的人，他們都很努力地在隱藏這一面。我知道羅伊也是如此，常常遇到低潮。有時候能難保持大家所期待的形象，被指指點點也很不好受。這是一種想法，我想我們不應該把棒球員神化，投射太多美好的想像，他們也只是凡人，只是做出超凡的事情。這就是我想說的，能成就不凡的還是凡人。」

布藍登聽了之後露出微笑。

「我媽超會講的。」他說。

歡慶哈勒戴生涯成就的時刻在古柏鎮落幕了，但布蘭蒂、布藍登和雷恩的真實人生還要繼續。布藍登回到賓州州立大學（Penn State University），他在那裡參加棒球校隊；而布蘭蒂和雷恩回到佛羅里達州。

「我很努力地讓自己有意識地改變自己看待事情的方法，和面對自己的感受。」布蘭蒂說。

「這樣突如其來的意外是你沒想過的，但我轉念把它看成是一個傷心的時刻，但也是一件好事。雖然不是真的很好，甚至有些浮誇。羅伊做什麼事都是很有影響力的。我嘗試控制我的思緒，遠離那些傷痛、失落、悲傷、後悔和自責。你可以自怨自艾，過著悲慘的生活，但我沒有那樣的餘裕在床上不停哭泣，我還有我深愛的孩子，而他應該有一個媽媽，值得過更好的生活、更幸福的媽媽。與其去想那些負面的事情，事實上我們也有過那段時間，我們慢慢來，尋求協助。相信我，我已經用完我的悲傷，我每天都跟自己說話，這樣很好，本來就會經歷這段時期。」

所以接下來呢？哈勒戴原本計劃在退休之後幫助更多人，布蘭蒂希望延續他的遺志。

「要做好事，不然人生就沒意義了。」她說。「人過世之後世界不會停擺，事情還是要繼續，所以我們該怎麼做呢？我們要一直討論不好的事情然後懊悔嗎？要繼續訴諸悲情嗎？或是我們可以利用這個平台為其他人做點好事？我的先生、孩子的爸爸不能就這樣無感地離開人世。」

布蘭蒂還有哈勒戴家族基金會的五〇一（c）（三）免稅資格，她希望幫助「正向教練聯盟」和其他慈善機構募款。於是她加入了清水市青少年協會擔任理事，透過青少年運動來延續哈勒戴的遺志。

「他不想讓孩子受怕。」她說。「他不希望小球員在場上被觀眾席的觀眾咆哮，然後在場上變得緊張。他告訴那些父母說：『聽著，我是教練，如果你想要跟我聊聊，來跟我聊，但是不要對你在場上的小孩大吼。』在青少棒建立正面的影響力，對於他來說很重要。我們在教育的是公民，不是運動員。這對我們兩個來說都是很重要的事情。他希望幫助人建立自信。跌倒了沒關係，遇到低潮沒關係，但如何克服它才決定你是怎樣的人，才顯示你真正的本性。」

帶過哈勒戴的總教練、教練和隊友們和他聊天都很開心，相處愉快，而且他能夠感動人心。「談起羅伊對我還有對棒球所帶來影響，至今還是一件不容易的事情。」漢默斯說。「人與人的互動和建立關係，定義了我們是誰。我想我永遠都會尊敬他。」

「我曾經跟幾個厲害的投手搭配過：克萊頓．柯蕭、柯特．席林還有一些人，但每當我提到他的名字，每當我被問到誰的控球最頂尖、第二球種最強，我總是說羅伊。」羅德．巴拉哈斯說。

「他不想要光環。」勞爾．伊巴涅斯說。「即便當時我已經三十八歲了，他在完全比賽之後送給我們的錶，還是讓我很感動。我打棒球打了很久，從來沒有參與過完全比賽。當他給我們紀念錶時，我很激動，我被他的行為給感動了，因為我以為是我們要送他什麼東西才對，你說是吧？但這就是他。他在場上總是保持專業、做一個超棒的隊友，也是超強的鬥士，他代表了棒球員所有的優點。」

「事情真的很奇怪。」李奇．杜比說。「我的意思是，人生中發生很多事情你想要找到關聯。布蘭蒂找到了哈維．多佛曼的書、羅伊和李維拉請教卡特球、最好的朋友在背水一戰的第五場比賽強碰，還有第一次在季後賽先發就投出無安打比賽。這些事情讓你簡直不可置信，說出『我的老天兒啊！』」

「你不可能複製出一個羅伊．哈勒戴。但如果我們有球員能夠學到他一小部分的訓練精神和待人處事，那就功德無量了。」連展東說。

「如果我要在電玩遊戲中設定一個球員角色，就要具備像他所擁有的特質：強健的心智和決心，他是我要的典型球員。」切斯．阿特利說。「他的臂力很好，球威很出色，但他還有更多成功的特質。」

「沒有比他更適合進入名人堂的典範了。」唐納文．桑塔斯說。「他無時時刻都在想著棒球，他心存感激。他從頂峰掉到小聯盟，再爬回來。他重新改造了自己。他不是為了成為最強的球員才盡全力做，他是為了球隊。他總是希望上場前，他是全場準備最充足的人。」

「我常常提到他的名字。」喬治．普里斯說。「至今我還是會幫投手們伸展。當我幫他們伸展時，我會說『做得不錯喔！』但是我會告訴有些人，我現在做的跟我幫哈勒戴做的是同一套喔。他們很喜歡，多虧了他。或許我可以說，我希望他的名字永存人心。」

它會的。布蘭蒂希望她的老公生前最後幾年的故事也能幫助到一些人，帶來希望。

「每個人都會遇到低潮。」布蘭蒂說。「每個人都是不完美的，我們都在做最好版本的自己。如果你保持謙遜、待人友善的話，像羅伊每天都努力在進步。他真的有變好嗎？他有遇到不開心的時候嗎？當然，我也有。他是活生生的人，把他放在名人堂匾額上不代表它就是超人、完人，這不是事實。你如果忽略他們也是人這個事實的話，你會感到失望，你永遠都不會滿意的。」

「你永遠不可能學會避開低潮。你總是要面對的。但你如何在低潮中過得好一些？用更健康的方式、更有用的方式度過那段時間？不管是你的工作、地位、狀態如何，每個人都會遇到低潮的，每個人面對的課題都不同。對我來說容易處理的事情未必對你來說也容易。每個人都有克服低潮的方法，只是你要如何去做呢？」

她希望未來能分享他的故事給更多人知道。

「或許這就是烏雲背後的那一環光芒吧。」她說。「好事總是會發生的。」

入魂13

不完美的墜落：羅伊・哈勒戴

Doc: The Life of Roy Halladay

作　　者　陶德・左勒茨基（Todd Zolecki）
譯　　者　王啟恩
總 編 輯　簡欣彥
責任編輯　簡伯儒
行　　銷　許凱棣、曾羽彤、陳品伶
排　　版　李秀菊
封面設計　萬勝安

社　　長　郭重興
發行人兼出版總監　曾大福
出　　版　遠足文化事業股份有限公司　堡壘文化
地　　址　231新北市新店區民權路108-2號9樓
電　　話　02-22181417
傳　　真　02-22188057
Email　service@bookrep.com.tw
郵撥帳號　19504465
客服專線　0800-221-029
網　　址　http://www.bookrep.com.tw
法律顧問　華洋法律事務所　蘇文生律師
印　　製　韋懋實業有限公司
初版一刷　2022年2月
定　　價　新臺幣480元

國家圖書館出版品預行編目（CIP）資料

不完美的墜落：羅伊・哈勒戴／陶德・左勒茨基作；王啟恩譯. -- 初版. -- 新北市：遠足文化事業股份有限公司堡壘文化, 2022.01
面；　公分. --（入魂；13）
譯自：Doc : the life of Roy Halladay
ISBN 978-626-7092-09-5（平裝）

1.CST: 哈勒戴(Halladay, Roy, 1977-2017.)　2.CST: 傳記　3.CST: 運動員
4.CST: 職業棒球　5.CST: 美國

785.28　　111000822